本书系国家社会科学重大项目《在社会管理体制创新中推动基层民主发展》（11&ZD029）、教育部人文社会科学研究项目《"互联网+"时代农村社会治理发展研究》（16YJC810004）和华中农业大学自主科技创新基金项目《中国农村家户制传统及其治理机制》（2662015QD021）的成果之一。

中国农村研究丛书

家户主义的行为逻辑及其公共治理

陈明◎著

中国社会科学出版社

图书在版编目(CIP)数据

家户主义的行为逻辑及其公共治理/陈明著.—北京：中国社会科学出版社，2018.4

ISBN 978-7-5203-2320-8

Ⅰ.①家… Ⅱ.①陈… Ⅲ.①农村社会学—研究—中国②农村—社会管理—研究—中国 Ⅳ.①C912.82

中国版本图书馆CIP数据核字(2018)第073308号

出 版 人	赵剑英
责任编辑	冯春凤
责任校对	张爱华
责任印制	张雪娇
出　　版	中国社会科学出版社
社　　址	北京鼓楼西大街甲158号
邮　　编	100720
网　　址	http://www.csspw.cn
发 行 部	010-84083685
门 市 部	010-84029450
经　　销	新华书店及其他书店
印　　刷	北京君升印刷有限公司
装　　订	廊坊市广阳区广增装订厂
版　　次	2018年4月第1版
印　　次	2018年4月第1次印刷
开　　本	710×1000 1/16
印　　张	16.25
插　　页	2
字　　数	267千字
定　　价	69.00元

凡购买中国社会科学出版社图书,如有质量问题请与本社营销中心联系调换
电话:010-84083683
版权所有　侵权必究

目 录

第一章 绪论 ……………………………………………… （1）
    一 研究缘起与问题意识 ………………………………… （1）
    二 以"家户"为分析视角的提出 ……………………… （9）
    三 家户的概念界定及意义 ……………………………… （23）
    四 研究思路与结构 ……………………………………… （28）
    五 研究方法与田野工作 ………………………………… （35）
    六 相关技术处理 ………………………………………… （39）

第二章 陈村概况及家户结构 …………………………… （40）
    一 地理环境 ……………………………………………… （40）
    二 经济背景 ……………………………………………… （46）
    三 社会结构 ……………………………………………… （50）
    四 村庄家户结构及其演变 ……………………………… （54）

第三章 日常生活中的农民行为动机 …………………… （58）
    一 个人之间的日常交往 ………………………………… （59）
    二 想象的村庄共同体 …………………………………… （71）
    三 仪式化的家族 ………………………………………… （85）
    四 市场化、消费与货币理性 …………………………… （99）
    五 小结 …………………………………………………… （105）

第四章 农民家户利益的基本构成 ……………………… （109）
    一 土地及其附属物 ……………………………………… （110）
    二 象征性的身份 ………………………………………… （116）
    三 神秘主义与风水 ……………………………………… （129）
    四 货币收入 ……………………………………………… （143）

五　隐藏的庇护关系 …………………………………………（147）
　　六　小结 ……………………………………………………（152）
第五章　治理过程中的家户主义逻辑 ……………………………（157）
　　一　文明创建的遭遇 ………………………………………（158）
　　二　集体行动的失败 ………………………………………（164）
　　三　精英治理的背后 ………………………………………（171）
　　四　村庄何以不美丽 ………………………………………（177）
　　五　农民的自治逻辑 ………………………………………（184）
　　六　小结 ……………………………………………………（188）
第六章　隐藏的农民家户主义政治形态 …………………………（192）
　　一　家里要有个当官的 ……………………………………（193）
　　二　真假"不知道" …………………………………………（199）
　　三　好政策与坏政策 ………………………………………（205）
　　四　"民主化"的贪腐 ………………………………………（211）
　　五　一个抗争事件 …………………………………………（215）
　　六　小结 ……………………………………………………（219）
第七章　结论与讨论 ………………………………………………（223）
　　一　农民行动单位与家户主义特征 ………………………（224）
　　二　家户主义同家庭主义、新家庭主义的辨别 …………（228）
　　三　家户主义、公共性与中国农村发展道路 ……………（232）
　　四　"家户—国家"：一个中国农民政治研究分析框架 …（235）
参考文献 ……………………………………………………………（238）
附　录　陈村所在地区的农谚、方言与歇后语 …………………（250）
后　记 ………………………………………………………………（255）

第一章 绪 论

> 正如社会中心能够决定国家的影响范围和能力一样,社会边远角落发生的斗争和事件同样决定着国家的影响力和能量……要想理解国家中心,你首先必须研究偏远的农村。
>
> ——J. 米格代尔

在当代村庄日常生活中,中国农民同公共治理的逻辑关系是什么?一直以来,我们关于中国农村治理与政治的研究都没有给出一个具体的基于日常生活实践的答案。米格代尔在《农民、政治与革命》一书的导论中就提出:农民在什么条件下由以村庄为基础的谋生型生活转变到持续地参与村外制度的生活,是现代化研究中的关键问题。[①] 对于这个问题更为简单的表达就是现代化进程中,农民参与村庄治理及其外部政治的基点与逻辑是什么?米格代尔的这个问题主要是针对现代化进程中的农民革命问题,是分析农民如何被迫走出家庭、出村庄而参与村庄之外的政治革命。但现代化的进程,不仅仅包括激烈的农民革命,还包括日常生活状态下的村庄治理。本书试图在皖北陈村农民的日常生活实践中找到当代中国农民同公共治理的逻辑关系,以期进一步认识和理解中国农村与中国农民。

一 研究缘起与问题意识

陈村是安徽省西北部蒙城县的一个普通村庄。它地处淮北平原中部,

[①] J. 米格代尔:《农民、政治与革命——第三世界政治与社会变革的压力》,李玉琪、袁宁译,中央编译出版社1996年版,第3页。

气候温和，雨量适中，以平原农业为主。作为一个常态的村庄，这里没有"不可开交"的干群矛盾，没有"舞刀弄枪"的家族冲突，更没有"你死我活"的抗争事件。如果不经意间经过这里，你会发现，居住在这里的农民对周围的一切习以为常，过着稀松平常的生活。概而言之，这是一个无法吸引人的地方。这个村庄同我们一般意义上要研究的历史名村、宗族村或者问题村存在鲜明的对比，因为它没有惊天动地的故事。如果你没有在这里生活一段时间，没有融入村庄生活内部，你似乎都找不到这个村庄值得研究的地方。不错，陈村就是一个常态的、普通的中国村庄，也是作者要研究的村庄。

研究这样一个村庄，作者意图规避非常态因素对村庄研究的影响，向读者展示一个日常生活中的中国农民治理与政治景观。以往关于中国农民治理与政治的研究，虽然强调农民的基本特性，但多数并不是基于农民主体的研究。它们往往是以"从外向内看"的方式来看农民行为，研究主体往往是多元的，或者是超越村庄的。如韩书瑞关于白莲教起义的研究、周锡瑞和柯文关于义和团起义的研究等。[①] 这些研究都是基于起义事件的进程对农民政治行为进行的片断论述，关注的主体是起义事件本身。国内关于农民治理与政治方面的研究，普遍的问题在于"言农民研究而非农民研究"。在具体的研究中基于叙事的需要，将农民治理与政治研究转变成了农村制度研究、精英研究、家族研究或者少数人研究（将极少数活跃分子的行为作为整体农民的代表）。真正以日常生活中的普通农民为主体的农民治理与政治研究成果则相对匮乏。作者试图摆脱这种视角与方法上的束缚，尝试研究日常村庄生活中农民鲜活的行为动机与逻辑，及这种动机与逻辑对村庄公共治理与政治的影响。这就是本文的研究主题。

论文主题的选定，最早来源于作者对陈村一个公共事件的思考。为了落实蒙城县开展农村文明创建的指导精神，陈村按照规划要在主干路两旁

---

① 参阅［美］韩书瑞《千年末世之乱：1813 年八卦教起义》，陈仲丹译，凤凰出版传媒集团、江苏人民出版社 2010 年版；［美］韩书瑞《山东叛乱——1774 年王伦起义》，唐雁超译，凤凰出版传媒集团、江苏人民出版社 2009 年版。还有周锡瑞的《义和团运动的起源》、柯文的《历史三调：作为事件、经历与神话的义和团》、佐藤公彦的《义和团起源及其运动：中国民众民族主义的诞生》、安野省三的《清代的农民起义》、川合贞光的《中国民众反叛的世界》等。援引于李云《国外中国农民政治行为研究述评》，《学术论坛》2010 年第 7 期。

修建三个垃圾池。对于陈村村民来说这是一件大家都认可的好事,而且垃圾池本身的建造费用和清理过程的支出都是由财政拨款来提供的。但就是这样一件好事也无法有效执行下去,原因是村民都不愿意将垃圾池建在自家房前屋后。在这一事件中,一方面是农民在态度层面上对项目的欢迎和认可;另一方面是农民在行为层面上基于自家利益的考虑而无法提供有效的行动支持。问题的关键是,村庄或者农民为何缺乏最基本的利益交换和妥协机制来接受外部世界给予的免费"橄榄枝"?"自家利益"是如何导致"免费"的村庄公共治理无法实现?"自家利益"与"公共利益"在陈村是一种什么样的关系?这一事件,不禁让作者深深思考中国农民是不是存在一种隐藏的、特殊的治理行为逻辑?这种逻辑是不是同现有的公共意识和治理精神是冲突的,同西方的基层治理经验是不同的?在后期的调查中,陈村村民自治的困境、日常村庄治理纠纷以及村庄合作治理的失败等都将作者的这种思考推向完善与成熟。

研究日常生活中的中国农民与村庄公共治理的关系及其逻辑,逐渐成为一个明确且真实的选题。针对这一选题,作者意图强调和倡导当前中国农村研究的三个基本准则:

第一,以普通农民为研究主体。学者们很早就意识到中国农民在治理与政治方面的特殊性和重要性。尽管学界一直致力于中国农民的传统特性、阶级属性、自治传统、政治意识、民主发展以及治理机制等方面的研究,但是从农民自身的视角来解释农民为何以及何以进入村庄治理与政治领域的研究却凤毛麟角。正如李怀印在《华北村治》的导论中所言,"以往对帝制时期和民国时期乡村政治的研究,基本上集中于精英阶层,包括士绅、族长或内生的乡村组织领袖,而非普通乡民。"[①] 而对于中华人民共和国成立以来,尤其是当前的中国农村政治研究又何尝不是呢?在农村政治或乡村治理研究中,乡村干部、经济精英、文化能人、组织领袖等主题内容几乎占据了农村政治与乡村治理研究的大部分学术空间。而普通农民如同历史中沉寂的小农一样,往往被看成被动的"制度承受者",似乎与政治无关。

[①] [美]李怀印:《华北村治——晚清与民国时期的国家与乡村》,岁有生、王士皓译,中华书局2008年版,第16页。

这种现象的出现同我们关于农村治理研究的方法和路线密切相关。目前，流行于农村治理研究的方法主要包括制度主义、精英主义、历史主义与社团主义。① 这些研究方法将研究的主要目标，甚至理论的合法性建立在制度体制、政治精英、国家建构、传统组织、公民社会等体系分析的基础之上，而落脚于普通农民视野的政治逻辑却鲜有人进行深度研究。这就牵涉到中国农村治理与政治研究对象合法性的问题。② 如有的学者就提出目前主流的分析框架都没考察到村庄政治主体——普通农民。③ 研究方法、主体和视角的上移④，可能导致中国农村研究中农民主体性的进一步缺失，中国农村研究的本土化水平越来越低，中国农村研究正在丧失本土性。⑤ 由此，部分学者提出了中国农村政治研究其实质是研究农民政治⑥，要在具体的农村治理与政治研究中确立农民主体性与本位性，具体研究日常生活中的普通农民。⑦农民主体性虽然一直被提出，但整体的研究趋势

---

① 邓大才：《社会化小农：一个尝试的分析框架——兼论中国农村研究的分析框架》，《社会科学研究》2012年第4期。

② 应星：《评村民自治研究的新取向——以〈选举事件与村庄政治〉为例》，《社会学研究》2005年第1期。

③ 邓大才：《社会化小农：一个尝试的分析框架——兼论中国农村研究的分析框架》，《社会科学研究》2012年第4期。

④ 当前关于中国农村研究的主要学术机构已经将研究目标定位为大规模的村庄调查，试图走出单一个案研究的局限，希望在多个案研究中抽象出普遍规律并找出政策推行的可行性。这种趋势源于两个方面：一是"对于中国这样广大的国家，个别社区的微观研究能否概括中国的国情"的思考；二是对如何在中国农村政策的不断调整中找到普遍的可供推行的制度实践方案的思考。针对前一个思考，陆学艺等人试图通过"百村调查"来克服个案研究的缺陷，以徐勇为代表的中国农村研究院试图通过历史记录和数据统计的全国性"百村观察"来认识中国农村变迁与现实问题，以贺雪峰为代表的中国乡村治理研究中心试图通过不同区域内的"村庄类型"研究找到政策的社会基础，华南学派试图通过区域经济学的研究方法将整个中国划分成不同区域加以研究，等等。这些研究都将研究目标提升到至少区域的层面。虽然基本还是以村庄为单位，但是研究主体、主题和研究视角已经发生转移。针对后一个思考，一些研究机构开始将研究重心放在政策适应性研究上，侧重政策咨询，如中国社会科学院农村发展研究所、浙江大学中国农村发展研究院、华中师范大学中国农村研究院等。伴随着新一轮农村治理领域"协同创新中心"的建立，中国农村研究中的政策性逐渐压倒学理性。政策研究对应的主体是制度与政府，而不是普通农民，重点是回应国家统治的需求。当然作者这里只是说明一种趋势。

⑤ 张静：《国家政权建设与乡村自治单位——问题与回顾》，《开放时代》2001年第9期。

⑥ 庄孔韶等：《中国乡村研究三十年》，《开放时代》2008年第6期。

⑦ 吴理财：《中国农村研究：主位意识与具体进路》，《开放时代》2005年第2期。

往往淹没这种声音。而且学界在具体的研究中，由于农村田野调查的不充分和对叙事性的过度追求，往往不自觉地将研究目标锁定在那些有"故事"的村庄精英身上。村庄治理也更多定位在充满"斗争"的选举事件或者抗争事件中。普通村庄和农民基本消失在研究者的视野中。这种研究的结果容易忽视中国农村本身的治理特质与中国农民的真实行为逻辑。有时候作者自己也在反思，为什么我们不去研究绝大部分"沉默"的农民与村庄，而是去研究极少数"喧嚣"的农民与村庄呢？他们能够真正代表日常生活实践中的中国农民与农村吗？

第二，以常态村庄为研究对象。过往关于中国农民政治的结论多数来源于对非常态事件中农民及更大农民群体活动的调查取证。如韩丁关于中国农民为什么加入中国共产党的研究[1]，裴宜理对于中国华北地区农民为什么会叛乱的研究[2]，黄宗智关于中国贫农为什么会革命的研究[3]，以及新近中外学者关于中国农民为什么会抗争的研究等等[4]。这些研究都是建立在重大历史事件或者农民生存受到侵犯的背景之下展开的。一些国际学者关于农民政治的研究同样如此，如摩尔关于亚洲农民为什么起义的

---

[1] 参阅［美］韩丁《翻身——中国一个革命村庄的纪实》，韩倞等译，北京出版社1980年版。
[2] 参阅［美］裴宜理《华北的叛乱者与革命者（1845—1945）》，池子华、刘平译，商务印书馆2007年版。
[3] 参阅［美］黄宗智《华北的小农经济与社会变迁》，中华书局2009年版。
[4] 这方面的研究相对较多，比较有代表性的研究包括如李连江和欧博文的"依法抗争"、于建嵘的"以法抗争"、应星的"草根动员"与"气"、徐昕的"以死抗争"、董海军的"作为武器的弱者身份"和"依势抗争"、王洪伟的"以身抗争"、田先红的"谋利型上访"等。具体参阅王洪伟《当代中国底层社会"以身抗争"的效度和限度分析——一个"艾滋村民"抗争维权的启示》，《社会》2010年第2期；于建嵘《当前农民维权的一个解释框架》，《社会学研究》2007年第2期；于建嵘《当代中国农民的"以法抗争"——关于农民维权活动的一个解释框架》，《文史博览（理论）》2007年第12期；应星《草根动员与农民群体利益的表达机制——四个个案的比较研究》，《社会学研究》2007年第2期；应星《"气"与中国乡村集体行动的再生产》，《开放时代》2007年第6期；吴毅《"权力—利益的结构之网"与农民群体性利益的表达困境——对一场纠纷案例的分析》，《社会学研究》2007年第5期；田先红《从维权到谋利——农民上访行为逻辑变迁的一个解释框架》，《开放时代》2010年第6期；焦长权《政权"悬浮"与市场"困局"：一种农民上访行为的解释框架——基于鄂中G镇农民农田水利上访行为的分析》，《开放时代》2010年第6期；徐昕《为权利而自杀：转型期中国农民工的"以死抗争"》，《乡村中国评论》2008年第2期；董海军《"作为武器的弱者身份"：农民维权抗争的底层政治》，《社会》2008年第4期；董海军《依势博弈：基层社会维权行为的新解释框架》，《社会》2010年第5期。

研究①，米格代尔关于第三世界农民为什么革命的研究②以及斯科特关于马来西亚农民如何抗争的研究③等等。当前关于中国农村的研究也主要建立在历史名村、宗族村、试点村、实验村、问题村等具有特殊标志的村庄基础之上。这种村庄具有一定的研究优势，故事丰富，资料易得，行动明显，容易观察且对调查深度的要求不是很高。这样的村庄也具有明显的缺陷，行政干预，政策扶持，故事与行为相对偏执，日常生活状态下的农民政治行为逻辑往往容易被隐藏。相应的故事逻辑，要么是被政治动员催生的，要么是被极端事件催生的，它主要表现为某一事件刺激下的农民被动式反映。

以上研究对我们认识非常态下的中国农民，尤其是农民政治行动提供了很好的素材和理论启示。但是对于我们认识当前常态下，尤其是和平环境下日常生活中的中国农民政治却帮助有限。一些学者也由此积极提出要在常态的农村和农村日常生活中研究中国农民。④ 事实上，非常态村庄的研究，多数并不能将研究视角集中在村庄本土特质以及农民主体上，相反研究视角更多的集中于事件本身及涉身其中人员的关系互动上。因此，这种非常态村庄的研究并不能完整代表中国农民与农村的特质。我们应该从常态村庄的农民整体性生活与行为互动中找到更加完整的答案。同时，特殊事件也应当放在常态村庄治理过程的研究范畴，以普通农民的视角来思考事件本身内在的农民与国家关系。因此，作者在本文中的研究以常态村庄内的农民整体性生活为叙事背景，在整体性村庄生活网络中研究中国农民的治理与政治逻辑，进而探索中国农村基层治理的特质。

第三，以中国农村研究本土化为导向。中国农村研究本土化主要是指中国农村在运行和发展过程中存在自身的文化与本土特质，要在研究中国农村的过程中形成中国自己的理论话语。这种文化与本土特质来源于对中国农村本源性制度的探讨和研究。正如一些学者所言，中国农村与农民在

---

① 参阅［美］巴林顿·摩尔《民主和专制的社会起源》，拓夫、张东东等译，华夏出版社1987年版。

② 参阅 J. 米格代尔《农民、政治与革命——第三世界政治与社会变革的压力》，李玉琪、袁宁译，中央编译出版社1996年版。

③ 参阅［美］詹姆斯·斯科特《弱者的武器》，郑广怀等译，凤凰出版传媒集团、译林出版社2007年版。

④ 吴理财：《中国农村研究：主位意识与具体进路》，《开放时代》2005年第2期。

特质上同欧洲、俄国、印度以及日本等国家农村与农民特质存在本质的不同。它区别于西方的庄园制和东方的村社制。[①] 关于中国农村与农民的治理特质，国外学者总结包括家庭主义[②]、家族主义[③]、宗族主义[④]等等，国内学者的概括包括伦理本位[⑤]、家本位[⑥]、家族主义[⑦]、宗族主义[⑧]、家庭主义[⑨]等等。这些研究表明中国农村与农民确实存在区别于其他国家的文

[①] 徐勇：《中国家户制传统与农村发展道路——以俄国、印度的村社传统为参照》，《中国社会科学》2013 年第 8 期。

[②] 如在费正清看来，直到最近，中国社会的基石仍是由家庭单位构成的农村。为了区别同西方家庭概念的不同，费正清将中国农村的这种家庭概括为中国式家庭。参阅［美］费正清《美国与中国》，张理京译，世界知识出版社 1999 年版。如福山就曾将中国社会组织中的家庭作为中国历史上重大常数之一，他所谓"家庭"往往是指大的父系家庭，在具体意义上是指建立在统一礼仪基础之上的家庭主义。参阅［美］弗朗西斯·福山《政治秩序的起源——从前人类时代到法国大革命》，毛俊杰译，广西师范大学出版社 2012 年版。如黄宗智利用新古典经济学的方法，从农户的家庭经济关系出发探讨了乡村社会结构以及农民的社会关系。参阅［美］黄宗智《长江三角洲小农家庭与乡村发展》，中华书局 2006 年版。

[③] 如许烺光将中国农村的特征概括为祖先崇拜与家族组织的结合。如日本学者的研究更多的是从中国家族，以及中国家与国的关系的角度来认识中国农村社会，强调国家家族的同构。参阅［日］尾形勇《中国古代的"家"与国》，张鹤泉译，中华书局 2011 年版；［日］滋贺秀三《中国家族法原理》，张建国等译，法律出版社 2003 年版。

[④] 参阅［美］弗里德曼《中国东南的宗族组织》，上海人民出版社 2000 年版。

[⑤] 参阅梁漱溟《中国文化要义》，上海世纪出版集团 2008 年版。

[⑥] 参阅费孝通《乡土中国》，上海世纪出版集团 2011 年版；冯友兰《新事论》，（台湾）商务印书馆 1967 年版，第 58 页；麻国庆《家与中国社会结构》，文物出版社 1999 年版；李银河《个人本位、家本位与生育观念》，《社会学研究》1993 年第 2 期。

[⑦] 在中国文献中，家族主义的提法比较普遍。代表人物包括杨懋春、林耀华、王沪宁、王铭铭等。参阅杨懋春《中国的家族主义与国民性格》，援引于李亦园、杨国枢主编《中国人的性格》，江苏教育出版社 2006 年版；林耀华《金翼——中国家族制度的社会学研究》，生活·读书·新知三联书店 2008 年版；王沪宁《当代中国村落家族文化》，上海人民出版社 1991 年版；王铭铭《社区的历程——溪村汉人家族的个案研究》，天津人民出版社 1997 年版。

[⑧] 代表人物林耀华、麻国庆、肖唐镖等。参阅林耀华《义序的宗族研究》，生活·读书·新知三联书店 2000 年版；肖唐镖《宗族政治——村治权力网络分析》，商务印书馆 2010 年版；麻国庆《拟制的家与社会结合——中国传统社会的宗族、行会与秘密结社》，《广西民族学院学报（哲学社会科学版）》1999 年第 2 期。

[⑨] 如赵红军以农民家庭行为为基点研究中国经济的长期变迁。参阅赵红军《小农经济、惯性治理与中国经济的长期变迁》，格致出版社、上海人民出版社 2010 年版。如陈辉直接从家庭主义的视角研究中国农民"过日子"的生活哲学，参阅陈辉《"过日子"：农民的生活哲学——关中黄炎村日常生活中的家庭主义》，华东理工大学，博士学位论文，2013 年；盛洪认为，中国传统是以家庭主义为主，现代西方是以个人主义为主，参阅盛洪《论家庭主义》，《新政治经济学评论》2008 年第 2 期。

化特质,如这些研究的共同之处都在于指出"家"对于中国农民的重要性。这种特质很可能决定了中国国家治理模式的特殊性。①

中国农村研究本土化是中国农村研究者们的共同追求,这种追求也是对"中国农村在中国,中国农村研究在美国"② 现象的一个回应。但是,由于在研究方法与观察视角上的缺陷,这种追求并没有在实践中取得很好的成就,且形成了中国农村研究的两种主要取向:一是过多使用西方的研究方法和解释概念,如新制度主义、理性选择主义、公民社会、多元主义、国家与社会等分析方法。其缺陷是对它的过分依赖与不规范运用,导致中国农村研究中本土化分析概念提炼不足③。二是通过长期驻村调研以及观察,直接从现实语境中提炼出经验性的概念。这种方法虽然来源于本土,但是缺少同理论界的对话,解释范围有限,并不被普遍认可。中国农村研究,不应该过分依赖西方概念及其理论体系,也不应该将眼光完全集中于现实的本土生活经验上。作者认为中国农村研究本土化至少应该包括四个方面的基本原则:一是注重历史制度原型的研究,要在历史变迁与传统延续中找寻中国农村与农民的特质;二是注重在有限空间里实现最大深度的整体性生活观察,以微观机理解释宏大问题;三是要注重农村主位和农民主体,在农民的世界里解读农民与国家的关系;四是要注重在对比的视野中发现中国农民的特质,要有宏大的理论视野。以上概括起来就是"尊重历史,微观视角,农民主体,宏大视野"。④ 这也是本文研究所要遵循的基本原则。

在以上准则的指导下,伴随着作者对陈村"垃圾池事件"的继续追问、调查与思考,陈村农民这种令人难以理解的行为背后,存在着一个以

---

① 如赵红军的研究,就将农民家庭行为作为中国式治理模式的重要基点。参阅赵红军《小农经济、惯性治理与中国经济的长期变迁》,格致出版社、上海人民出版社2010年版。
② 参阅徐勇、徐增阳《中国农村和农民问题研究的百年回顾》,《华中师范大学学报(人文社会科学版)》1999年第6期。
③ 庄孔韶等:《中国乡村研究三十年》,《开放时代》2008年第6期。
④ 2012年5月4日,在复旦大学陈树渠比较政治发展研究中心开幕演讲中,徐勇教授发表了题为《莫把外国当中国——东方村社制与家户制比较》的主题演讲,从方法上提出了理解历史变迁的三个基本命题:第一,起点决定路径;第二,原型规制转型;第三,以微观机理理解宏大问题。这三个基本命题构成了作者以上观点的基础。参阅徐勇《中国家户制传统与农村发展道路——以俄国、印度的村社传统为参照》,《中国社会科学》2013年第8期。

"家户利益"为导向的价值观、公平观以及政治观,并进而从根本上决定了农民在私域与公域中的行为逻辑。不论是在村庄选举、农民维权等政治层面,还是在宗教信仰、日常纠纷、人际交往等文化与经济层面,在陈村内部,农民的行为与观念都是以家户为基本单位,并以家户利益的损益程度作为衡量标准。陈村的观察,让作者深刻地体会到中国农民在正式与非正式的村庄公共治理与政治参与中应该存在一个"临界点"。这个"临界点"决定了农民日常交往与治理行动的结构、逻辑以及状态等,甚至构成了中国村庄治理的本土化逻辑。那么这一临界点是什么呢?从发生在陈村的故事来看,这一临界点就是家户利益。在陈村,农民与国家之间的互动主要是围绕家户这一基本单位而展开的,如选举、修路、迎检、计划生育等,唯有成为家户事件,同家户利益发生实质性关系时,治理才会成为农民关心的事情。换句话说,当前农民与国家之间实质性互动的发生是建立在国家治理内容与政策活动是否触动农民最根本的家户利益的基础之上。而农民对于国家政策以及治理策略的评价与认同体系,同样是建立在这些公共政策在多大程度上覆盖家户利益。在陈村,其本质的利益与权利单位不是个人或者个体,也不是集体、村落,而集中表现为家户。作者将陈村农民这种遵循家户理性,奉行家户利益至上的行为逻辑概括为家户主义,而本书的核心主题与线索就是以陈村为对象论证中国农民的家户主义行为逻辑及其对公共治理的影响,也就是回答本章开头所提出的"在当代日常村庄生活中,中国农民与公共治理的逻辑关系是什么"的问题。

二 以"家户"为分析视角的提出

研究农民家户主义的行为逻辑及其对公共治理的影响,就是确立以家户为分析视角来展开本书的研究。这一视角的提出同徐勇教授关于中国农村家户制传统的研究密切相关。2013年,徐勇教授在《中国社会科学》杂志发表了题为《中国家户制传统与农村发展道路——以俄国、印度的村社传统为参照》的文章。通过历史与对比研究,他将中国农村社会的本源性制度总结为家户制。"以强大的习俗为支撑的完整的家庭制度和以强大的国家行政为支撑的完整的户籍制度共同构成的家户制,是中国农村社会的基础性制度或本源型传统。"在家户制传统的基础上形成了独特的中国农村发展道路。① 他认为，建立在家户制基础之上的传统中国农村的治理体系是家国共治，国家统治直接面对的是家户。"家户作为融社会、经济和政治于一体的单位，具有强大的自组织和自治功能。"② 正因为家户是一个经济上自给自足、政治管理上自治的单元，国家统治无须下乡直接管理，而中国古代的郡县制也是以家户制作为基础的。因此，在中国，家户既是国家治理的根基，也是社会自治的单元。徐勇教授将家户制作为中国农村社会的基点，更是中国农村发展应该遵循的特质。③ 徐勇教授关于家户制传统的研究集中揭示了传统中国农村的本源性制度是家户制，家户应该成为中国农村研究的一个核心视角与重要方向。但徐勇教授只是回答了中国农村家户制传统的基本结构，没有回答传统家户制是如何影响当代中国农民日常生活、村庄治理以及基层政治的。本书的研究正是试图基于"家户"的视角来回答这个问题。

　　同时，陈村的调查经历也让作者不断将研究的视角集中于农民"家户"这个单位上。徐勇教授关于中国家户制传统的提出，更加坚定了作者的研究方向。只不过，他的家户制研究更多是一种整体上相对宏观的结构比较，是一种方法论上的自觉。他并没有将传统家户制提升为一种行为逻辑，更没有从农民的视角将家户主义提升为一种日常形态。这也为作者的研究提供了学术空间。从理论上的延续性来看，以家户为视角源起于对中国农民家庭特殊性的本土化解释，即中国农村特有的家庭制度传统。在"家户制"作为一种解释概念被提出以前，关于中国农民家户的研究多是以"家庭"概念形式表现出来。中国农村社会家庭制度的特殊性是国内外社会科学界的一个基本共识。正如丹尼斯·舍曼等人在《世界文明史》一书中所言，中国文化的核心方面是家庭，进而扩展到祖先。④ 所以，对于中国农村家庭制度特殊性的研究是本书以"家户"为视角开展日常农民行为逻辑及其公共治理研究的重要依据。总的来说，作者提出以"家

---

① 徐勇：《中国家户制传统与农村发展道路——以俄国、印度的村社传统为参照》，《中国社会科学》2013年第8期。
② 同上。
③ 同上。
④ 丹尼斯·舍曼、A. 汤姆·格伦拉尔德、拉杰尔德、马克维茨、戴维·罗斯纳、琳达·海伍德：《世界文明史》，李义天、黄慧、王娜译，中国人民大学出版社2012年版，第68页。

户"为视角主要有三个方面的依据：

一是历史学研究上的依据。基于对中国古代普遍流行的"大家庭"之说，现有的史学研究已经表明，中国农民家庭主要的形态是一家一户的小家庭，有的研究称之为"个体家庭"，有的称之为核心家庭或者主干家庭。而小家庭同大家庭的分离，则源于"一家一户"的封建户籍制度的推行，所以农民家庭又称为"农户"或者"农民家户"。

史学研究证明，作为独立的生产单位和消费单位的个体小家庭，起始于战国，之后成为中国农村社会生活中占绝对统治地位的家庭形态。[①] 从历史进程来看，它初步形成于商鞅变法实行的"民有二男以上不分异者，倍其赋"的析户政策。[②] 而它正式成为中国历代封建社会占统治地位的农民家庭形态的标志，是秦统一之后实行的"编户齐民"政策，家户制由此形成。在此之前，中国盛行的是宗族制度和宗法制度，户籍制度是以家族为单位的，"家族是当时人们的经济生活、政治生活和社会生活的基本单位之一"。战国以后，各国在变法中开始对户籍、赋役制度进行了改革，不承认家族是人们活动的基本单位。秦统一中国之后，实行编户齐民政策，个体小家庭成为户籍、赋税的基本单位。"国家政权直接同个体小家庭打交道，把家族组织这层关系甩掉了。"[③] 正如何兹全先生在古代中国小农研究中所指出的，战国秦汉时期，中国社会就是一个以个体家庭为单位的小农社会，一般小农家庭为五口左右人家，为小家庭。而正是编户齐民使得小农家庭脱离氏族的躯壳成为独立的单位。[④] 唐、宋、明、清等时期农民家庭结构基本都是延续这种小家庭的结构。

因此，中国历史上的农民家庭主流形态不是大家庭，而是小家庭。费孝通在《论中国家庭结构的变动》一文中就提出，对于传统中国以"大家庭"为主要家庭形态的认识是一种普遍的误解。[⑤] 小家庭脱离大家庭成

[①] 徐扬杰：《中国家族制度史》，武汉大学出版社2012年版，第146页。
[②] 于琨奇：《战国秦汉小农经济研究》，商务印书馆2012年版，第26页。
[③] 徐扬杰：《中国家族制度史》，武汉大学出版社2012年版，第138页。
[④] 何兹全：《中国古代社会》，北京师范大学出版社2007年版。
[⑤] 费孝通认为大家庭在中国古代行不通，原因有三：一是小农经济与大家庭制度不相适应；二是分家制度使大家庭维持比较困难；三是家庭内部的婆媳、妯娌、父子矛盾常常加速分家的趋势。参阅费孝通《论中国家庭结构的变动》，《天津社会科学》1982年第3期。

为一种长期存在的历史形态,则源于户籍制度的改革。秦始皇统一中国后为获取税赋,编制户口,无论是地主还是农民都成为同一的"编户齐民",家户成为主要生产单位。家和户是统一在一起的。家户制就是在这种个体小家庭的历史积淀中孕育出来的。正如徐勇教授所言"秦始皇的伟大功绩不在于修建万里长城,而在于形成了一个能够不断再生产亿万自由家户小农的制度"。①这样来看,中国村落是由一家一户的自由小农家庭构成,如摩尔所认为的,"中国的村庄与其说是生活和功能性的共同体,还不如说是许多农家的聚居地。"② 历史上出现的聚族而居的家族模式,也是以家户小农为基础的原型扩展,是一种"扩大化的家庭"。所以,宗族政治、家族政治以及小亲族政治等并不能成为中国农民代表性的政治形态,它们只是村落政治的一种表现形式。

与其他国家农民家庭对庄园、村社或部落等存在较强的依附性不同,中国家户小农具有相对"自由""独立"的行动特质。③ 原因有四:一是,家户小农起源于国家对以"家族"或"宗族"为单位的赋税制度的改革,目的是弱化农民人身依附关系,实现国家与农民家庭的对接,农民具有人身自由,独立进行生产、交往与生活。二是,秦以后中国逐渐形成了一整套完整的家庭制度体系,国家在意识形态层面是以家庭为榜样,伦理本位与家本位是相辅相成的。完整的家庭制度使得中国农村社会处于一种相对稳定的"自治"状态。"迄今,中国家庭仍是一种强有力的制度,竭力捍卫它的自治,不愿接受政治权力的干涉"。④ 三是,中国古代的多数王朝鼓励独立的家户小农的成长,在税收与徭役之外,基本上不干涉农民家户的事务,形成"皇权止于县"的乡村自治状态。四是,中国古代封建社会实施"重农抑商"的政策,"重农"就是支持小农家庭经济的存续,国家不断为家庭农业的发展提供相应的保障,如兴修水利、治理灾患

---

① 徐勇:《中国家户制传统与农村发展道路——以俄国、印度的村社传统为参照》,《中国社会科学》2013 年第 8 期。

② [美] 巴林顿·摩尔:《民主和专制的社会起源》,拓夫、张东东译,华夏出版社 1987 年版。

③ 徐勇:《东方自由主义的发掘——兼评西方话语体系中的"东方专制主义"》,《学术月刊》2012 年第 4 期。

④ [美] 弗朗西斯·福山:《政治秩序的起源——从前人类时代到法国大革命》,毛俊杰译,广西师范大学出版社 2012 年版,第 118 页。

等。在小农家庭经济条件下,家庭既是生产单位,也是消费单位,形成了小农家庭内部自给自足的生存状态。所以,"自由、独立的小农家庭构成中国村落社会的内核,是村落社会存在的根基。"①

总的来说,中国古代完整的家庭制度和户籍制度共同构成和孕育出了中国农村社会的基础性制度或本源性制度——家户制。家户制的基本结构是自由独立的个体小家庭。在历史学的中国农民小家庭结构研究中,"家"和"户"基本是对等的,对农民家庭结构的研究主要也是以国家户籍档案统计中的家庭人口规模为依据的。即使是大家庭,也是同国家的户籍制度相对应的,大家庭相对应的是大家户,就是我们所谓的"大户人家"。家庭之间的裂变是通过"分家析产"的户籍制度来实现的,并形成独立的家户形态,成为独立的国家税收单位。相对而言,历史学对中国农民家户的研究主要是对古代农民普遍流行的家庭制度、模式、结构与规模的考证。它突出了户籍制度与家庭制度的关系,证明了家户制传统在中国的存在。但是并没有将这种关系延伸到一个新的概念体系层面,而是沿用西方社会学中的"家庭"概念。

二是社会学研究上的依据。冯友兰曾经指出,在传统的中国,家庭实际是一个社会,家庭制度就是社会系统,是社会结构的基石。② 正是因为中国家庭制度的重要性与特殊性,国内外学者在研究中国时,都会强调家庭对于中国社会的重要性。其中典型的代表人物就是费正清。他在《美国与中国》中认为,正是中国的家庭制度使得中国农民在面对极端的困苦生活时,仍能维持一种高度文明的生活。他认为正是中国的家庭制度成为中国古老而不变的文明的坚强堡垒,并由此染上了历史的惰性。③ 家庭内部的习俗与行为准则,使得中国农民家庭是"一个自成一体的小天国,是一个微型的邦国"④。每个农民家庭既是经济单位,又是社会单位,更是一个政治单位。在他看来,中国农村社会的单元不是个人,而是家庭,家庭才是当地政治生活负责任的部分,更是培养农民忠于统治者并顺从国

---

① 徐勇:《中国家户制传统与农村发展道路——以俄国、印度的村社传统为参照》,《中国社会科学》2013 年第 8 期。
② 张永健:《"家庭生产方式"与中国传统农业社会研究》,《社会学研究》1992 年第 6 期。
③ [美] 费正清:《美国与中国》,张理京译,世界知识出版社 2008 年版,第 21 页。
④ 同上书,第 22 页。

家政权的训练基地。① 在费正清看来，中国社会的基石是由家庭单位构成的农村。为了区别同西方家庭概念的不同，费正清将中国农村的这种家庭制度概括为"中国式家庭"。

相对于费正清，弗里德曼提出家户（household）的概念，他也是最早使用家户概念的外国学者。弗里德曼将家户本身看成是一个经济单位，而家户之间的经济关系在原则上受到市场运作的调整。在对中国广东和福建的材料分析中，他认为，农民一开始就属于一个非常包容也非常封闭的家户的成员。在村庄内部，每个农民的家户辨识是唯一的，家户是最基本的财产拥有群体。在借鉴库尔伯关于"自然家庭"和"经济家庭"的观点以后，他又将家户等同于"经济家庭"，经济家庭不仅包括住在屋子中的家庭，也包括以经济单位运作的非聚居的扩大的家庭，而经济家庭一般包括四代。这里的家户是指一个扩大了的家庭。他认为这种家户达到一定规模和密度以后，就会面临分家析产的过程。在弗里德曼看来，分家不仅仅是家庭的析分，还是灶和土地的正式分离和划分。一旦分家，在法定意义上，两个或者更多的兄弟之间便不再成为经济上的相互协作单位的一部分，分家的过程就是家户关系慢慢变淡的过程，这种过程在弗里德曼看来是必然的。总的来说，弗里德曼的家户观强调家户是一个经济单位，家户的规模可以包括一个家庭，也可以包括多个没有分家的但不在同一房屋居住的家庭。家户本质上就是指没有分家的大家庭或多个家庭。② 即家庭是包含于家户内部的。

费孝通、梁漱溟等中国学者都认为中国农村社会是"家本位"的社会。费孝通认为中国农村社会最基本的社群就是"家"，而这个"家"是相对不同于西方人类学以及社会学意义上的家庭，它是个扩大了的家庭，它有时包括成年或者已婚的子女。③ 费孝通认为，家的规模在一定意义上是超过家庭本身的意义的。在《乡土中国》中，他更倾向于将中国农民的"家"称之为"小家族"，以区别于西方社会学中的"家庭"概念。梁漱溟认为西方社会是个人本位，而中国社会是家庭本位。在梁漱

---

① [美] 费正清：《美国与中国》，张理京译，世界知识出版社2008年版，第22页。

② [英] 莫里斯·弗里德曼：《中国东南的宗族组织》，刘晓春译，上海人民出版社2000年版。

③ 费孝通：《江村经济》，上海世纪出版集团2011年版，第33页。

溟看来，中国社会是"举整个社会各种关系而一概家庭之"。① 而他的伦理本位也是在家庭本位的基础之上形成。② 这都可以反映出中国家庭对于中国社会的重要性与特殊性。韩敏通过皖北李村的调研也直接得出李村的基本单位是家庭而不是个人。为了区分同一般意义上"家庭"概念的不同，韩敏将李村的家庭界定为"以婚姻和血缘关系为基础形成的共同生产、共同消费并同居的生活单位"。③ 有些学者将中国家庭这种特殊性逻辑概括为"家庭主义"。④ 家庭主义的提法也是最接近家户主义的概念。

学者们对中国农村社会"家本位""家庭本位"以及"家庭主义"等分析单位与视角的建构，充分说明了中国农村家庭的特殊性与重要性。他们的基本观念都指向，中国农村的基本单位是家或者家庭抑或家户，而不是个人。但是家庭的概念相对来说是一个富有弹性，其边界并不明确的社会实体，我们在具体运用中往往无法具体界定。在学理层面，西方社会学中家庭概念是相对明确的，而中国农村社会中的家庭概念则具有模糊性，因为它没有具体的边界。它可以指扩大了的家庭，又可以指家族。如韦伯等西方学者将中国社会的特质概括为"家庭主义"。这里的"家庭"又泛指"家族"，家庭主义等同于家族主义。徐勇认为中国农民的家庭本位思想实质上指"家户本位"的思想，是对一家一户的家户制传统的延续。⑤ 家庭是一个界定模糊的概念，家户则是一个相对具体的概念，这样赋予了家户的实体意义。同时，家户本身包含的"户"又具有政治学的意义。因为，传统国家通过编户齐民的户籍政策，在中国的历史长河中孕育出农民的小农家庭经济的基本结构，才有了中国农民家庭在社会学意义上的独特性。而加拿大学者朱爱岚更是在当代中国情境的基础上对于中国

---

① 梁漱溟：《中国文化要义》，上海世纪出版集团2006年版，第72—73页。
② 谭同学：《桥村有道》，生活·读书·新知三联书店2010年版，第15页。
③ 韩敏：《回应革命与改革——皖北李村的社会变迁与延续》，凤凰出版传媒集团、江苏人民出版社2007年版，第63—64页。
④ 参阅盛洪《论家庭主义》，《新政治经济学评论》2008年第2期；陈辉《"过日子"：农民的生活哲学——关于黄炎村日常生活中的家庭主义》，华东理工大学博士学位论文，2013年。
⑤ 徐勇：《中国家户制传统与农村发展道路——以俄国、印度的村社传统为参照》，《中国社会科学》2013年第8期。

农村的家户进行了分析。朱爱岚认为,自中国农村实施包产到户以来,户成为最普遍的也是最基本的农村研究单位。在农村社会和官方话语中,户在广泛意义层面是通过"家户"这种提法表现出来的,它是指每一个农民都属于某一家户的成员。[①] 朱爱岚突出了户的政治特性。她认为相对于经济生产、消费以及再生产单位,中国农村的户的政治体制建构的特征更为重要。户而非个人既是集体收入的分配单位,又是主要的消费单位,它是由"政治—行政"体制界定的。[②] 在同家庭的区别上,她也强调了家户完全是由家庭构成的,但是家户完全是一个受限制的具体的政治单位。[③] 有一定地方的户口,往往意味着能够获得当地的资源与服务。[④] 家户同家庭有着严格意义——尤其是政治意义上——的区别。

总的来说,社会学层面对于中国农村家庭特殊性的分析,有些是从家户的角度,而更多是从家庭的单元来阐述家庭对于中国农村与农民的重要性。这些研究都充分说明,"中国式家庭"确实是中国农村社会的本质性特征,这种本质特征区别于西方社会的个人主义特质,而成为中国农民行动的一个基本单元。只不过,我们对于这种"中国式家庭"的界定并不是很清晰,多数的时候都是一种宽泛的内涵。所以,朱爱岚认为,在中国农村社会中,家庭是一个不确定的主体。而相对于家庭,家户则是一个更加明确的主体,因为户的建构以及分化都是经过正式的制度机制所赋予和证明的。同时,农民也只有在家户的层面,成为户的一员才有资格成为真正的村庄里的人,享受村庄社会内部以及国家的各种资源并承担相应的政治义务与功能。所以,家庭从来都不是中国农村社会的本源性概念,它只是社会学意义层面基于亲子功能的一种一般性概念,更适合于西方社会或者城市社会,而并不适合中国农村。家户才是中国农村社会的本源性的家庭形态概念,它既突出生活、经济、文化以及消费的单位特征,又更为突出它的政治功能特征。不管是传统中国农村还是当代中国农村,家户都是一个边界清晰的概念。

[①] [加]朱爱岚:《中国北方村落的社会性别与权力》,胡玉坤译,凤凰出版传媒集团、江苏人民出版社2010年版,第128页。

[②] 同上书,第135页。

[③] 同上。

[④] 同上书,第132页。

三是政治学研究上的依据。关于中国农民家庭对政治的影响研究多数是从中国农民参与叛乱、政治以及革命的研究中延伸出来的,并没有一部专门的从中国农民家庭动机来研究中国农民政治的著作。相对而言,徐勇、邓大才等人提出的社会化小农理论、黄振华的博士论文都是从农户视角来切入分析中国农村治理与政治。不足的是,农户相对来说是一个经济层面的概念。在社会化小农理论中,农民与农户并没有明确的区别,两者的概念相对混淆。① 黄振华博士的毕业论文主要是从农户功能的视角来研究的,这里农户也主要是指农民家庭,农户功能的变迁过程,其实质还是在分析中国农民家庭功能的变迁。值得肯定的是,黄振华的博士论文是为数较少的从农民家庭功能变迁来分析中国农村治理与政治变革的尝试。② 缺点是并没有突出中国式农民家庭的特征,也没有具体厘清家庭、农户以及户的概念。虽然提出了农户的视角,但是却依然沿用社会学层面家庭功能分析的视角,由此导致其结论的限制性。而陈辉博士虽然是从社会学层面的家庭主义来解读农民的日常生活哲学,但却更接近农民日常生活的现实。③ 在相对宏观层面对于中国农民家庭政治层面的研究,则主要集中表现为摩尔、米格代尔、黄宗智以及裴宜理等人关于中国农民叛乱与革命的解释。

摩尔在《民主和专制的社会起源》中对中国进入现代社会以前为什么易于发生农民起义,进行了结构性的分析。他认为农民起义是中国社会的特有标志。④ 其中包括两个重要原因:一是中国农民阶级与上层阶级联系过于脆弱。主要因为中国农民往往在家庭和宗族中按照自己的方式维护秩序,农民除了要求官府防止强盗保护谷物以外,对官僚机构并无他求。同时,官府和上层阶级对农民的基本生活方式起不到什么作用,中国农民

---

① 参阅邓大才《小农政治:社会化小农与乡村治理——小农社会化对乡村治理的冲击与治理转型》,中国社会科学出版社2013年版。
② 参阅黄振华《中国农户:功能变迁与政府介入——以龙村8户调查为基点》,华中师范大学博士学位论文,2013年。
③ 参阅陈辉《"过日子":农民的生活哲学——关于黄炎村日常生活中的家庭主义》,华东理工大学博士学位论文,2013年。
④ [美]巴林顿·摩尔:《民主和专制的社会起源》,拓夫等译,华夏出版社1987年版,第165页。

主要生活在自己的小家庭或者大家庭内部。① 二是中国农业社会结构粘合力差。摩尔认为中国村庄与其他国家的村庄不同,中国村庄与其说是生活和功能性共同体,不如说是众多农家的聚集地。结合费孝通的研究,他认为中国村庄最基础的生产和消费单位是分散的和具有最小程度合作的家庭。② 除了为了家庭和宗族,中国农民并不习惯一致行动③,进而形成了相对分散的农业社会结构,缺少像印度、日本农业社会那样的内部粘合力。在摩尔这里,中国农民的特殊家庭制度与结构对中国的政治结构和社会结构产生了极大的影响,是导致中国社会经常发生农民起义的重要原因。

与摩尔相对宏观的历史的表述不同,米格代尔关于农民政治与革命观的研究更加贴近农民的实际。他认为农民参与复杂的政治组织是出于想解决家庭经济危机这一物质动因。"农民把政治看作是他们被迫进入的大的世界的一部分。这是因为农民本身并不情愿参与政治。他们的政治目标很有限——只是为了获得有关他们家庭利益的具体问题的行政性解决,而不是要求改善政府的政策。"④ 米格代尔认为,对于农民来说,家庭远不止是经济单位,它是农民赖以发生互动的主要社会群体。正是由于农民家庭在经济领域以外的延伸,农民才能够在变动不定的环境中保持他们经济和社会生活的稳定性。⑤ 而导致第三世界农村由内向型转向外向型转变的各种因素,发生作用的核心在于这些因素破坏了农民家庭的收支平衡,导致了家庭危机。⑥ 这些家庭危机无法通过传统村庄的内部机制来解决。农民被迫走出村庄,参与外部政治。因此,外部政治要获得农民的持续的参与

---

① 摩尔认为,面对官僚机构同农民的脆弱关系,帝国权力主要通过四种方式来弥补这种联系的缺陷,具体包括官仓制度,防止自然灾害带来的饥荒而引起的叛乱;保甲制度,把政府监察权利延伸到农村;训谕制度,定期向农民讲授儒家伦理;宗族制度,维护农村基本伦理与政治秩序。参阅[美]巴林顿·摩尔《民主和专制的社会起源》,拓夫等译,华夏出版社1987年版,第163—165页。
② 同上书,第166页。
③ 同上书,第170页。
④ [美]J.米格代尔:《农民、政治与革命——第三世界政治与社会变革的压力》,李玉琪、袁宁译,中央编译出版社1996年版,第13页。
⑤ 同上书,第53—54页。
⑥ 同上书,第222页。

必须同农民家庭建立制度化的利益交换机制。① 但是米格代尔认为，农民的政治目标并不是仅仅限于家庭物质利益的获得。伴随着农民家庭物质利益获得持续的制度化保障后，农民的政治目标开始超出家庭目标的范畴，向着个人、阶级或群体方面的目标前进。② 米格代尔对农民革命动机的分析，层次性鲜明。虽然他不是完全建立在对中国农民革命分析的基础上，但是他对中国农民的家庭保护动机是认同的。而他对农民政治目标的家庭物质动因的概括也更加贴近农民自身的原始动机。农民参与各种政治组织和活动的原初目标根植于家庭内部。而对于中国这种重视家户传统的国家来说，这种家庭动机更具有说服力。

黄宗智与摩尔、米格代尔农民政治观的相同之处在于都重视市场关系对于农民革命的重要影响。不同之处在于，黄的研究单位是中国农村家庭式农场，将主要精力集中到家庭经济层面。③ 而在政治层面，他认为传统马克思主义的分析不足以解释贫农的政治活动。在黄看来，中国小农的主体是半无产化小农，也即贫农。贫农无论是耕作自己的家庭农场，还是以佣工的方式参与经营式农场或者手工业，其本质都是维持家庭的生计。为了维持一家人的生活，中国贫农形成了特有的生存方式，从家庭农场和佣工满足最起码的家庭生活需要。④ 贫农采取行动的动机，并不是单纯为了保卫或恢复道义共同体和生存权利，也不是为了谋求最大的政治利益，更不是为了反抗阶级剥削。阶级分化和高密度的人口两个因素，相互加剧了农民的负担和苦难，使得他们面临家庭灭绝的命运。一旦遇到其他压力，如赋税加重，市场价格打击，政权的滥用，战争或盗匪，抑或天灾，贫农原有的安分守己就很容易被颠覆。⑤ 从整体上看，黄的研究揭示了中国小农特殊的家庭经济结构是中国几千年集权统治延续的重要原因，同时也是商品经济最终没有发展成为资本主义的重要原因。一旦这种小农经济结构

---

① ［美］J. 米格代尔：《农民、政治与革命——第三世界政治与社会变革的压力》，李玉琪、袁宁译，中央编译出版社1996年版，第225页。
② 同上书，第212页。
③ 黄宗智在《华北的小农经济与社会变迁》和《长江三角洲小农家庭与乡村发展》两部著作中都对此进行了阐述，并以此作为中国农民家庭经济行为研究的前提和基础。
④ ［美］黄宗智：《华北的小农经济与社会变迁》，中华书局2009年版，第306页。
⑤ 同上书，第307页。

无法满足家庭生存的需要，冲突、叛乱和革命也就即将发生。从这一层面看，小农家庭不仅是一个生产单位，也是一个消费单位，更是一个政治单位。

相对于黄宗智的研究，裴宜理关于农民为什么起义的研究更为细致，更为具体。裴宜理从生态学的角度，认为淮北地区生活条件恶劣，连年不断的旱涝灾害形成的艰难且不稳定的环境，塑造了农民两种攻击性的生存策略——掠夺性策略和防御性策略。这种生存方式的核心是对家庭稀有资源的掠夺或者保护，以维持生存。[①] 最终，中国共产党提出了一种新的生计保护模式，改变了原有的集体生存方式，农民的行为改变就成为了可能。在这一分析过程中，裴宜理也同样认识到农民家庭在农民反叛中的重要性，且更为深刻。在裴宜理看来，淮北地区农民的掠夺性策略和防御性策略都是由其家庭生存策略延伸出来。她认为淮北农民往往通过控制家庭人口及构成（如残杀女婴）、向人借贷、迁移等方式来解决贫困问题。不论是定居、迁移，还是掠夺性策略和防御性策略，其本质都是围绕家庭生存来展开的。如走私、盗匪、仇杀等掠夺性策略中，都是作为当事人家庭生存策略不可或缺的组成部分而存在的，且各种掠夺性集体内部也主要是以亲属关系为纽带，或者按照家族关系来组织的。而防御性策略中的看青、民团和圩寨等，也主要是应对掠夺性策略而旨在保护家庭生计的防卫形式。[②] 而中国共产党的减租减息和互助合作，则从根本上改变了农民家庭生存策略，由原来的暴力型转型为保护型，最终成功地发动了农民参加革命。[③] 可惜的是，裴宜理并没有将农民这种围绕家庭生存而产生的有规则的集体行动真正地挖掘出来，而是将更多的注意力放在恶劣的生存环境（包括自然和社会的）。

以上关于中国农民叛乱与革命研究的一个共同特征在于，将中国农民的家庭动机同农民的政治行为反应联系起来，尤其是黄宗智的家庭经济说、米格代尔的家庭危机说和裴宜理的家庭策略说。对于家庭的重视，也说明在宏大的政治叙事中，学者们对中国农民本土特质的关注，更加表明

---

① ［美］裴宜理：《华北的叛乱者与革命者（1845—1945）》，池子华、刘平译，商务印书馆 2007 年版，第 60 页。
② 同上书，第 48—106 页。
③ 同上书，第 254 页。

家庭对于中国农民政治行为的深刻影响。虽然革命动员并不是作者关注的重要内容，但是相关研究也同样重视中国农民家庭的重要性。如克鲁克夫妇在《十里店》中就首先说明，在中国农村的社会与经济方面，最重要的基本单位就是家庭。对于中国农民来说，这是一个共同的习俗和古老的规则。[1] 韩敏在《回应革命与改革》一书中同样认为，李家楼在社会和经济层面的基本单位是家庭，而非个人。多个家庭构成了"院"、宗族与村庄。[2] 但是，多数研究往往只是将家庭作为中国农村的社会与经济单位，而并没有将其作为政治单位来看。农民在叛乱与革命中的家庭策略，也主要是基于家庭生存和物质利益的考虑。这种现象出现的原因包括三个方面：一是在政治层面的家庭动机，往往被宏大的政治叙事结构所淹没。学者往往试图从中国宏大的政治叙事中寻找农民参与起义、叛乱与革命的动机，而这种宏大叙事的背后是多种政治力量的共同作用，且由于政治事件的层次性和阶段性，农民的主体性往往会被逐渐忽略。二是调研途径与资料受限，很多早期国外学者无法进入中国本土农村进行调研，研究的样本和资料多是相对宏观的，进而缺少对中国农民本土特质的深度观察。三是对中国家庭特殊性的认识不足。以上学者虽然强调了家庭对中国农民政治行为的重要性，或者有些学者提出中国农民的家庭主义以区别于西方的个人主义[3]，但是"家庭"的内涵并不能完全代表中国农民的本土文化特质。相对而言，"家庭"是西方社会学的表述。对于中国农民来说，"家本位"的核心意义是"家户本位"，"家"的概念是离不开"户"的概念的。中国小农经济的核心就在于"一家一户"小农生产结构，由此赋予了中国农民在社会、经济与政治生活中家户本位特质。在事实层面上，中国农村与农民遵循的是家户主义，而不是家庭主义。也正是如此，在中国农民叛乱与革命的研究中，才会出现对于中国农民家庭策略行为的一致认同。然而，中国农民叛乱与革命中的这种家庭策略并没有受到国内与国外

---

[1] [加] 伊莎白·克鲁克、[英] 大卫·克鲁克：《十里店（一）——中国一个村庄的革命》，龚厚军译，上海人民出版社 2007 年版，第 17 页。

[2] [日] 韩敏：《回应革命与改革——皖北李村的社会变迁与延续》，徐新玉、陆益龙译，凤凰出版传媒集团、江苏人民出版社 2007 年版，第 63—64 页。

[3] 参阅盛洪《论家庭主义》，《新政治经济学评论》2008 年第 2 期；陈辉《"过日子"：农民的生活哲学——关中黄炎村日常生活中的家庭主义》，华东理工大学博士学位论文，2013 年。

研究中更为具体与细致的关注。

总的来说，家庭对于中国农民具有特殊性的意义。而这种特殊性并无法通过"家庭"这样的一个概念进行表述，因为家庭在中国的具体运用中是一个相对弹性，且内涵不明确的实体。中国的家庭结构在整体上应该是来源于一家一户的家户制传统，家户的概念而非家庭的概念才是中国农村社会特质的本质表达。徐勇和朱爱岚分别从传统与当代两个时间段对此进行了论证。正是由于一直以来没有一个成熟的家户视角，才使得中国农村研究中虽然意识到家户的重要性，但只能使用"中国式家庭"这样的界定。同时，学者们从政治层面对于农民家庭的关注，也使得家户的视角更加成熟。因为，家庭在一般社会学意义上不具有政治功能，甚至不构成独立的实体单位，而家户却能够实现这种对接。因为户在中国农村社会领域就是国家政权建构起来的，是国家面对家户治理最直接的反映。不管是传统时期，还是现代社会，国家政权在农村社会直面的都是家户，而不是个人，也不是村庄或宗族。正是户的存在使得家户具有了治理与政治层面的意义。而传统中国农民家庭的特殊性也是同国家的户籍制度、税收制度以及兵役制度等紧密联系在一起。① 以上的这些研究，直接或间接地为作者开展以家户为视角的中国农民日常治理与政治行为研究提供了理论、方法与技术上的支撑。它们也构成了本书研究的理论基础。

以家户为视角，就是从农民日常生活交往与互动实践的层面，论证农民家户行为动机的存在及其家户主义逻辑。在此基础上，通过对农民参与村庄治理与政治的实践活动与观念态度的分析，来研究日常农民家户主义行为逻辑对村庄治理与政治的影响。这里的研究将家户看成是一个基本的日常单位和利益单位，它是一种农民日常生活所认同和理解的常识性词语，而不仅仅是一个学术概念。整个研究都遵循以普通农民为主体，以常态村庄为主位，以中国农村研究本土化为导向的基本准则。

---

① 徐勇：《中国家户制传统与农村发展道路——以俄国、印度的村社传统为参照》，《中国社会科学》2013年第8期。

三 家户的概念界定及意义

　　以家户为视角进行研究的前提是必须明确家户的概念，尤其是家户同家庭以及农户等概念的区别，以此证明家户不是为了创新而生造出来的博取眼球的概念。关于家户概念的使用，徐勇教授认为家户最早源于秦始皇统一中国之后推行的农村户籍制度变革。秦统一中国之后，为了羁縻氏族、获得赋税，编制户口，实行编户齐民的政策。从此，一家一户成为中国农民家庭的基本制度形态。因此，徐勇教授认为，秦始皇最大的功绩不在于修建万里长城，而在于建构出了一个不断产生自由家户小农的制度。[①] 徐勇教授将这种以强大的习俗为支撑的完整的家庭制度和以强大的国家行政为支撑的完整的户籍制度的对接，概括为家户制。[②] 林耀华的研究认为，中国农村的家庭是以灶为单位，无论是夫妇、子女、叔侄、姑媳，凡是衣食共同就是一个家庭。在具体意义上，家是一个经济单位，指共灶合炊的父系亲属，以男子的辈数与年龄最长者为家长。家庭会因子孙的逐渐长大，人口渐渐增加而分家。在林看来，家是以灶记，户是以屋计。[③] 实际上，古代中国家庭实体多是指共炊共产同居，这里的家既是一个家庭单位，同时也是一个户的单位。分家的过程，就意味着不同食、不共产以及不居住在同一房屋之中。所以，分家的过程必然伴随着居住空间的独立性，即要有新的房屋，新的户头开始作为独立的经济、生产、消费以及政治单位。分家的过程也就是新户的产生过程。这里，家和户是对等的。分家之后必然要成为独立的户，因为原来的家户不会再为分出的家户承担相应的经济、政治与消费功能。只不过，在一般生活层面，在农民的日常用语中，家更普遍地被使用，而户往往是作为政治、宗教与社交等层面的单位出现的。[④] 分家之后，新的家庭必然要履行作为独立家户资格的各种责任与功能，如形成新的家户供奉，独立承担家户对外的人情交往，

---

　　① 徐勇：《中国家户制传统与农村发展道路——以俄国、印度的村社传统为参照》，《中国社会科学》2013 年第 8 期。

　　② 同上。

　　③ 林耀华：《义序的宗族研究》，生活·读书·新知三联书店 2000 年版，第 73 页。

　　④ 同上书，第 74 页。

成为面对国家赋税徭役的独立单位等等。在很多的时候，我们关于中国农民家庭制度的研究中，都是过分地突出了家庭的消费、生产、生育以及文化功能，而忽视了中国家庭制度的户的层面。中国完整的家庭制度应该是家和户的结合，是家户制。在具体的日常实践中，家和户从来都是一体的。当然，除了我们将家的概念进行泛化，指代广义的家族。

弗里德曼较早使用"家户"的概念。他认为，在村庄内部能够辨识农民家户身份标志是唯一的，是清晰的。在他那里，农民家户也几乎等同于农民家的概念。但同家庭的概念是有区别的。家户可以指没有分家的多个家庭的联合，视为扩大了家户，如父母同多个已婚子女家庭构成的家户。在他的扩大化的家户概念基础上，他认为这种家户达到一定规模和密度以后，就会面临分家析产的过程。在弗里德曼看来，分家不仅仅是家庭的析分，还是灶与土地的正式分离和划分。一旦分家，在法定意义上，两个或者更多的兄弟之间便不再成为经济上的相互协作单位的一部分，分家的过程就是家户关系慢慢变淡的过程，这种过程在弗里德曼看来是必然的。[1] 总的来说，弗里德曼的家户观强调家户是一个经济单位，家户的规模可以包括一个家庭，也可以包括多个没有分家的但不在同一房屋居住的家庭。虽然，弗里德曼强调家户的经济功能，但是在弗里德曼的家户概念里，家户的分化与形成还是源于分家析产，分家的过程才是家户形成的过程，最重要的是它具有制度层面的承认过程，如同成为独立的法人实体一般。只要不分家，多个家庭的组合，在农民看来依然是一个家户，不必独立承担对应的社交功能，如村庄内部的人情礼仪的交换都是以家户为单位的。只有分家之后，才具有这种独立的实体资格。因此，在农民的生活世界，家户是一体的。相对于家与户，家庭是一个外来词汇，因此才有了弗里德曼所认为的农民在村庄内部的家户身份是唯一的，是清晰的。[2] 而家庭则不是一个界定清楚的实体概念，它并不适合用来分析中国农村社会。所以，朱爱岚认为在中国农村社会，家庭是一个更不明确的社会实体。[3]

---

[1] ［英］莫里斯·弗里德曼：《中国东南的宗族组织》，刘晓春译，上海人民出版社2000年版，第30页。

[2] 同上书，第26页。

[3] ［加］朱爱岚：《中国北方村落的社会性别与权力》，胡玉坤译，凤凰出版传媒集团、江苏人民出版社2010年版，第135页。

也正是我们对于家庭概念的不恰当使用,才导致我们对于中国农村家庭制度的认识的模糊。

在费孝通看来,家庭这个名词,是人类学家普遍使用的,一般指包括父母及未成年人子女的生育单位。① 而中国农村的家,则是一个扩大的家庭,因为没有分家的前提下,中国农民的家可以包括若干个这样的家庭。而这些家庭并没有独立的实体功能与社交资格。在西方社会中,一旦子女结婚,甚至成年,都意味着子女具有了独立的人格及其社交功能。尤其是结婚以后,子女就会形成新的家庭。所以,林耀华认为,西方的家庭的意义多指夫妇及其所生子女的团体,是一个生物团体。西方社会无法理解中国农村家庭制度的特殊结构,往往只能发明出"中国式家庭""家庭主义"等概念。而我们对于中国农民"家"的研究和关注,正是借助于这种西方社会特质的家庭概念,直到目前我们主流的研究领域依然延续这种家庭理念的分析方式。但是,中国的家庭制度同国外的家庭是两种不同的概念,进而便形成了在中国农村社会研究中家庭的多样化概括,出现了核心家庭、主干家庭、扩大家庭等多种类型的家庭。而实际上,在中国农村社会的日常生活实践中,家庭并不是一个常识性的术语,人们都是使用家或者户来表达对于家庭的理解。

中国农村包产到户政策实施以后,国外的学者对中国农村家户的关注开始重视户的功能及其作用,将户作为中国农村社会最普遍的社会单位②,并将其作为研究中国农村社会的一个主要问题。布迪厄还具体提出,对中国户的研究是一个优先的主题,因为它是由"官方"建构起来的。③ 朱爱岚的研究认为,户是中国农村社会最低的分析单位,不存在独立的个人。她同样认为家庭的概念无法突出中国农村户的特质。④ 户是由国家通过户籍制度建立起来的,而且中国的户是由家庭构成的,并且户具

---

① 费孝通:《江村经济》,上海世纪出版集团2011年版,第33页。

② Watson, Andrew. 1984. "Agriculture Looks for 'Shoes That Fit': The Production Responsibility System and Its Implications." In Neville Marxwell, and Bruce McFarlane, eds. 1984. *China's Changed Road to Development*. Oxford: Pergamon.

③ Bourdieu, Pierre. 1977. Outline of a Practice. Cambridge, Eng: Cambridge University Press.

④ [加]朱爱岚:《中国北方村落的社会性别与权力》,胡玉坤译,凤凰出版传媒集团、江苏人民出版社2010年版,第130页。

有明确的界定。无关的人并不被认为是户的一员。界定谁属于一户的界限是相当明确的,主要是考虑是否分了家。朱爱岚认为分家的过程就是一户分裂两个甚至更多个户的过程。而且分家的过程是相当正式的过程,一般由村级官员主持。① 在朱爱岚那里,除了有非农业户口的家庭成员之外,家和户是对等的。中国农村的户,是根据国家户籍制度被界定并在政治上被当作户的。② 朱爱岚还认为相对于家庭概念,户的单位相对来说更加公平。因为每一个人都可以被当作户单位中的一员被正式纳入户籍制度,并享受国家相应的政策待遇。一个人也可以构成一个家户。而家庭的概念却将个人排除在外,无法作为政策的基础。③

相对于户的概念,而延伸出农户的概念。但是农户的概念只是突出了官方的户的特征,而无法凸显农民"家"的文化内涵。家和户是一体,且在不同的生活情境中,农民会选择使用家,还是使用户。家的使用是在日常生活中,户的使用是当家面对国家或者面对地方行政系统时所使用的词汇。所以,在农民的日常交谈中,农民都是用"某某家""俺家""他家""人家"等标识对象身份。而在面对外部人员往往使用"某某户""俺这一户""他那一户"等来指代。同时,农户的使用往往也没有明确的界定,有时候指代农民家庭,有时候又泛化为农民个体等等。

总的来说,无论是传统,还是当代,中国农村社会的家庭制度原型是家户,它是中国小农生产、交往与政治的基本单位。在中国农民的观念中,家和户是一体的,是对等的。而家庭并不是一个本土化的概念,且是一个相对复杂和主体性模糊的概念。它是适合于西方社会,但是并不适合于分析中国农村社会。所谓的家户,在生活层面是指没有分家的同食共财的家庭结构,具有独立的身份、对外交往、文化以及政治资格和功能,且得到国家户籍制度承认的农民家庭组织。家户可以是一个人的家户,也可以是由多个家庭构成,它产生的标志是分家析产并获得独立的利益单位与身份资格。除了特殊的情况,家户一般是由具有独立利益资格和获得国家

---

① [加]朱爱岚:《中国北方村落的社会性别与权力》,胡玉坤译,凤凰出版传媒集团、江苏人民出版社 2010 年版,第 136 页。
② 同上书,第 142 页。
③ 同上书,第 230 页。

户籍承认的家庭构成。

以家户取代家庭与农户,突出中国农村的家户特质的意义,包含多个层面:首先,家户的提出有助于我们重新认识传统中国农村社会的特质。一直以来,我们对于中国农村的特质,尤其是本源型制度的探讨都是非常稀少,而仅有的研究也停留在论述层面,缺少理论建构。从费孝通的家本位,到梁漱溟的伦理本位,再到徐勇的家户制,我们对于中国传统农村的特质的研究太过忽视,更加缺少了对于本土文化与传统的尊重。阿玛蒂亚·森曾经说过,"中国在建设其未来的同时不能背弃过去",中国农村的发展与建设同样离不开对于中国农村本源性制度的研究。家户制是一个开端,是我们在面对诸多无法解决的农村问题之后,追根溯源的结果。其次,家户概念的提出,有助于重新建构本土化的中国农村研究范式。一直以来,中国农村研究的理论范式多数都是来自于欧美。虽然很多国内的学者提出发展中国农村研究的本土化理论范式,但很多研究范式本质上还是在延续西方理论界的范式。试想,如果对中国农村的本源性制度及其特质,我们都无法认清,那么何谈本土化。家户,尤其是以此形成的家户主义,同西方的个人主义、东方集体主义等具有明显的区别,这是我们认识中国农村与农民的起点,也是推动中国农村研究同国际对话的起点。再次,家户的视角与概念,有助于我们重新认识中国农民同现代村庄治理与政治的关系,也提供了我们重新思考中国农村治理困境以及政治发展困境的基本视角。在家户主义逻辑下,我们对于现有的农村治理困境及政治发展瓶颈都将有一个更加深刻与全面的认识。社会特质的不同,也最终决定制度理念以及理论逻辑的不同。家户的提出,或许真的能够改变现有我们关于中国农村与农民普遍的具有文化偏见的认知常识。

总的来说,家户的概念既包含农民日常生活中的家文化与结构,又包含国家政治层面的建构与控制。而家庭的概念更适合于一般意义上或者说城市家庭结构的研究,并不适合以此来研究中国农村治理与政治。家户才是中国农村本源性的家庭结构特质,更是中国农村家庭制度的基本象征。它可以避免家庭概念所带来的研究视角的混乱,更有助于我们认识中国农民的日常生活逻辑、参与公共事务治理的逻辑以及政治活动的逻辑。

四 研究思路与结构

本书以家户为视角,并不是直接以家户单位来分析农民的日常行为逻辑及其对公共治理的影响,而是将家户看成一个类似"家庭"这样一个我们大家易于接受的常识性概念与单位。即家户的存在是一种日常生活的常识,并不是作者臆想建构的一个新的概念,它普遍存在于农民的日常生活世界以及观念世界中。在此基础上,通过农民日常生活交往及其行动的研究,来论证农民日常生活背后的家户利益动机以及家户主义逻辑。进而以村庄世界里的农民日常生活为背景,再集中论证农民家户主义逻辑对公共治理的影响。这就是本书的研究主题——当代中国农民的家户主义行为逻辑及其对公共治理的影响,它主要是回答本章开头所提出的"在当代村庄日常生活中,中国农民同公共治理的逻辑关系是什么"的问题。

全书主线 在遵循以普通农民为主体、以常态村庄为对象、以中国农村研究本土化为导向的准则下,本书主要贯穿了两条主线:一是以农民为主体的日常生活为背景主线。不论是分析农民日常生活行为,还是分析村庄公共治理,农民的日常生活都贯穿其中。农民的日常生活同村庄治理与政治从来都不是分离的。即使表面上看似超越村庄日常生活的政治实践,其隐藏在背后的逻辑依然是日常生活的逻辑——家户主义。这里作者就是要说明,关于中国村庄公共治理与农民政治的研究,不能脱离农民主体,更不能脱离农民的日常生活世界。二是以农民的家户利益动机为行为主线。本书从开始到结尾,都在论证农民的家户利益动机及其家户主义行为逻辑,它贯穿于对农民日常生活、村庄治理以及政治的研究过程中。而农民正是基于家户利益动机下家户主义逻辑来决定什么时候进入或什么时候退出治理与政治领域。鉴于此,本书的前半部分主要是分析农民的家户利益动机及其家户主义行为逻辑,后半部分主要是分析农民的家户主义逻辑同村庄公共治理的关系。以日常生活实践为背景主线,以家户利益动机为行为主线,全文的结构和论点都比较明确。

分析框架 本书在分析框架上采用徐勇教授提出的家户主义分析框架。家户主义分析框架本质上是一种比较政治学方法论分析方法。2012年5月4日,在复旦大学陈树渠比较政治发展研究中心开幕演讲中,徐勇教授在东方村社制与家户制对比研究的基础上,在方法论层面提出理解历史变迁的三大基本命题:第一,起点决定路径;第二,原型规制转型;第三,以微观机理理解宏大问题。① 这里的起点和原型在具体农村研究层面就是指涉家户制传统,而从微观机理理解宏大问题则包含两个层面的意义:一是从农村微观的家户逻辑来理解中国农村治理与政治的发展规律;二是从农民日常生活世界来认识中国农村发展的重大问题。这也构成了本书方法论的基础。在随后的研究中,徐勇教授具体阐述了中国家户制传统的基本构成,初步形成了中国农村研究的家户主义分析框架。

家户主义分析框架,一方面突出中国家户主义的历史与世界视野,即它是作为中国农村本源性制度而区别于东方集体主义,甚至西方的个人主义。在这一方面,徐勇教授在《东方自由主义传统的挖掘》一文中就从中国农民自由主义的视角提出了对于"东方自由主义"的理解,以打破西方自由主义对于"自由"理念的偏执认识,以及西方关于"东方专制主义"的思维定式。② 而中国农民自由主义的历史本源就在于中国农村社会以家户制为核心发育出来的家户自治及其家户主义。从东方自由主义传统到中国农村发展的本体,其中的理论与现实节点就是家户主义。正是中国农民的家户制及其家户主义,在中国农村发展的历史与传统之间,在西方自由主义和东方自由主义之间,建立了真正的关联。

另一方面,家户主义分析框架在具体的研究中突出家户制同中国传统农村结构的关系,这里包括围绕家户制形成的家户农业经营组织、以家户经济为核心的农工商互补经济、基于家户生存的家户互助合作以及基于家国共治的农村治理体系四个基本构成部分。具体可以概括为家户同农业制度、农村经济结构、农民日常交往以及农村治理体系的关系。这也是徐勇教授家户主义分析框架的基本结构,即从家户的视角来认识和理解传统中国农业制度、农村经济结构、农村社会以及农村治理与政治,并最终回答国家如何在尊重农村家户制传统的基础上来选择中国农村的发展道路。

因此,徐勇教授的家户主义分析框架,强调通过超越国家与文化的制

---

① 徐勇:《中国家户制传统与农村发展道路——以俄国、印度的村社传统为参照》,《中国社会科学》2013 年第 8 期。

② 徐勇:《东方自由主义传统的发掘——兼评西方话语体系中的"东方专制主义"》,《学术月刊》2012 年第 4 期。

度比较视野，从家户的视角来理解和认识中国农村社会与治理结构，目的是发掘支配中国农村发展并长期发生作用的传统制度究竟是什么，并在传统与现代之间建立一种关联性，寻求当今中国农村发展道路的历史脉络与发展方向。① 这一分析框架的贡献包括两个方面：一是首次提出从中国农村的历史制度原型与起点来理解中国农村；二是在具体的研究中纳入了比较政治学的方法论工具。这在中国农村研究领域是一项新的理论分析工具的创造，是对中国农村实证研究方法论的拓展。

本书在徐勇教授家户主义分析框架指导的基础上，以家户为视角，重点分析家户同村庄日常社会、村庄治理过程以及农民政治形态的关系。作者试图以日常生活中的农民家户视野来揭示真实的农民生活、治理与政治世界。当然，徐勇教授的家户主义分析框架只是一种雏形，是作者对徐勇教授关于中国农村家户制传统的一个基本总结与概括。正如徐勇教授等人所提倡的，中国乡村治理研究要具有"野性的思维"，要打破约束，大胆假设，认真求证，在常识性的解释和理解当前农村治理中的种种现象过程中，为村治研究提供概念工具和方法视角。② 在本书的最后结论中，作者提出了针对当代中国农民治理与政治研究的"家户—国家"分析框架，以期实现对徐勇教授的家户主义分析框架的发展。这也可以说是作者发挥"野性的思维"的一次尝试。

理论回应 本书在研究上主要是回应和完善"米格代尔命题"与"徐勇命题"。"米格代尔命题"来源于其所著《农民、政治与革命》一书。米格代尔在该书的导论中提出"农民在什么情况下由以村庄为基础的谋生型生活转变到持续地参与村外制度的生活，这是现代化研究中的关键问题"，③ 他也是以此为问题导向集中研究第三世界国家农民为什么会革命的问题。但是农民持续的参与村外制度并不仅仅包括非常态的革命或者起义，还包括现代化市场化进程中的日常农村公共治理以及政治生活。米格代尔关于农民政治的研究仅仅回答了问题的一半。本书试图尝试回答

---

① 徐勇：《中国家户制传统与农村发展道路——以俄国、印度的村社传统为参照》，《中国社会科学》2013年第8期。

② 徐勇、吴毅、贺雪峰等：《村治研究的共识与策略》，《浙江学刊》2002年第1期。

③ J. 米格代尔：《农民、政治与革命——第三世界政治与社会变革的压力》，李玉琪、袁宁译，中央编译出版社1996年版，第3页。

在现代化进程的常态日常生活中，中国农民同现代治理与政治的关系。这也是当前中国现代化研究中的关键问题。在中国农村治理的现代化进程中，我们无法回避的问题便是，农民基于什么的动机与逻辑参与或不参与农村公共治理？这种动机与逻辑对中国农村治理的现代化有着什么样的影响？本书的研究正是对此的回答。

"徐勇命题"[①]来源于徐勇教授《中国家户制传统与农村发展道路》一文。徐勇教授在该文中分析了传统中国农村的家户制结构，阐述了家户制传统同传统中国农村社会与治理结构的关系。在文章的最后，徐勇教授提出无论是具有东方特色的公社治理，还是具有西方民主要素的村民自治治理，都不可忽视和回避家户制在中国农村治理体系中基础性作用。他认为家户制是中国农村发展的历史惯性，而不是历史惰性。[②] 因此，如何理解中国家户制传统同中国农村发展道路的关系，是徐勇教授在该文中留下的一个命题。本书在家户主义分析框架的基础上重点回应这个"徐勇命题"，集中分析中国农村的家户主义及其同当代中国农村治理与政治的关系，进而回应和反思中国农村发展道路的问题。如果说，徐勇教授在传统中国家户制的基础上发展出家户主义分析框架的话，那么本书就是利用这种分析框架来具体分析当代中国农村的家户主义逻辑及其对中国农村公共治理的影响。

结构安排 结合研究主题，本书的结构主要包括两个部分：（1）前半部分主要分析陈村农民日常生活中的基本行为逻辑——家户主义。这一部分包括两个方面：一是分析农民基于家户利益的日常行为动机，提出农民的家户理性，以区别于个人理性、集体理性等；二是分析农民这种家户利益的结构，并由家户理性延伸出对于农民日常家户主义行为逻辑的理解。（2）后半部分主要是分析农民这种家户主义行为逻辑同村庄公共治

[①] 郝亚光也曾撰文回应"徐勇命题"，但是他所回应的"徐勇命题"主要是指徐勇教授提出的中国农村"两减一增"现象，即改革开放以来，中国农村出现了土地减少，务农人口和务农时间减少，农产品却增加的现象。而本文的"徐勇命题"则是另外一种指代。参阅郝亚光《回应"徐勇命题"：中国农村"两减一增"的缘由——以农业生产社会化为视角》，《中国农村研究》2014年上卷，第365—378页。

[②] 徐勇：《中国家户制传统与农村发展道路——以俄国、印度的村社传统为参照》，《中国社会科学》2013年第8期。

理的关系及对其影响。这一部分也包括两个方面：一是具体分析村庄公共治理行为过程同农民家户主义逻辑的关系，提出村庄治理的家户主义逻辑；二是分析村庄公共治理价值目标——现代农民政治形态——同农民家户主义逻辑的关系，得出当前村庄公共治理中的农民政治形态是家户主义政治形态，同现代公共治理价值目标——公民政治或民主政治——存在差异。具体结构如图1.1所示：

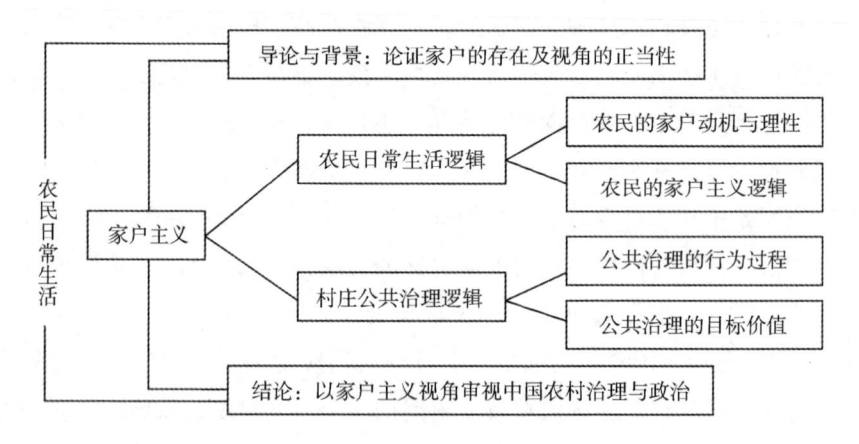

图1.1 基本结构线索图

作者正是按照这样的逻辑结构来安排行文的，以农民日常生活为背景线索。其中，第一章和第二章是理论与村庄背景，主要是论证以家户为视角开展研究的合理性以及陈村家户的基本结构；第三章和第四章分别从农民的家户利益动机和家户利益结构与逻辑两个层面，论证村庄日常生活中的农民家户理性及其家户主义行为逻辑；第五章和第六章分别从公共治理的行为过程和价值目标两个层面，论证农民的家户主义行为逻辑同村庄公共治理的关系及对其的影响，分别提出了村庄治理的家户主义逻辑和农民政治的家户主义政治形态；第七章是结论与讨论部分，主要是总结村庄日常生活中的农民家户主义逻辑，以及在此基础上我们如何认识和理解当代中国农村农民同公共治理与政治的关系，进而讨论家户主义同中国农村发展道路的关系。

具体的章节安排与内容，如下：

第一章，"绪论"，提出本书的研究主题——当代中国农民同公共治理的逻辑关系是什么？重点阐述了作者研究的三个基本准则以及以"家户"为视角开展研究的合理性。由于家户是本书研究的一个核心的概念，因此本部分对家户的概念进行了讨论与界定。随后，作者对本书的研究主题、核心线索、理论回应、基本结构以及研究方法等进行了阐述。作者使用徐勇教授提出的家户主义分析框架，并发展徐勇教授的研究，以此回应家户主义同当代中国农村发展道路的关系。

第二章，"陈村概况及家户结构"主要是对本书的分析对象——皖北陈村进行一个基本情况的介绍和展示，并具体分析陈村农民家户的结构及其变迁。这是个案村庄的背景展示，也是后面各章展开分析的基本前提与依据。

第三章，"日常生活中的农民行为动机"，同第四章共同构成对日常生活中农民家户主义行为逻辑的分析。本章主要从不同的行为单位来论证农民基于家户利益的动机及其家户理性的存在，为下文关于家户利益结构及其家户主义行为逻辑的分析提供铺垫，它是第四章的前提和基础。该章主要从个人交往的行为层面、村庄共同体行为层面、家族行为层面及农民市场行为层面，来具体研究陈村农民的日常生活中的行为理性与动机，以此回应中国农民行为研究中的集体理性与个人理性之争。从陈村内部农民的日常生活的总体实践来看，不管是在个人交往的行为层面、村庄共同体行为层面、家族行为层面，还是市场行为层面，农民的行为动机与逻辑遵循的都是家户理性，而不是个人理性、集体理性、家族理性，抑或是货币理性。这种家户理性，是指农民的行动以家户利益为最高价值取向，进而支配农民去思考、判断与行动的心理认知结构。正是家户利益及其家户理性的存在，使得基于个人理性和集体理性的分析范式在中国农村具有局限性。

第四章，"农民家户利益的基本构成"，进一步分析了陈村农民家户利益的基本结构，并在此基础上提出日常生活中的农民家户主义行为逻辑。本章通过对陈村农民的研究，得出中国农民的家户利益并不是一个抽象的概念，而是有具体内涵，且具体反映到农民的日常生活实践中。在陈村，农民的家户利益结构主要包括土地及其附属物、象征性身份、家户风水、货币收入以及庇护关系等要素。农民的这种家户利益结构有时是独立发生作用，有时是复杂的交织在一起。正是由于在一定的情境下对于农民这些家户利益构成要素的侵犯，才导致农民基于家户利益的保护型行动策略。作者将陈村农民这种遵循家户理性，奉行家户利益至上的日常行为逻辑概括为家户主义。这种家户主义同东方社会的集体主义和西方社会的个人主义之间存在本质的区别，也决定了当前中国农村社会的特质。

第五章，"治理过程中的家户主义逻辑"。本章同第六章共同分析了农民日常家户主义行为逻辑同村庄公共治理的关系以及对其的影响。本章主要侧重从农民参与村庄治理的过程，来分析农民参与村庄治理的行为逻辑，第六章主要是从农民的参与治理的态度与认知层面，来分析日常生活中的农民政治形态同现代公共治理价值目标所要求的农民政治形态之间的差异。本章主要从陈村社会内部公共事务治理实践研究中，得出农民在日常生活中的家户主义逻辑并不仅仅停留在日常生活的层面，而是渗透到村庄公共事务的治理层面。本章的研究认为，村庄治理中的家户主义使得农民不会为村庄公共事务的治理而付诸行动。村庄治理中家户主义逻辑的存在，才是中国农村治理与政治发展困境的根本原因。当代农村市场化及其国家政策对于农村的嵌入，不但没有促进农民走出家户成为独立自主的现代公民，相反，更加强化了农民的家户主义意识。但是市场化和社会化本身又要求公共性，这就出现了一种"市场化悖论"，并由此导致农村公共治理的困境。

第六章，"隐藏的农民家户主义政治形态"主要从农民的政治观念、政治意识与能力、政治认同、政治参与以及政治抗争五个层面的日常实践具体分析隐藏在日常生活世界与我们常识观念背后的农民政治逻辑。从陈村的分析来看，农民政治形态同家户主义逻辑之间是密不可分的，农民的各种政治心理与行为都指向日常生活中家户主义对农民政治形态的影响。这里我们将农民以家户主义为思维与行为逻辑的政治形态概括为家户主义政治。家户主义政治使得农民进入公共治理与政治的方式是被迫式的，进入以后的行动类型是保护型的，目的是减少家户利益可能遭致的来自外来势力侵犯的风险。家户主义政治形态同现代公共治理价值目标所要求公民政治形态及其民主政治认同之间是格格不入的，两者是冲突的。正是家户主义政治的存在使得中国基层政治实践困难重重。

第七章，"结论与讨论"主要是对前文各章节进行总结，具体提出日常村庄生活中中国农民的行为动机是遵循家户理性，奉行家户利益至上，进而形成中国村庄公共治理的家户主义逻辑，以及中国农民的家户主义政治形态。通过对中国农村家户主义逻辑特征的总结与描述，作者将在本章回应导论部分提出的"米格代尔命题"和"徐勇命题"，并从家户主义的视角，讨论中国农村公共治理的现代化困境以及中国农村发展道路的问题。在以上研究的基础上，作者提出了一种可供推广的"家户—国家"分析框架，以期为中国农村治理研究提供新的概念工具和方法视角。

总的来说，本书的基本思路、结构等可以简单总结为下表1.1：

表1.1　　　　　　　　本书的基本思路与结构

项目	内容
研究视角	农民家户
研究主题	当代村庄日常生活中的农民家户主义行为逻辑及其对公共治理的影响
论文主线	背景主线：以农民为主体的村庄日常生活 行为主线：农民的家户利益动机
分析框架	徐勇教授的家户主义分析框架
理论回应	米格代尔命题 徐勇命题
结构布局	前半部分：村庄日常生活中的农民家户主义行为逻辑 后半部分：农民家户主义行为逻辑同公共治理的关系及对其的影响
研究方法	实地研究、个案分析

五　研究方法与田野工作

本书采用的是实地研究与个案分析方法。在中国农村研究领域，个案研究就是"以特定的村庄为研究对象的"，[①] 是关于个别村庄的微型研究。目前，关于中国农村治理的实证研究，其对象界定往往是比较复杂的。有的是以行政村作为研究对象，有的是以自然村作为研究对象，有的是以社区的概念进行研究。然而，在农村治理研究中，必须要明确区分乡村治理

---

① 吴毅：《村治变迁中的权威与秩序——20世纪川东双村的表达》，中国社会科学出版社2006年版，第21页。

研究和村庄治理研究。只有在此区分的基础上，才有利于学术的对话和讨论。乡村的概念在实体上是指涉现代意义上的行政村，甚至是超越村庄的研究，如施坚雅的市场模式和弗里德曼的宗族模式等。而村庄在实体意义上主要是指传统意义上的自然村落和现代意义上的自然村。费孝通在《江村经济》中给村庄作如下定义："村庄是一个社区，其特征是，农户聚集在一个紧凑的居住区内，与其他相似的单位隔开一段距离（在中国有些地区，农户散居，情况并非如此），它是一个由各种形式的社会活动组成的群体，具有特定的名称，而且是一个为人们所公认的事实上的社会单位。"① 费老认为，通过对这样的村庄进行研究，一方面有利于在微型的社会空间里对人们的生活进行细致的研究；另一方面有利于实地调查并探讨有关中国在现代世界中的命运的大问题。

相对于行政村，村庄作为农民生产、生活、娱乐为一体的地域共同体，能够更加真实地微观地反映在市场化与现代性不断嵌入的背景下，农民及其村庄的整体性变迁。② 当然，研究村庄并不是将视野局限于村庄内部。"研究村庄，超越村庄——这是现代科学家的共同追求。"③ 要做到以小见大，见微知著，从普遍的个别中寻找出普遍的逻辑。费老在《江村经济》中就试图通过村庄研究来理解中国社会，本书作者表达了一个很明确的观点，通过一个个别村庄的研究，能够了解整个中国发生的政治变迁。④ 但是这种"缩影"的方法受到来自人类学的批判，即"对于中国这样广大的国家，个别社区的微观研究能否概括中国的国情"。⑤ 所以，关于村庄"缩影"的方法并没有被学术界全面接受。但是，村庄的个案研究在整个农村实证研究中一直都是非常重要的。本书依然延续这种以村庄为个案的实证研究分析方法。

在以村庄为个案的实证研究的基础上，作者在具体的研究中突出对农民日常生活的"解释性"理解，通过理解村庄内部农民的日常生活逻辑

---

① 费孝通：《江村经济》，江苏人民出版社1986年版，第5页。
② 贺雪峰：《乡村治理研究与村庄治理研究》，《地方财政研究》2007年第3期。
③ 王铭铭：《走在乡土上——历史人类学札记》，中国人民大学出版社2003年版，第15页。
④ 同上书，第10—11页。
⑤ 费孝通：《人的研究在中国》，《读书》1990年第10期。

来解释中国农民的治理与政治行为逻辑。这就要求：首先，我们要善于观察村庄日常生活中琐碎的小事，理解那些平淡无奇的生活现象；其次，要特别关注发生在村庄的"事件"，正是在事件过程中，农民的行为动机才能具体表现出来；再次要善于敏锐地观察和分析农民日常生活中的语言逻辑，并要认真分析这种语言逻辑背后的动机逻辑；最后，要基于村庄惯习或者惯例的角度理解农民行为逻辑。很多的时候，农民的认同并不是我们所想象的基于某种习俗，相反可能更多的是基于一种阶段性的惯例。传统的村庄个案研究，只需要我们了解村庄社会内部发生的事件及其过程。但是，从陈村的情况来看，注重事件与过程远远是不够的，农民行为最核心的要素往往隐藏在事件与过程的背后，并源于日常生活中各种冲突与矛盾的累积。所以，实证研究最重要的是针对村庄日常生活事件的深度揭示，要在农民微观的日常生活实践中找到我们需要的答案。

为了能够更加深度全面地揭示农民日常生活的逻辑，还原日常生活中农民的真实思维方式与生活态度，作者选择的个案是自己的家乡，安徽省北部的一个自然村——陈村。陈村位于淮河以北，地处黄淮海平原。著名学者裴宜理关于华北地区农民叛乱与革命的研究就是关于淮北地区的研究。[①] 韩敏的《回应革命与改革》一书中的个案村，也同样是位于皖北区域。[②] 这也说明，陈村所处的区域具有相当的代表性。陈村也同样是一个普通的安静的村庄，正如本章开头所言，陈村的普通似乎会让你觉得它就是一个最平常不过的村庄。然而，这就是作者研究陈村的一个重要原因之一，因为它就是中国数百万村庄中的一个。

由于陈村是作者的故乡，为了研究陈村并防止带有个人的主观价值判断，作者在具体的研究过程中时刻提醒自己，尽量将自己假设成一个"外国人"来到陈村这样一个陌生的村庄，应该如何来认识和理解陈村的日常生活及其农民。早在 2009 年 2 月，作者调查与陈村同在一个县的岳东村的时候，就开始有了研究家乡的想法。岳东村是华中师范大学中国农

---

① 参阅裴宜理《华北的叛乱者与革命者（1845—1945）》，池子华、刘平译，商务印书馆 2007 年版。

② 参阅韩敏《回应革命与改革——皖北李村的社会变迁与延续》，徐新玉、陆益龙译，凤凰出版传媒集团、江苏人民出版社 2007 年版。

村问题研究中心（现更名为中国农村研究院）建立的农村社区治理实验基地，称之为"岳东实验"。"岳东实验"强调农民合作组织的建设，希望农民通过自主、自为的组织化建设，培养农民的合作意识与参与意识，以此为村民自治的深化提供各种健康载体。① 实验早期在外部力量的推动下发展出各种协会与农民合作组织。然而，早期的成就最终还是无法逃脱失败的命运。岳东村的调研，也让作者开始思考农村治理与民主合作的困境根源在哪里。此后，每年作者返乡都会关注陈村的人、事与物的变化，一直都在试图找寻这个问题的答案。2009年作者基于对陈村的生活与文化层面的观察完成了两篇研究报告《村庄符号变迁背后的皖北农村社会化》和《皖北麦场变迁中权威与文化的解构》，奠定了一定的研究基础。② 2010年2月，作者在陈村开展了为期半个月的关于农村家电下乡政策的调研。陈村农民"当面一套，背后一套"的政策评价模式让作者开始关注农民政治意识层面的研究。之后几年的农村调查经历，都让作者感受到陈村农民的这种观念逻辑同吉林地区③、陕北地区④、皖南地区⑤、上海地区⑥以及河南地区⑦村庄里农民的思维逻辑和行为方式具有高度的相似性。于是，2013年，作者博士论文开题的个案村就选择了陈村，并于当年6月开始正式驻村调研。2013年8月，为了减少作者的调研压力，中国农村研究院专门安排了四名硕士研究生前往陈村辅助作者的调查。2013年10月，国庆假期结束，作者返回学校开始研究工作上的理论准备工作。2013年11月以及2014年2月、4月、7月、10月，作者多次前往陈村驻村调查，每次的驻村时间都是20天一个阶段。由于陈村是作者的家乡，所以在调研上的困难相对较少。

在具体的调查过程中，作者及其团队分别采用了问卷调查法、深度访谈法、重点访谈法、参与观察法、文献收集法等多种能够获得有效资料与

---

① 参阅徐勇、马华《南农实验：农民的民主能力建设》，中国社会科学出版社2011年版。
② 参阅徐勇主编《中国农村调查——百村十年观察（2009年上卷）》，西北大学出版社2009年版。
③ 2010年5—6月，吉林省梨树县海选第一村换届选举观察，驻村调查45天。
④ 2009年8月，陕西省焉头村、十五里铺、张家河村三村驻村调研。
⑤ 2011年7—8月，"全国百村十年观察项目"安徽省负责人，并驻泾县巧峰村调研。
⑥ 2009年7月，"全国百村十年观察项目"上海市崇明县前卫村驻村调研。
⑦ 2012年11月，同许昌学院合作，开展河南省许昌市农村土地流转调查，并驻村调研。

信息的方法，并在多种方法获得的信息与资料对比中，来理解真实的陈村农民。

六 相关技术处理

本书所涉及的人物和事件都真实存在。书中部分事件发生的时间，由于当事人也无法确定，所以有些事件的发生时间是作者根据当事人的记忆自己确定的。同时，全文遵循学术研究的一般惯例，将其中涉及的人名做了技术化的处理。这样做的目的，一方面是对家乡受访者和当事人的尊重；另一方面也不希望作者的研究会对当地农民生活有负面的影响。再者，陈村是作者的家乡，这样做也有利于作者继续观察和研究陈村。

作者在陈村调查的过程中，也采取了问卷调查法，但是书中作者并没有直接使用问卷所得的数据，主要是因为问卷的数据信息同农民的真实心理和态度存在很大的差距。所以，问卷调查的数据仅仅是引发作者思考的一个重要引子。

书中部分图形是作者自己手工绘画的，所以同实际情况存在一定的误差，仅作为叙事的辅助。

第二章 陈村概况及家户结构

> 为了对人们的生活进行深入细致的研究,研究人员有必要把自己的调查限定在一个小的社会单位内来进行。
>
> ——费孝通

背景展示是我们开展个案研究的一个前提。它有助于读者了解个案对象,并增强读者对于作者分析的理解。费孝通曾指出"为了对人们的生活进行深入细致的研究,研究人员有必要把自己的调查限定在一个小的社会单位内来进行"[①]。陈村就是这样的一个自然村庄。在对村庄内部农民日常生活进行分析和研究之前,我们需要对它的一些基本概况,尤其是村庄内部的农民家户结构有一个基本的认识。

一 地理环境

陈村地处淮北平原中部,以平原农业为主。在大地理环境中,陈村属于淮河流域,其中淮河支流——涡河经过陈村所在县城,而淮河的另外一条人工河茨淮新河[②]经过陈村所在的乡镇。所以,陈村位于中国南北分界线——秦岭—淮河一线上。而陈村则属于淮河以北。从行政区划来看,茨淮新河以北属于淮北地区,以南属于淮南地区。从陈村出发骑车20分钟就可以到达茨淮新河。陈村在安徽以及淮河流域的位置如图2.1所示。

该地四季分明,冷热显著,地处北温带,接近亚热带,受季风影响较

[①] 费孝通:《江村经济》,上海世纪出版集团2011年版,第17页。
[②] 茨淮新河,原名茨淮河,1971年动工开挖,1974年竣工,遂改名茨淮新河。

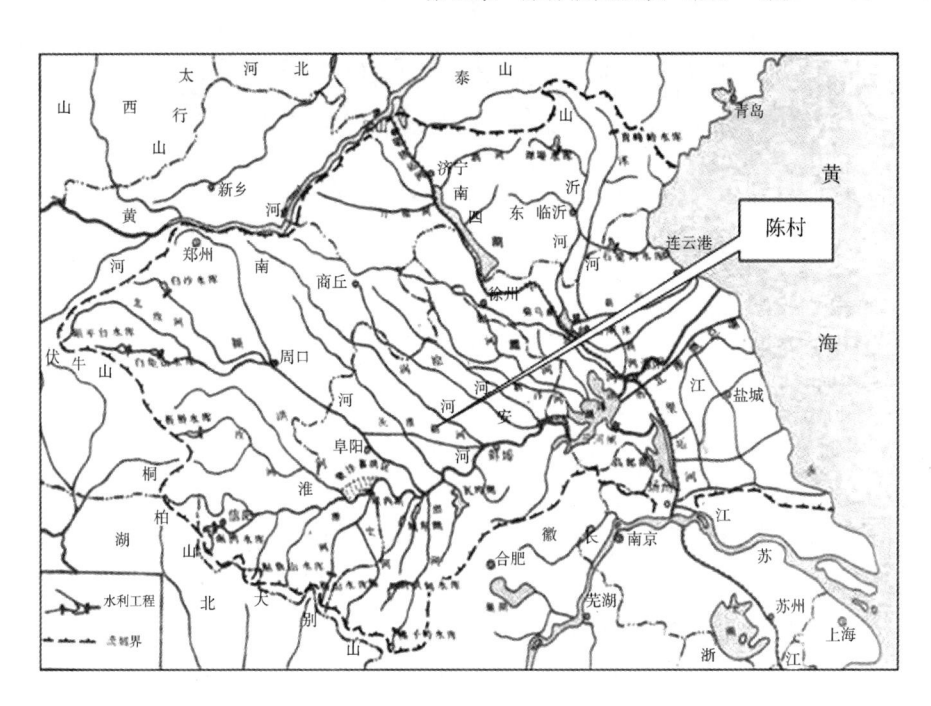

图2.1 淮河流域及陈村地理位置

大。全年无霜期213天，降水量820毫米，多集中于夏季。光照充足，热量丰富，为农业生产提供了良好的条件。在传统社会，由于生产工具落后，沟渠淤塞，水土流失，毫无抗灾能力，土地产量极低，农民过着食不充饥，衣不蔽体的苦难生活。不少农民逃荒要饭，妻离子散，甚至家破人亡。独特的地理环境，使得陈村所在的地区在历史上多遭自然灾害的影响，农民的生活备受影响。据《楚村区志》该区经常遭受水灾、旱灾、虫灾等自然灾害的影响。以下是区志记载的20世纪初到中华人民共和国成立之前该地区遭受水灾的情况：

1904年，光绪三十年。多雨伤禾。

1905年，光绪三十一年。水，麦禾皆失收。

1906年，光绪三十二年。夏大水，无麦禾。

1908年，光绪三十四年。水，六畜生瘟。

1910年，宣统二年。大水，麦禾无。

1911年，宣统三年。水，免赋请赈。

1913年，民国二年。水，岁饥，民食红芋叶，榆树皮殆尽。
1914年，民国三年。淫雨不断，涡、淮、茨河三河倒灌。
1921年，民国十年。水，午秋全淹。
1928年，民国十七年。夏大水，淹秋禾，冬大雨，平地三四尺。
1931年，民国二十年。秋大水，坏房舍。
1935年，民国二十四年。秋大水，高粱水中收。
1941年，民国三十年。秋水。
1943年，民国三十二年。秋水。
1946年，民国三十五年。七月，大水。①

正是这种特殊的地理与自然环境，农民生活艰辛，日子难过。有些人就聚集成匪，祸害百姓。据《楚村区志》记载，陈村所在地区在20世纪三四十年代，就多受匪患的影响。

凤台惯匪杨开山、杨立言和一些土痞子、流氓、亡命之徒，纠集成群，公开抢劫，绑架人丁，强拉骡马。

1947年秋，一批凤匪夜晚串至楚村铺，砸门抢劫。次日清晨，一合计牛驴骡马被抢走数十头，衣被行李被抢劫一空。鸡鹅鸭不计其数，鸡蛋棉花全被抢走。②

由于这里的土匪多来自凤台地区，因此当地人称之为"凤匪"。这一情况，同裴宜理对淮北地区的生态与社会环境的描述是一致的。由于恶劣的自然与社会环境，传统时期这里的农民生活一直处于生存线附近。农民的行动及其组织结构基本上都是基于生存的需求，而非发展的需求。

中华人民共和国成立以后，传统分散的小农家户开始逐渐进入集体化时期，也正是在集体化时期陈村所在地区的恶劣的自然环境得以改善。这至少得益于两个方面努力：一是大规模农业水利网络的建设，极大地增强了农民家户抵御自然灾害风险的能力。当前该区所有的大型人工河基本都

---

① 《楚村区志》，楚村区志编写组1985年版，第243—244页。
② 同上书，第271—272页。

第二章 陈村概况及家户结构

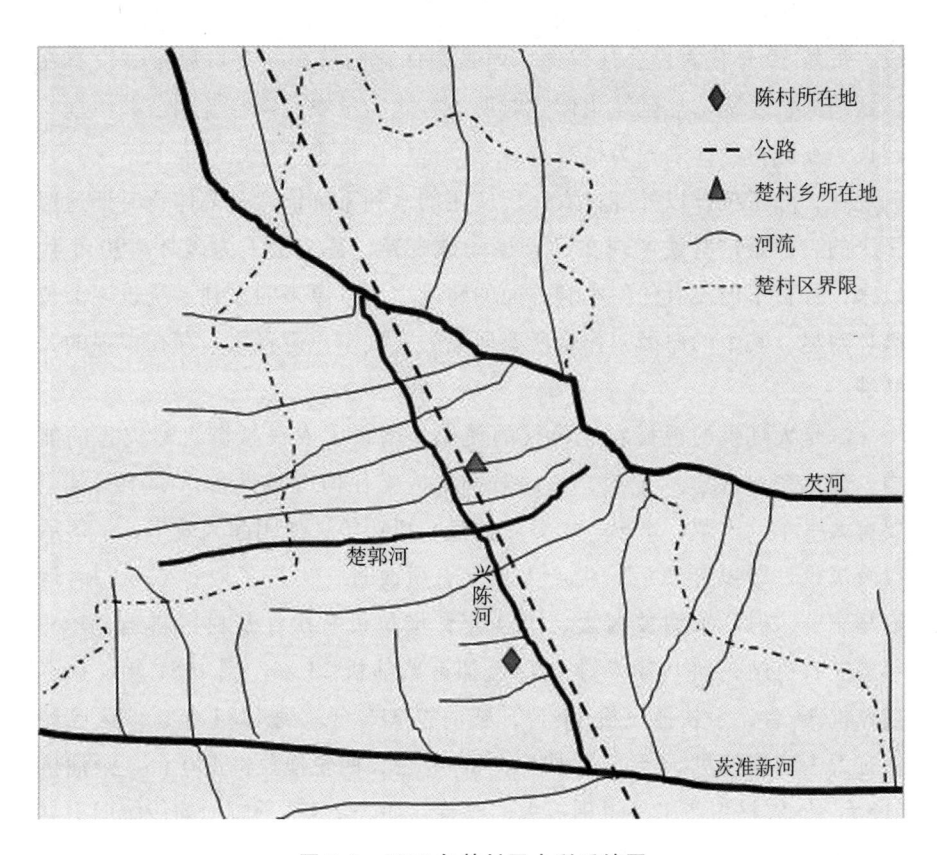

图 2.2 1985 年楚村区水利系统图

是集体化时期疏通、开挖以及扩建的。在解放以前，该地区主要存在两条河流，茨淮河和茨河。中华人民共和国成立以后，该区 1950 年疏通茨河，1976 年开挖 15 公里，并修建节制闸。1958 年，同时开挖楚郭河和兴陈河两条人工河。1971 年开挖茨淮新河。最终形成该区北枕茨河，南濒茨淮新河，中部横穿楚郭河，兴陈河纵横南北的"王"字形水系网。同时该区这一时期还修建大型灌溉站 7 处，小型灌溉站 21 处。[①] 具体水利系统如图 2.2 所示[②]。

水利系统的修建和完善，降低了自然灾害带来的农业损失。在陈村人的记忆里，正是集体化时期农民被整体性的动员起来参与公共项目的建

[①]《楚村区志》，楚村区志编写组 1985 年版，第 42—44 页。
[②] 同上书，第 46 页。

设。虽然80年代人民公社解体，但是集体化的管理与动员思维并没有在该区消失，乡镇依然延续集体化时期的方式动员农民参与各项公共治理与建设，在陈村具体表现为植树造林、修建村庄排水系统以及灌溉系统。直到现在，除了机井以外陈村农民所使用的水利系统依然是集体化时期遗留下来的。但是这些遗产现在已经逐渐被废弃，甚至被人为破坏。90年代以来，陈村不但没有任何水利方面的建设，而且原来的水利系统也逐渐被破坏殆尽，其中的原因同作者所要研究的农民家户逻辑之间存在很强的关联性。

二是大规模的现代农业机械的使用，增强了农民抵御自然灾害的能力。据《楚村区志》记载，民国时期本区无任何机械设备，生产工具主要有太平车、土犁、木耙、木锨、铁锨、抓钩等，使用起来效率低、落后以及笨重。1949年以后，生产工具上有所改进，出现了双铧双轮犁、运输马车等，但后来均被淘汰。1954年，拖拉机首次在楚村区耕地，1969年成立农机站，到1970年本区已经拥有柴油机23部。到1981年，拥有拖拉机34台，手扶拖拉机11台，柴油机316台。到1984年，该区已经拥有大中型拖拉机53台，手扶拖拉机48台，四轮拖拉机140台，柴油机516台。[①] 农村生产工具得到极大的改善，如表2.1[②]所展示的传统旧工具与现代新生产工具之间的比较。

表2.1　　1985年楚村区生产工具中旧式与新式之间的对比

	旧式的	新式的
耕种	犁、耙、绳索、耩	播种机、拖拉机（链轨、轮胎、手扶、小四轮）
田管	锄	锄草机
运输	独轮车、双轮车、太平车	小板车、汽车
排灌	辘轳水车	抽水机
收打	石磙、叉锨、耧耙、扫把	收割机
加工	油炸磨、粉磨、豆腐磨	打面机、榨油机、小麦粉碎机

① 《楚村区志》，楚村区志编写组1985年版，第57—58页。
② 同上书，第57页。

第二章 陈村概况及家户结构

生产工具的改进,尤其是机械化过程不但减轻了家户劳动力的投入时间,而且也同样增强了农民抵御自然灾害的能力。在陈村,农民家户购买农业机械的直接原因就是为了"抢收抢种"。在陈村人看来,不管是小麦的收割还是种植,时间往往都是那么几天,而且还经常遭遇雨天,尤其是连阴雨的天气。这种生态气候在陈村已经成为习惯,为了能够在恶劣天气到来之前完成收割和种植,农民只能依靠农业机械。传统时期,没有农业机械,农民只能依靠人力,家户劳动力越多,就越有机会在天气变坏之前完成收割与种植。从这一点看,传统农村家户人口规模的增加有一部分原因可能同气候相关联,为了能够保证一家一年的口粮以及土地的产出,在缺少农业机械的传统社会,农民只有通过增加家户人口来实现同气候环境抢时间。农业对人口的需求可能只是这个有严格时间限制的收割与种植阶段。

总的来说,集体化时期通过国家政权动员来实现的对生态环境的适应性调整,极大地改善了农民家户生活境况以及应对自然灾害风险的能力。但是这并没有使得农民生活得到彻底的改变,农民一直处于温饱阶段。据《楚村区志》记载,直到1980年,实现包干到户以后,农民的生活才得到彻底的改变。"1980年后,每年人均收入小麦千斤,万元户不断出现,小麦常年吃不完,卖不掉,粗粮全部转为饲料。"同时"家家户户自行车、新瓦房、手表、收音机逐渐增多,不少农户还买上了高档家具和电器设备"[①]。从这一情况来看,农民家户生活的彻底变革源于包干到户,即后来形成的中国家庭联产承包责任制。自然灾害等生态并不是影响农民家户生活的根本原因,农民家户生活的改变同国家对于中国农民"传统家庭制度与结构"的尊重密切相关,当土地同家户、生态环境以及国家政权下沉有效结合起来的时候,农民家户同村庄与国家之间才有可能实现共赢。非集体化之后,国家政权从农村的逐渐退出,使得陈村在公共事务的治理层面不断出现合作治理的困境,村庄公共灌溉及其水利体统也出现了瘫痪和废弃的问题。

---

① 《楚村区志》,楚村区志编写组1985年版,第2页。

二 经济背景

陈村属于中国很普通的一个村庄，村庄里没有企业，农民经济收入主要来源于两个方面：一是土地收入，主要是通过种植农作物来获得家户收入的增加。在20世纪90年代之前，陈村的农民都是生活在村庄，各个家户的收入完全依赖于土地，土地是农民家户身份与地位的重要象征。包产到户实施以后，土地是按家户人口的规模来划分的，家户人口越多，土地的规模也就越大。家户人口、土地以及家户地位之间往往是相通的。所以，农民往往喜欢生男孩子，不仅仅是因为重男轻女的原因，还因为与此相应的家庭经济与社会地位的问题。在陈村，30岁以上男性结婚后，家户的小孩生育规模介于3—7个孩子之间。就是当前的年轻人结婚之后的生育规模，也在2—3个孩子之间。

在陈村，农民土地种植的作物随着时间的推移，有所不同。但是总的来看，农民对于农作物的选择，主要依赖于三个方面的因素考虑：一是市场需求。农民会根据市场上农作物的价格来决定种植什么样的经济作物，并会根据成本与收入之间的衡量来决定是否改变种植模式。从这一点上来看，农民具有经济理性的一面。在80年代和90年代早期，陈村的种植结构主要包括秋季种植小麦，夏季种植红芋、高粱、棉花、花生、芝麻等等。90年代中期之后，高粱、红芋和棉花逐渐退出农民家户种植结构，而主要以玉米、花生为主。当前，农民的种植模式都比较固定和单一，主要是秋季小麦、夏季玉米、花生。同时，为了有效利用土地，有些家户还会种植西瓜、辣椒、白菜、胡萝卜等经济作物。

二是政府推广，最明显的代表就是种植水稻和棉花。80年代末和90年代初，为了应对夏秋季节该区多雨的自然环境，地区政府统一规划，夏季种植模式改为水稻，秋季小麦夏季水稻成为陈村农民这一时期普遍的种植结构。只不过，没过几年，由于自然环境的恶化以及水源供给的不足，水稻田又变成了旱田。棉花在八九十年代也是政府推广的种植项目，当时每个乡镇都有专门的棉花技术员，一般农户都会种上3—6亩的棉花。后来由于棉花市场的萎缩以及收获上对于人力要求的压力，农民在90年代末就开始逐渐放弃了种植棉花。

三是根据劳动力成本来衡量种植模式。90年代中后期以后,由于外出务工潮的逐渐兴起,陈村农民开始走出村庄,外出打工。随着家户成员外出务工的越来越多,选择那些种植简单、管理方便、收获人力要求少的农作物逐渐成为农民家户种植结构考虑的主要原因。在此之前,由于农民世世代代都生活在村庄内部,劳动力供给充足,农民在农作物种植的选择上除了保证口粮以及国家的公粮之外,最重要的是亩产量、市场价格,而不是人力成本或者机会成本。在以往的农村社会中,根本就不存在人力成本与机会成本之说。然而,市场经济下外出就业市场的扩大,以及由此带来的比土地更多的货币收入,使得农民开始考虑如何在种植上、管理上以及收割上都能够最省时省力。这样的话,家庭的主要劳动力就可以将更多的时间放在外出务工上。于是,就形成了当前陈村农民的种植的模式"秋季小麦+夏季玉米"。

农民家户经济收入的第二个来源就是外出务工。陈村外出务工最早的一批出现在20世纪90年代中期,直到2004年前后,陈村农民才出现大规模的外出务工潮。村里的主要男劳动力都会选择收完种完庄稼之后,外出务工。家里土地的管理和房屋财产的看护都交给老人或者妇女。所以,在陈村,庄子里男人多的时候往往是收割的时候。其他的时间(除了春节),陈村里基本上只剩下老人、小孩与妇女。外出务工在陈村人的观念世界里就是"出门打工"。"出门"就是出家门,离家远去。"家门"之外就是一个陌生的世界,甚至是一个充满危险的世界。在2004年以前,陈村人出门打工都是非常慎重的,在他们的观念世界里,村庄之外是一个危险的社会,除非有亲人或者熟人帮助,否则他们一般不会轻易决定去某个城市打工的。在出现打工潮之前,陈村农民家户的收入主要依赖于土地及其家庭副业,如养殖。养猪养牛是弥补家户支出的重要手段,也是家户经济实力的重要象征,一旦一个家户的家畜养殖出现问题,如生病死亡、生育不足,对一个家户来说都是非常沉重的打击,直接影响一个家户近一年的经济状况。打工潮出现之后,家户经济结构才出现实质性的转变,家畜养殖和经济作物逐渐退出家户经济结构,相应的打工收入逐渐成为家户收入的重要组成部分。由于外出务工来钱快,很多家户就逐渐放弃家户养殖,甚至放弃那些需要较大劳动力与时间投入的经济作物,选择主要劳动力外出务工,有的家户甚至全家外出。以陈村陈凤章家和陈永行家的经济结构打工前后的对比，我们可以清晰看出其中的变化。陈凤章家是5口人的地，2010年之后，陈凤章和小儿子闻闻出门打工，妻子慕氏则常年留在家中。陈永行家是4口人的地，2010年之后陈永平全家出门打工。两家的前后对比如下图所示：

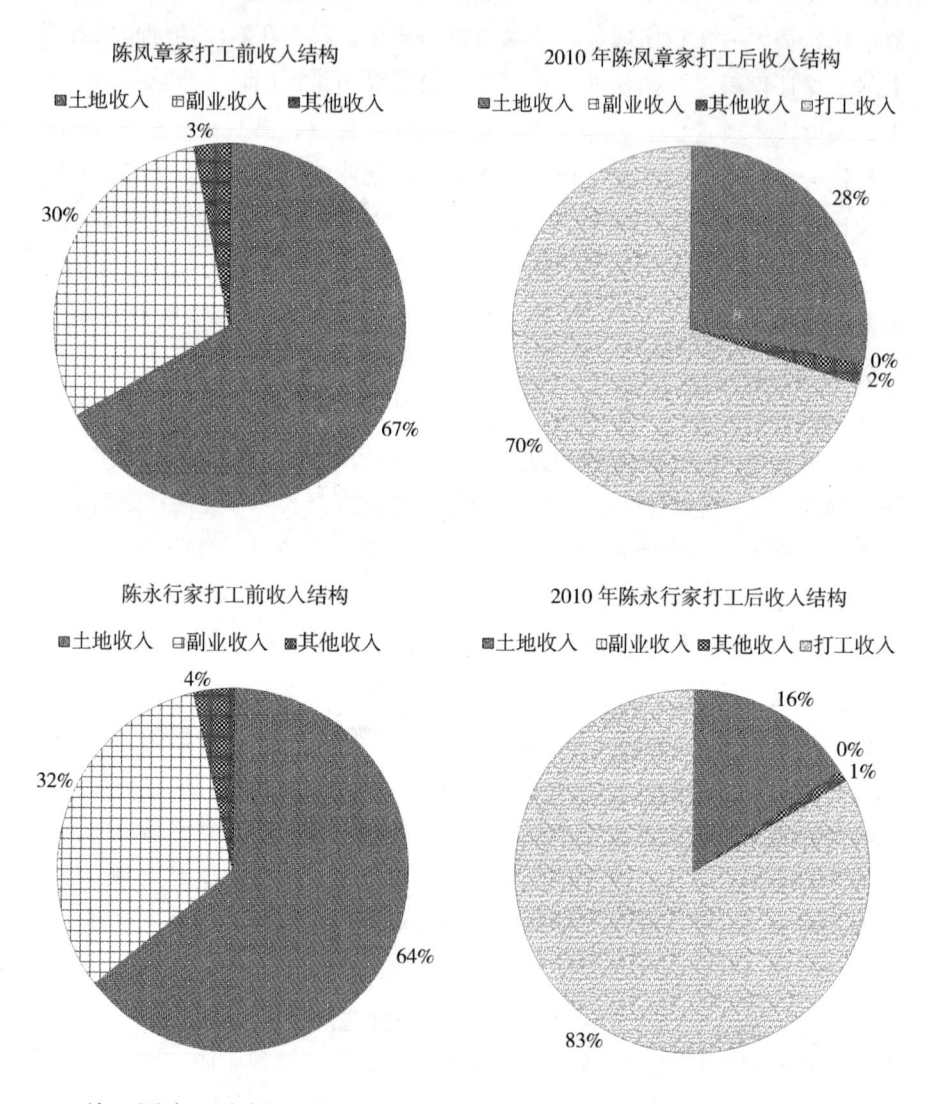

陈凤章家打工前收入结构
■土地收入 □副业收入 ■其他收入
3%
30%
67%

2010年陈凤章家打工后收入结构
■土地收入 □副业收入 ■其他收入 ■打工收入
28%
0%
2%
70%

陈永行家打工前收入结构
■土地收入 □副业收入 ■其他收入
4%
32%
64%

2010年陈永行家打工后收入结构
■土地收入 □副业收入 ■其他收入 ■打工收入
16%
0%
1%
83%

从上图中，我们可以发现外出打工对于家户收入结构的强烈影响，同时也逐渐改变了家户在村庄社会的内部的经济与社会地位。在打工潮出现之前，依赖于土地规模来决定家户经济与社会地位的模式在打工潮出现之后，则迅速发生变化，家户打工成员数量、成员的身体健康状况、年龄结构等成为家户经济状况的重要决定因素。因为这些因素直接决定了家户收入的规模,并直接影响家户在村庄社会内部的经济与社会地位。如陈凤章家有5口人,由于有两个子女上学,且陈凤章及其爱人的身体不好,2012年左右,两人都逐渐减少了外出打工的时间。而陈永行家则伴随着子女的年龄增大以及辍学,逐渐全家4口人都外出打工,家庭的经济规模逐渐超出了陈凤章家,如下表2.2[1]所显示的2001—2014年两家经济规模的对比。从表中,我们可以发现2009年之前,陈凤章家都比陈永行家"过得有"。[2] 2009年之后,伴随着陈永行夫妇外出务工,其家户收入已经超过陈凤章家。

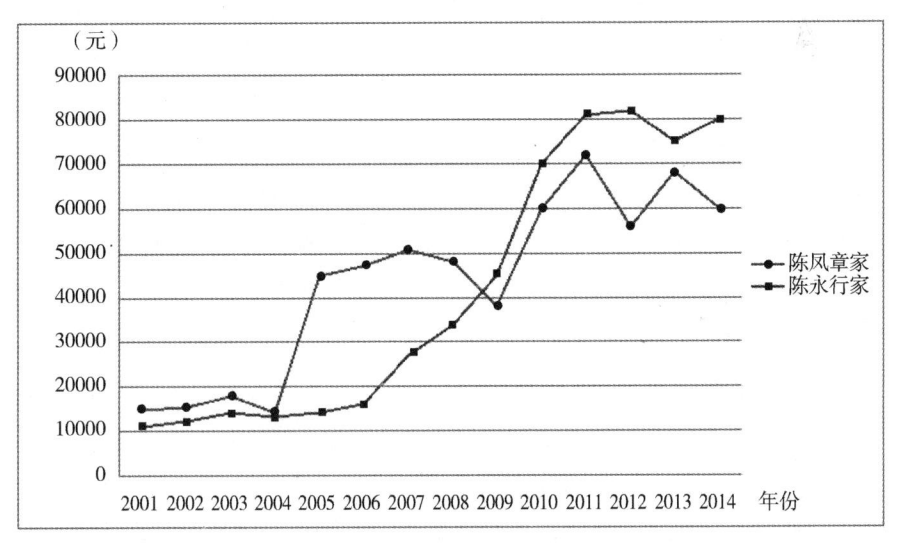

表2.2　　　　2001—2014年陈凤章家和陈永行家收入规模对比

从上文的分析中我们可以发现,陈村农民家户外出务工的收入已经超过农民的家户土地收入,成为农民家户收入的重要构成部分之一。但是即便如此,陈村农民依然将土地看成比外出务工更重要的要素。因为,在陈村农民看来,外出务工只是暂时的,"只管一时饥荒,不管一世生活"。在他们看来,出去是为了回来更好的生活,而不是为了出去。这种观念在30岁以上的中年农民群体是普遍存在的,他们出门打工并不是为了外面

---

[1] 表中收入主要是毛收入,没有减除各种生活开支与成本。
[2] 本地方言,意思是"家里有钱",比对方家过得富裕。

更好的生活,而是为了村庄内部家户更好的生活,出门挣钱的目的还是要回归家户。农民外出打工并不是想要在城市生活,也不是想成为城市的一员,对于他们这一群人来讲,生活的最终归宿是在村庄里的家。而在村庄年轻人看来,他们出门打工的目的则相对直接一些,就是为了挣钱,挣钱的目的是为了结婚娶媳妇以及优越的生活。

三 社会结构

陈村是一个单姓自然村,这里主家都姓陈,共有 32 户 168 口人。具体的村庄生活区概况及其家户分布,如表 2.3 所示。在 20 世纪 80 年代及其以前,陈村人都居住在"老宅地"①。80 年代中后期才逐渐搬迁至现在的居住区域。当前,村内部陈姓的辈分从高到低分别是敬、洪、怀、永、凤、春。以春字辈为例,春字辈的晚辈要喊洪字辈的长辈为"老祖(zú)"。由于"老祖"上面不知再喊什么称谓,因此也喊敬字辈的长辈为"老祖"。春字辈喊怀字辈的人为"老太",喊永字辈的人为"佬",而喊凤字辈的人,要分"爷"和"叔"两种,比自己父亲岁数大的人喊"爷",比自己父亲岁数小的人喊"叔",而本地方言一般在称谓前加一个"俺"字,具体如表 2.3 所示。在陈村,对长辈的称谓是很重要的,它决定了一个人的教养以及家户的声誉。在孩童时代,彼此之间尚可称名道姓。一旦离开了学校,走上社会,彼此之间就必须使用尊称。同样,由于辈分的存在,在陈村开玩笑也是很有讲究的,同辈人之间可以随意开玩笑,长辈可以开晚辈的玩笑,但是晚辈绝对不能开长辈的玩笑。玩笑开大了,就会引发纠纷与争吵。

表 2.3　　　　　　　　陈村春字辈对长辈的称谓表

	敬字辈	洪字辈	怀字辈	永字辈	凤字辈	
男方	俺老祖	俺老祖	俺老太	俺佬	俺爷	俺叔
女方	俺老祖	俺老祖	俺老太	俺奶	俺娘	俺姑(俺婶)

---

① 当地人对老居住地的一种称谓。

第二章 陈村概况及家户结构 · 51 ·

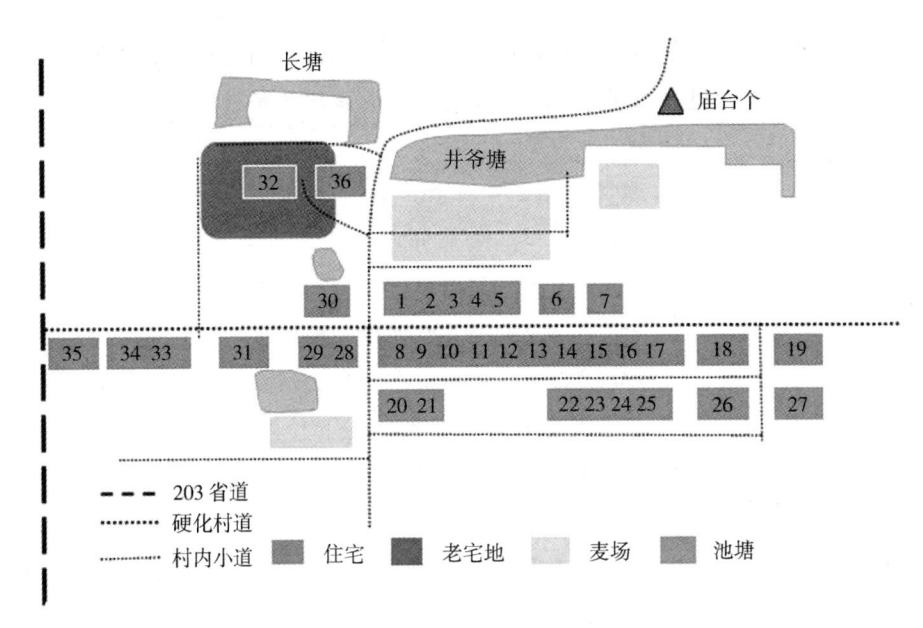

1. 陈永精家 2. 陈凤皇家 3. 陈洪民家 4. 陈洪朴家 5. 陈凤辉家 6. 陈凤腾家（大儿子房屋）7. 陈永炼家 8. 陈凤根家 9. 陈敬富家 10. 陈凤章家 11. 陈凤腊家 12. 陈凤腾家（小儿子房屋）13. 陈凤达家 14. 陈凤吉家 15. 陈凤平家 16. 陈凤地家 17. 陈凤树家 18. 陈怀雨家 19. 陈永德家 20. 陈敬兴家 21. 陈怀久家 22. 陈永行家 23. 陈永夏家 24. 陈洪国家 25. 陈永金家 26. 陈永识家 27. 陈凤林家 28. 陈永显家 29. 陈永贵家 30. 陈永显家（两个儿子房屋）31. 陈怀力家 32. 陈敬英家 33. 陈春华家 34. 陈永金家 35. 陈永兰家 36. 陈敬和家

图 2.3 陈村基本格局及其家户分布图

  陈村内部关系结构相对比较简单，没有宗族，也没有具有强大凝聚力的家族，更没有现代意义层面的社会组织。在陈村社会内部，超越家户存在的具有关系形态或者集体层面的单元，主要包括两种：一是松散的家族，作者这里所指的家族主要是指父母之下兄弟家户之间的联合，有的学者将其称之为小亲族[1]，其实本质上就是一个小家族。与传统内聚力较强的家族不同，陈村家族内聚力主要体现在观念上，而非行动上。所谓的"观念上"，就是指家族内部各个家户之间在家族成员看来是"一家人"，

---

[1] 小亲族，主要指亲兄弟和堂兄弟组成的小群体，规模小，内部十分团结。参阅罗兴佐《农民行动单位与村庄类型》，《中国农村观察》2006 年第 3 期；申端锋《农民行动单位视域中的小亲族——以鲁西南 S 村为表述对象的个案呈现与理论阐释》，《江海学刊》2007 年第 4 期。

在礼仪以及交往上保持连续性。但是在具体的日常政治与对外交往中却不具有行动的一致性，而是以家户为单位。因为家户才是村庄内部政治、经济、文化以及交往层面的独立单位。家族不能代表家户。当前，陈村主要由10个小家族构成，具体如图2.4所示。

图2.4中主要以男性为主，虚线部分表示户口已经迁出本村的人口，其中陈永精和陈永炼是亲兄弟俩，父母早已去世。除以上小家族外，陈村其他都是独子家庭或者家户落败的家族，如陈怀雨一家包括儿子陈震和其一孙子，三孙女。在中年层面，陈春华一家，其父亲、叔叔、母亲几乎相继去世。2013年，陈春华因交通事故去世，留下其妻及一男三女。陈永金也是自成一家，且家庭贫困，两个儿子，大儿子还伴有残疾。陈永德也没有兄弟，自成一家，育有一子一女，都已成婚。陈永兰和陈敬英的丈夫都是上门女婿，其中陈永兰丈夫因交通意外去世，育有三子，都已成婚，她同陈永傲是堂兄妹关系。陈敬英的丈夫，因外遇离婚，现在居住在县城。

第二种集体层面的单位是"院"。"院"是陈村本地农民的称呼，它并不是指居住在一个院落的家户。在80年代以前，陈村主要居住在"老宅地"（如图2.3所示），80年代中期以后，在陈凤章和陈凤腾任小队长期间通过抽签的方式，选定宅基地后逐渐迁移出"老宅地"的，现在仅剩陈敬英一家仍居住在"老宅地"。而"院"划分也正是在"老宅地"的基础上形成的，它包括两个标准：一是祖上有亲缘关系；二是住宅相近，互帮互助。陈村的主要分为四个"院"，具体如下：

"院"一：陈敬富家族、陈敬兴家族、陈敬和家族、陈敬英家族、陈洪军家（人已逝）

"院"二：陈永炼家族、陈永精家族

"院"三：陈永傲家族、陈永金家、陈永福家、陈春华家、陈怀力家族、陈永付家族（已搬出陈村）、陈永兰家族、陈永民家

"院"四：陈怀久家族、陈怀雨家、陈洪茂家（已逝）、陈永识家族

四"院"中，其中一、三是大院，又称东、西两大"院"。"院"

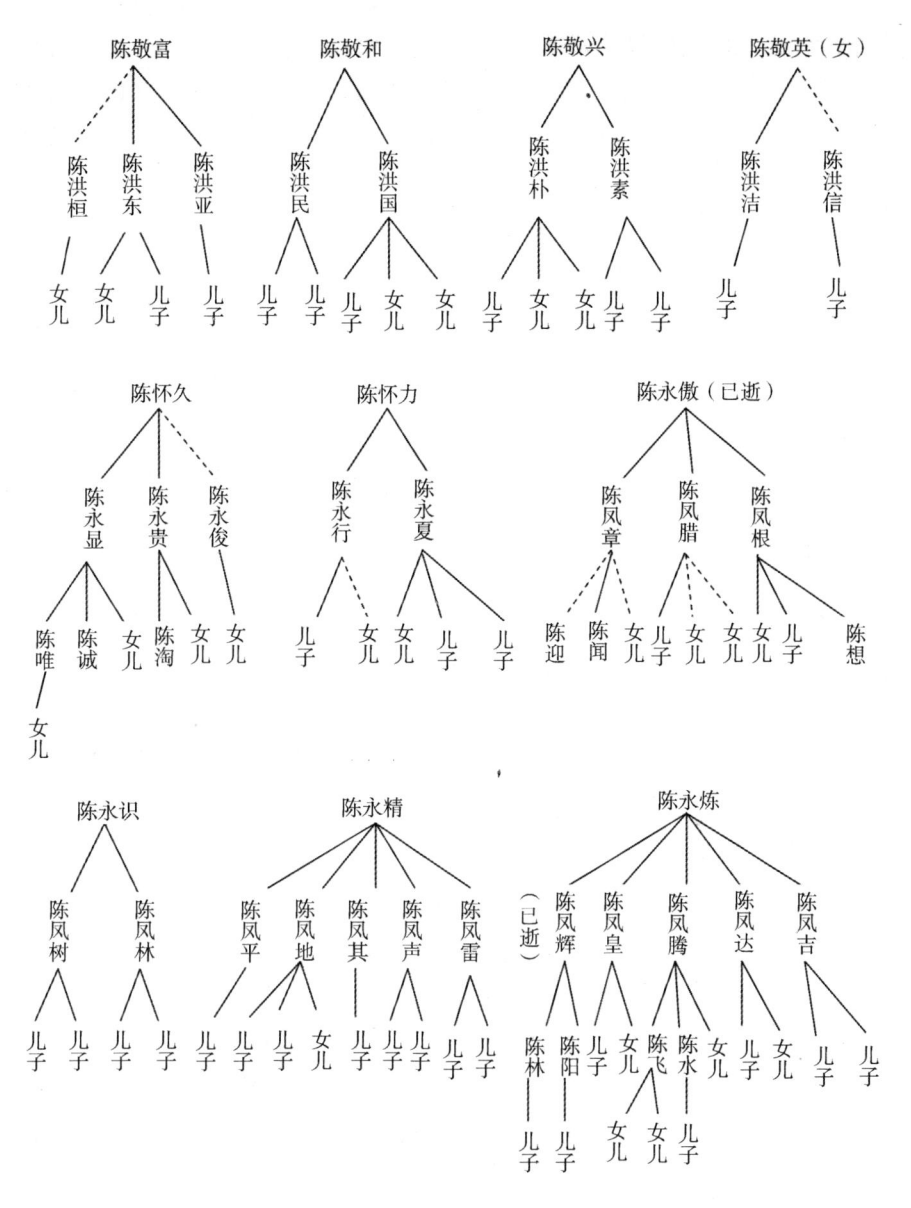

图 2.4　陈村主要家族的构成情况

的功能主要体现在婚丧嫁娶中的互助功能，它本身并不具有自治功能。值得一提的是，陈村农民语言中的"院"同韩敏关于同处皖北李村研究中的"院"不同。在皖北李村，院是表示父系亲属关系的地方术语，它表示居住在一个村落内同姓同宗族内部的分支，如李村内部就包括五个院。① 而从陈村农民的口述来看，在很久之前陈村的"院"可能同韩敏关于皖北李村研究中提出的"院"具有相似性，只不过在后来的发展中逐渐失去了原先明确的界定。从陈村各个院的家户辈分构成来看，具有这方面的线索。只不过作者无法提供具体的证据。

四 村庄家户结构及其演变

在家族和院之外，陈村社会的基本单位是家户。陈村的家户结构并不是固定不变的。从20世纪80年代到90年代中期，陈村家户从政治层面上讲是一个整体，家、户、土地之间是一体的。在陈村，80年代的包干到户就是以家户为单位向集体承包土地的。这里农民的"家"同集体所承认的户是一致的，家有家长，户有户长，户长即是家长，家和户是一体的。一个实体家户的基本标志是拥有自家的人口、土地、房屋以及户口本。所以，一家人，就是一户人，也是居住在一处房屋里的人。当然，房屋并不是决定的标准，而是一种标志。有些人居住在一个房屋里，但并不是一家的人。如早年陈凤章的"老干爷"一直居住在陈凤章家，但是并不是陈凤章家的人，一是两者没有血缘关系，二是他并不拥有本地的户口，更进不了陈凤章家的户口本。因为这个老干爷是陈凤章依据习俗认养的一个江西的要饭老人。还有一些分了家，由于暂时没有钱盖新房屋而临时住在一间屋子里的。但这些都是极少数现象，一般的情况，一家就是一户，指居住在同一屋里的家人。按照以往学者的定义，就是同食共财同居同灶，还得同血缘。这一时期，新家户的产生，就是通过"分家"来实现的，学界称之为"分家析产"，陈村人称之为"分家立户"。

所谓分家立户，就是结婚后的子嗣从原来的家户中独立出去，这里包括两个部分：一是分家，就是小家从大家的独立过程，这里包括从原来的大家户获得土地、房屋、粮食以及钱财等。以陈凤章1988年分家为例，陈凤章夫妇从父亲陈永傲家户中分到两个人的土地、三间房屋、400块钱（红芋干折合现金）、4麻袋花生。之后，陈凤章夫妇及其子女就脱离原来

---

① 韩敏：《回应革命与改革——皖北李村的社会变迁与延续》，陆益龙、徐新玉译，凤凰出版传媒集团、江苏人民出版社2007年版，第45页。

的家户，单独居住，另起炉灶，并独立承担人情交往、缴纳公粮等各项家户之外的事务。如果不分家，人情交往费用（如婚丧嫁娶等）由陈永傲统一负责就行了，陈凤章夫妇并不具有独立的对外资格。分家之后，陈永傲负责的是陈永傲家的事务，陈凤章则成为新的家长，并负责新家户的人情往来等事务。分家在陈村是一个正式的过程，虽然没有韩敏关于皖北李村分家研究中所提出的村干部的在场主持，但是却有着在村庄内部宣示的过程。这种宣示的过程就是告诉大家分家了。一旦分家，新的家就成为一个独立的经济、文化、政治与社交单位，并独立承担各种家户风险、责任与负担。但是这里要指出的是，这时候的分家所获得土地并没有得到村级集体的正式承认而成为独立家户的土地，它只是从原来家户土地中分割出来的一部分。只有在取得独立户头之后，在下次村庄分地的过程中才能得到村集体的认同和承认。

二是立户的过程，它包括两层面的意义。第一个层面的意义是政策层面的。分家之后，在农民的观念层面，就是成了新的家户，成为独立的一户人家。但是在政策层面，它并不是一个实体的户。因为分家之后，要成为实体的户，还必须形成新的户头，有自己家户的户口本。一般的情况下，分家之后的农民会在下次"分地"之前到派出所开立新的户头。开立新的户头，就意味着新的家户具有了自己的户口本，家户具有了政策层面的实体意义。而包产到户中的"户"主要就是指这种具有户头的家户。为什么要在"分地"之前立户呢。因为在陈村，1996年以前，陈村的土地政策是三年一动地，即三年一次调整，重新按照家户及其人口进行分地。新的家户可以根据新的户口本按照人口重新分配土地。这样新的家户就有了政策层面基于自己家户的土地。这样的家户就具有了土地、房屋以及户口本的三重标志，成为政策意义上的实体家户。

在陈村，家户还有另一个层面的意义，就是在地方治安管理的层面。为了方便管理以及处理事件，往往将村庄里的农民以房屋为单位，一个房屋里只要有人家居住，就是一户，张贴门牌号。一家一个门牌号，户的象征性标志并不是户口本，而是房屋及其门牌号。这里的"户"主要指基于治安管理的需要以房屋为单位进行的家户统计。当然在一般情况下，这种统计是由村干部来完成的，村干部也往往是根据一家一户的规则来发放门牌号的。以屋为单位，并不是指一间屋就是一个门牌号，就是一个户，屋内必须有人家居住。在陈村，分家的过程也是房屋的独立的过程。从这个层面的户的意义来看，家、户与房屋之间是对等的。只不过，一些新婚夫妻成婚之后住在新房屋中，但是并没有分家，这就出现了少数的政策层面的户同治安管理层面的户之间的不一致。但是总体来说，家、户与房屋之间是一致的，少数不一致的情况往往会随着分家立户的变革而逐渐走向一致。

而对于陈村农民来讲，日常生活中的家户主要是第一个层面上的家户，而第二个层面的家户主要是官方层面。在陈村农民的日常生活，分家的过程就是家户独立的过程，家即是户。在具体的日常生活中，家户的标志之一就是拥有独立的仅供自己家户成员常年居住的房屋。1996年以后，伴随着陈村土地取消三年一动地的政策，新成立的家户就不能获得政策层面的土地，只能在家户内部实现兄弟之间的土地分配。但是家户土地承包权仍属于原来家户的家长，就是最后一次动地之后存在家户的户长。

进入21世纪，伴随着陈村外出务工潮的出现，很多年轻人结婚生子以后都不愿意分家，父母也不同意分家。子女不愿意分家是因为现在很多年轻人都不愿意种地，主要的精力都在务工挣钱上。不分家，意味着父母还可以给自己带孩子，自己也不用多出一份人情，减少家里的日常人情开支。同时，平时在家也不用自己另起炉灶做饭，同父母一起吃饭。与以往家户内部不分家所具有的共财同居不同，当前子女结婚以后，虽然没有分家，但在财务上是保持相对独立的，且有自己新的房屋。但是只要不分家他们仍然是一个家户。父母不同意分家，是因为一旦分家，家里的土地就要被分割出去，削弱了自身还债的能力。因为子女结婚的礼钱以及给子女盖房子的钱，都是由父母支付的，很多的家户都是借钱娶媳妇和盖房子，家里欠了很多债。但是这些债子女又基本不愿承担，只能是父母靠家户土地的收入来慢慢还上。在还完债之前，父母一般是不愿意分家的。分家的过程就意味着丧失还款能力的过程。所以，当前农民家户是超越家庭的大家户，有的家户由两到三个已婚家庭构成。随着父母丧失劳动能力，家户债务的清算以及兄弟家户之间的财产纠纷，大家户最终还是要面临分家立户的过程。

总的来说，在陈村家户的界限界定是很明确的，农民观念中的户，就是同户口本相对应的，只要不分家立户就是一户，家户内部就具有一定的向心力。一旦分家，就意味着新的家户从原来的家户内部裂变出来，成为独立的家，并会取得新的户头。这种户头是自己主动到当地派出所申请的，只有这样新的家户的家长才能成为户长，而户长又是国家在政策层面承认家长的权力的过程。农民只有通过申请新的户口本才能取得具有制度层面上的家长权力，成为实体意义上的户。所以，分家的过程，就意味着立户的过程。只不过在具体操作层面，两者可能不在同一时间段，但是最终两者是一致的。所以，下文分析中的家户，都是这种具有同一户口本且没有分家的家户。

总的来说，一个独立的家户往往具有以下一些基本特征：

一是具有户口标志，拥有独立的国家户籍层面的户头（户口本）。

二是具有土地，一个家户拥有自己的独立土地。

三是拥有独立的房屋，家、户与房屋之间基本上是一致的、对等的。

四是财务上的独立性。

五是拥有村庄政治、经济、文化与社交层面的独立资格。

作者的研究认为陈村农民的基本行动单位就是家户，其日常行为的动机源于对家户单位利益的考量，并遵循家户主义的逻辑，这种日常家户主义逻辑从农民日常生活延伸到村庄公共治理领域，甚至塑造了农民的政治观念与心理意识。从陈村的情况来看，正是农民家户主义逻辑的存在才导致农村缺乏村庄小共同体以及无法有效发展出现代性公共关系。家户主义同现代农村公共治理以及政治制度之间存在内在的冲突。在接下来各章的研究中，作者将集中论证陈村农民这种日常生活中的家户主义逻辑以及这种家户主义逻辑对现代公共治理及其政治的冲击与影响。

第三章　日常生活中的农民行为动机

> 如果我们想理解中国人，就必须揭开他们的屋顶，去了解房子里正在发生什么。
>
> ——明恩傅

对于那些以行动构成所研究社会现象的人，研究者应该对其决策动机做出合理的解释。① 即人的行动是基于个人理性，还是基于集体理性？在李丹的研究中，将社会科学中关于理性作用的争论分为两大类：一是形式主义者，坚持认为人类行为基本上是由个体自利驱动。他们认为，这种假定对于分析任何历史环境下，任何群体行为都至关重要。其目标是运用西方经济分析工具（主要是"经济人假设"，认为个人行动是基于理性计算的结果，追求利益的最大化）来解释非西方社会生活的特征。二是实质主义者，主张个人自利的概念具有文化特殊性，不适应于大多数人类历史与社会。② 尤其是传统性很强的东方社会，传统与规范是最基本的社会因素，并强有力地调整着个人的行为。这种争论反映在农村研究领域就是斯科特的道义小农和波普金的理性小农之争——农民日常与政治行为是基于传统村落共同体的规范与制度的规制，还是基于个人理性的算计？而具体到中国农村研究，实质主义者主要包括两类——社区主义者和家族主义者。社区主义者强调村庄共同体、传统规范与惯例对农民行动的影响。家族主义者强调中国农民行动的家族结构特征。两者都从不同侧面突出农民

---

① ［美］李丹：《理解农民中国——社会科学哲学的案例研究》，刘东等译，凤凰出版传媒集团、江苏人民出版社 2010 年版，第 8 页。

② 同上书，第 15—17 页。

的集体理性,强调农民个人行为的受限制性和规制性。

从陈村的日常实践来看,农民的行为动机具有明显的自利性,所谓的村庄共同体规范以及家族精神在具体的日常生活中并不发挥主导作用。但是这种自利性又不是以个人理性为单位和基础的。在陈村,农民的利益考量单位是家户,而不是个人。在陈村甚至不存在独立意义上的个人,个人的身份、地位以及权威等资源的得失都是以"家户"这样一个实体单位表现出来的。每一个人都是一个家户的符号,每一个人在村落社会交往中遵循的都是家户理性,寻求家户利益的增益。在我们日常看来微不足道的寒暄交谈,其背后都隐藏着家户之间的一种较量,以及家户内部的一种自我保护或者规避风险的意识。形式主义与实质主义,或者说个人理性与集体理性之间的争论,在陈村似乎表现出另外一种不同的社会景观。作者这里将陈村农民以家户为单位的利益实现行为概括为以家户利益追求为核心的"家户理性"和在行为上奉行家户利益至上的"家户主义"。这种家户理性既不同于个人理性,也不同于集体理性,更不属于实质主义或者形式主义的范畴,它具有自身的行为结构与形态——家户主义。

本章将从村庄内部个人日常交往、村庄共同体规范、家族关系以及日常消费行为四个层面具体论证陈村农民这种家户理性的存在,并在此基础上论述日常生活中农民的家户主义行为逻辑。然而,要真实地了解中国农民的日常行为逻辑必须深入剖析农民日常行为过程背后的关系线索,正如明恩傅所说的"如果我们想理解中国人,就必须揭开他们的屋顶,去了解房子里正在发生什么"[①]。

一 个人之间的日常交往

在陈村,农民的日常生活行为并不是随机发生的,人与人之间的交往也不是我们常说的"抬头不见低头见"的自然而然的行为。在大多数时间里,陈村农民的生活是很平淡的,人与人之间情感与信息的交流往往是

---

① [美]明恩傅:《中国的乡村生活》,陈午晴、唐军译,电子工业出版社2012年版,第2页。

通过"串门"这种方式来实现的。当然,"串门"① 不是挨家挨户走一遍。在陈村,农民"串门"有三种基本表现方式。

一是私密型的串门方式 一般限于两个家户之间针对某项事宜进行的商讨。这些事宜包括化解恩怨、出点子、互惠性的交换、诉苦、说情、求助、说媒等等。在陈村,这种串门的方式,不是基于个人,而是不同家户之间利益关系的交换与维护过程。个人往往是作为家户的代表进行彼此之间的协商。因此,它更显正式,个人的态度与承诺往往就意味着家户的态度与承诺。

以陈永行建房事件为例,陈永行想在父亲陈怀力家的东边盖上一处楼房,由于这其中牵涉到陈永显家的地,他必须同陈永显家协商好。陈永行选择晚上到陈永显家串门。据后来陈永显妻子于氏回忆,当时他们家也知道他来的原因,因为他在"人场"② 里也多次提到过。当晚陈永行进门坐下之后就说,"小孩子也大了,眼看着要说媳妇,得把楼盖起来。大家都不愿意住在后面,前面也没个宅子。想在那块地上盖房子,占了你家的地。那点地你们家也用不着,俺一家想呢,你家想要地,俺家就拿地换,想要钱,俺家就给钱。"陈永显家也明白,那点地确实用不着,家里也不缺地,最后就选择要了钱。这个钱不是陈永行给陈永显的,是陈永行家给陈永显家的。

与这种私密型的串门不同的是,在陈村人眼里,人们在人场里说的话仅仅都是说说而已,最多也只能算是提前打个招呼。真正意义上的利益交换往往是发生于相对私密的空间里,人与人的面对面交谈。而这种人与人的面对面,本质上是家户与家户的面对面,个人代表着其所在的家户。例如说媒,在适龄男孩或女孩家里,家长会经常在人场里说"某某给说一

---

① 朱爱岚在她的研究中将"串门"描述成一个消极性的术语,指农村妇女之间交往的现象。她在研究中提到妇女在家外走动,立即就会被人用"串门"这种轻蔑性的术语来描述,尤其是青年妇女,她们的这种行为往往同个人的品德与家庭责任相关联。只有人到中年以后,家庭责任传递给成年的儿媳妇之后,农村妇女才有了合情合理的"串门"的理由。(参阅[加]朱爱岚:《中国北方村落的社会性别与权力》,胡玉坤译,凤凰出版传媒集团、江苏人民出版社2010年版,第143页。)而在陈村,"串门"是一个中性词,在多数场合下,年轻人经常串门往往被看作"懂事",它本身并没有性别以及道德上的限制。只要人们吃完饭,离开家出去走走,一般都称之为"串门"。

② "人场",陈村人一种串门交流的公共区域,在后文中有专门的论述。

个",村里人也会说"谁家的孩子不错"。但这只是放出了一个信息而已。如果想要委托别人给自己家的孩子说媒,那必须家长亲自到对方家里说清楚,以示正式委托。替别人求情也是一样,不能在公开的环境里,替别人求情,必须得亲自"登门",有时候还得带上礼物。

在陈村,这些私密型的串门一般具有四个方面的特征:一是地点一般在家里,即居所里面。这是相对秘密的场所,有利于家户之间进行利益上的讨价还价。即使发生不愉快的事情或者不欢而散,也不会被外人看到。二是时间一般是晚上。晚上是村里人休息的时间,大家都待在各自的家里。这样既可以避免同他人串门的冲突与尴尬,也可以防止被其他人看见,以至于背后说闲话。三是开场的方式往往都是以家户境况为铺垫说明理由。如陈永行的说辞是家里的孩子长大,要盖房子结婚,但是又没有宅基地。四是结尾的方式往往是以维护彼此家户的形象为原则。下面发生在陈凤章家的一个私密型串门就是一个很好的说明。

陈凤树:(敲门)俺哥,可睡来?

陈凤章:(开门)没睡来,在看电视,进屋来坐。有啥事?迎迎给你叔拿烟。

陈凤树:不抽不抽。迎迎(陈迎)回来了?

迎迎:嗯,今天挨黑刚回来的。俺叔你没有出门(打工)?

陈凤树:也是前几天回来的,回来看看能不能盖房个。现在大家都往前搬,我这前面又没有宅基地。东边靠路边的地也没有俺家的。没地方盖房子,家里两个小孩,以后要结婚怎么办?我跟唯唯家(指陈永显家)商量好了,他们家盖6间之后,正好还能剩两间的样子。他家不是在路东边这边有一溜地(一尺宽的样子)嘛,他们家不要了送给俺家了。这样你们几家看看能不能向西靠一点,给我腾出一间,加上唯唯家剩下的两间,俺家正好可以盖三间楼房。

陈凤章:这个也不是俺这一家说了算。如果那里要盖,俺家也就只要三间就行了。

慕氏:那边现在也不好弄。你看看陈敬富家的三间,俺家的三间。俺那地当时是跟老二家调换的。要是盖房子,老二家肯定也得要。那就还得有老二家三间。再加上陈怀雨家的三间,那里还能有剩吗？

陈凤树：不算陈怀雨家的地，跟他又不沾边。

陈凤章：你不算他家的地，你盖了房子没有院像个啥啊？就一个独楼多难看。

陈凤树：不要院子也行。

迎迎：不要院子多难看，以后想种个啥的都没有个地方。

慕氏：唯唯爸前两天还说以后西头给他留一点，他把沟垫上以后还能够盖一处。

陈凤树：如果算上陈怀雨家的地，确实有点紧。

慕氏：你在这边又没有地，你都还要宅子。人家陈怀雨有地可能不要宅子吗？

陈凤章：西边这块地不好动。要动呢，俺家也就只要三间。如果他们盖了之后能够剩下，俺家是同意让给你的。

慕氏：就是。俺要了也没用。都是一个庄里的人，能让就让。你问问其他几家的意见。光问俺家也没有用啊，地又不是俺一家的。

陈凤树：嗯。我这两天就问问他们。我这一溜地不让出来，都盖不成。（话音一转）迎迎现在搁哪儿？

迎迎：在南京读博士来。

陈凤树：你们家这以后好了，闻闻（陈闻）结婚了，迎迎又是博士生，以后你俩（指陈凤章夫妇）就享福吧。

陈凤章：享啥福，不让俺们操心就行了。

陈凤树：哪还用你们操心啊！那，俺哥我回去了，你们睡吧。这个事我再问问。

陈凤章：好，他们几家要是没啥意见，俺家也没意见。

在案例中，陈凤树开场白首先是强调自己的家户境况，表明前排没有宅基地，盖房子困难，而且还是两个儿子，未来得有两处宅子。陈凤树的结尾则强调对陈凤章一家的祝福——家里生活不错，以后有福享。而陈凤章一家在整个过程中也表示对陈凤树的尊重，如让儿子给陈凤树拿烟、对陈凤树的家户诉求表示认可、承诺在其他家户同意的情况下无偿让出土地等等。整个交流的过程基本上可以说是三段式：首先强调家户境况（对方或者自己家的），其次交换家户需求内容，最后对彼此家户形象的维护。在陈村，这种私密型的方式已然成为一种秩序或者结构，是家户与家户之间进行利益交换与关系互动的仪式部分。一旦这种私密性的方式无法弥合家户之间的利益需求与矛盾，公开的家户冲突也就出现了。

二是半公开化的串门方式　一般是以村庄里的妇女为主，2—5个人聚在一户人家里"唠家长"。这也是中国农村普遍存在的一种现象，以至于我们很多的时候都忽略对它的解读。这种方式一般存在于关系比较亲近的妯娌之间、要好的朋友之间以及老年人之间（如上图）。男性很少参与其中。标准的模式是：在靠近房屋门口的地方，2—3个妇女或坐或蹲或站的姿势，一边忙着手中的活，一边聊天。涉及的话题主要是发生于自己家户以外的事情。如下面的几段对话：

对话1：王氏与慕氏

王氏：上午彬彬妈（陈永德妻子，彬彬是其儿子）又在场（cháng）上[①]骂来。

慕氏：又骂什么？也不嫌丢人。

---

① 指在打麦场上。2008年左右，陈村农民一般会在收完小麦之后，在场上种植甜瓜，或卖或自家食用。在此之前，麦场都是闲置的。

王氏：听人家讲，她家场上的瓜被人偷了，就靠近陈敬富场上那一片。

慕氏：那还不是陈敬富家偷的，一家人就知道惦记别人家的东西。我上午还看见老头子（指陈敬富）带着一袋瓜去赶集呢，又是去给儿子送瓜去了。

王氏：偷几个也就算了，可（ké）能给人家偷一片。听说有一次还被彬彬妈撞见了，老头子说是看看，彬彬妈也没说啥。

慕氏：那能说啥。一家人也习惯被骂了，装着听不见呗。

对话 2：柴氏与许氏

柴氏：洪洁（陈洪洁）妈天天往这边逛啥个？一趟又一趟的。

许氏：还不是盖房子的事情。

柴氏：他们几家商量好啦？

许氏：好啥！先是阳阳妈（陈凤辉妻子）找陈怀久商量换地的事情，陈怀久同意了。阳阳妈是想这样一换，两家盖房子以后都有院子，还宽敞。而且人家只要三间，给洪洁家六间。洪洁妈不愿意，她要自己跟陈怀久换，不用阳阳家的地，院子小一点，但自己能盖 9 间。

柴氏：逞啥能，有本事盖 9 间吗？盖了给鬼住啊。

许氏：洪洁妈找陈怀久商量换地了，陈怀久又不同意了。陈怀久讲你俩都是孤儿寡母的，当初同意换就是觉得你两家都不容易。现在你不让人阳阳家盖，那他也不同意换了，要不人家会说他们一家人欺负阳阳一家。

柴氏：就一个屌人，要这么多房子干吗？洪洁妈也是倔。

对话 3：柴氏与李氏

柴氏：你看那车还停在她家门口。

李氏：春华（陈春华）一死，康家（陈春华妻子）好过了。整天穿的人五人六，花枝招展的。上次还说她的靴子刚买的，刮了个口子就扔了。春华活着的时候，她哪敢穿。

柴氏：是啊。现在人家当家喽。

第三章 日常生活中的农民行为动机

李氏：那是春华妹夫的车吧？

柴氏：不是他的，还能有谁的。一天到晚停在这里，康家也不怕人家讲。

李氏：一个女人带着几个孩子过日子也难。

柴氏：以前成庄①的"老寡条"② 陈永夫经常搁他家看电视，故意看到很晚，想梦狗屁呢。后来几次被康家赶出来，就没有再去过。

从这三段对话可以看出，这种半公开化的串门方式，主要是对自家以外的人与事的评价，不涉及本家户的利益。由于不存在家户利益上的冲突，交流的双方或者多方，就能够形成相对公允的评判。这种相对公允的评判，在陈村是作为非公开的舆论监督的方式存在的，主要体现为道德与良心层面的自我约束。这种自我约束源于行动主体对于村庄舆论——背后人家说闲话的恐惧。从这个视角，我们可以发现中国农村道德规范的一种生长机制——在家户利益之外形成对他人行为的评价与讨论，即这种成长发生的前提是不与参与评价农民的家户利益相冲突。正如朱爱岚的研究所指出的，农民串门行为有"家户"的界限，这种家户界限保证了农民在串门过程中对于自家利益的保护，也可能限制了农村妇女之间的互动机会。③ 从这个层面我们可以提供为什么中国人的道德从来都是约束别人，而不是约束自己的这种现象的解释线索。当传统道德规范一旦面对家户利益时，道德约束的力量将被弱化，甚至失去作用。这就是为什么很多的时候，我们发现农村社会内部传统的父慈子孝、长幼有序等道德观念弱化的原因。除了正规的法律以外，在陈村日常生活中，并不存在规范人们日常行为的一套制度，农民的行为就是依赖于这种半开放的串门式的舆论来实现自我约束的。但是这种舆论监督是不公开的，依赖于行动者自己的判断与考量，因此传统道德规范的作用十分有限，规范也缺乏明确的规则。

另一方面，在以上的对话中，我们会发现，人与家是分不开的。陈敬富的行为不仅仅意味着陈敬富是一个什么样的人，更重要的是他所代表的

---

① 成庄，与陈村相邻的一个村庄。

② 老寡条，本地方言，指单身汉。

③ [加]朱爱岚：《中国北方村落的社会性别与权力》，胡玉坤译，凤凰出版传媒集团、江苏人民出版社2010年版，第143页。

家户形象是什么样的？在陈村，个人是内含于家户内部的，个人的一言一行都代表着所在家户形象与名誉。同样，对个人的不尊重也意味着对个人所属的家户的不尊重。人们在决定去做某一件事情的时候，他首先考虑的就是家户形象、地位、身份以及利益需求等。即使是偷盗，也要选择天黑的时候，或者天刚亮，大家还没起床的时候。个人荣辱得失意味着家户的荣辱得失。个人就如同一面镜子，从这面镜子里我们看到了他所在的家户。所以，在村子里，每一个人都讲究行为举止符合规范，都不愿意在"大庭广众"之下给自己所在的家户"丢人现眼"。即使一些不道德的行为，也主要是在背地里或私下里进行。但是，个人的行为虽然能够暗示这个家户形象，但并不能代表整个家户形象，只能表示个人行为使得家户形象与名誉蒙羞或者说为其增光。在同一个家户内部，个人行为具有自我的意义，但是这种自我的背后要回应的是家户形象问题。在积极层面，个人的自我行为直接反映了家户的形象。反过来，个人又会以此来约束自己进而维护这种形象。

三是公开化的人场 人场，顾名思义就是人多且经常聚集的地方，一般规模在5人左右，多的时候会超过10人。在这里，村子里所有的人都能够参与进来。以房屋为基本点，我们对2014年7月某个星期内陈村农民的这种公开化的串门路径点进行了简单的串联，如图3.1所示。从图中我们可以发现，陈村这种公开的人场主要有4个地点：A——陈凤腾家门口，B——陈怀雨家门口，C——陈永显家门口，D——陈永精家门口。圆圈的大小意味着规模的大小。表面上看，农民是到陈凤腾等四家串门，本质上这里已经成为一个农民家户之间进行展示的平台。因为这些地方一般空间大，地面平整，大家都有坐或者蹲的地方。时间一长，这些地方便成为大家茶余饭后溜达的地方。在这样一个公共空间内，农民交流的主题主要包括三个方面：一是表达对现状的不满或者对政策的评价。如对某某干部的不满，对电费收缴的不满，对政府反腐败措施的评价等等。二是对发生在周围事件的陈述，如某某村谁的儿媳妇多孝顺，谁家的姑娘被骗走了以及某某人去世了等等。即使以上信息，大家也会逐渐地回归到自己家户身上。三是炫耀性的家户展示，这是陈村公共化人场的主要功能与主题。在人场里交谈，人们并不是像在半公开化的串门那样无所顾忌。相反，每个人的表述都是有目的，这种目的就在于说明一个简单的事实——"不能让'人家'瞧不起"。

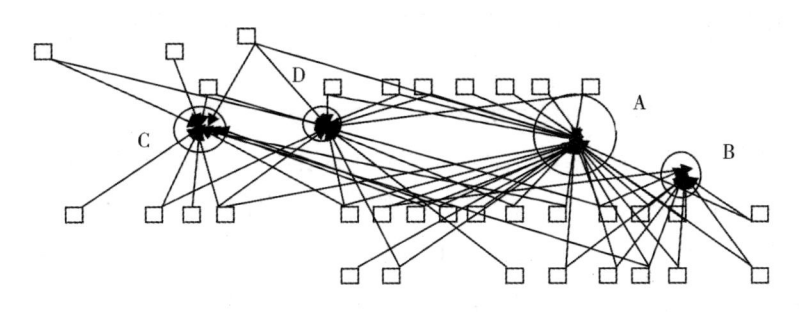

图 3.1　陈村某星期公开串门路径

如何让别"人家"能够瞧得起呢？在陈村，有三种方式：一是家里人"正干"，日子过得还不错，这自然不用去解释。第二种方式是在人场里编造或者夸张事实。发生在 C 处的陈怀力家"孝顺儿子"的故事就是一个很好的案例。

陈怀力夫妇育有两个儿子——陈永夏和陈永行，同两个儿子分家以后，陈怀力夫妇就剩下一亩多地，除了养羊也没有其他的收入来源，生活比较清苦。而且两个儿子也不怎么孝顺，媳妇还经常同老两口吵架。在村里人看来，子女不孝是家门不幸，是家丑。加上家户贫困，陈怀力一家一直感觉在人场里抬不起头。2008 年以后，陈永夏和陈永行都出门打工了。一段时间，两个儿子都没有回家过年。村里人就会经常问起陈怀力夫妇两个儿子在外面怎么样。陈怀力都会回答说挺好的。时间久了，为了让村里人觉得自己两个儿子变孝顺了，且现在生活变好了。陈怀力之妻开始"穿金戴银"，还经常在人场里炫耀她的"金耳环""金戒指"，逢人就说"金耳环"是大儿媳妇买的，"金戒指"是小儿媳妇买的。村里很多老人还因此羡慕不已，还有拿此说事，向自己子女要金首饰的。平日里，老两口放羊还手里提着"香飘飘"奶茶，当着其他老年人的面，边喝边说："这是儿子寄钱买的，天天喝这个，都喝腻了。"也是因此，"香飘飘"奶茶在陈村成了老年人热捧的对象，大家都开始上街买奶茶，还必须是"香飘飘"的。那一段时间，陈怀力夫妇也因此改变了他们在陈村人们心目中的形象。陈村很多人也都开始觉得陈怀力家的日子现在好过了。直到 2013 年春，因为盖楼房的事情，陈永行和陈永夏两家从外地回村了，陈怀力老两口的"嘴里的好日子"的谎言才被识破。

　　陈怀力夫妇对于子女生活及其行为的造假，其实并不是独立的个案。在陈村其他村民嘴里，多多少少都会存在这种现象。如有些人会把自己外面打工一个月 2000 元说成 5000 元，有些人在外面找个门面卖衣服，就会说成开店当大老板。这种现象在中国农村都是很普遍的现象。在这种普遍现象的背后，隐藏的便是农民自己对于家户形象与地位的追求。每一个人都不愿意在人场里被他人瞧不起，因为个人的荣辱得失意味着一家人的荣辱得失。所以，在人场里，人们交谈的目的更多的是去粉饰自己家户的形象。有时候，这种粉饰是过于明显与虚假，有的时候则是通过"旁征博引""能说会道"的方式实现的。

　　第三种方式是自我的辩解与认同。这是一种保护家户形象的方式。在人场交流里，一旦个人觉得某个话题中自己家不如别人家，要么沉默，装作不在乎，要么个人就会采取一种"吃不上葡萄说葡萄酸"的自我辩解方式，其本质上是说服自己认同自家的这种现状。如下面发生在 C 处和 A 处的两段对话：

对话 1：

慕氏：唯唯（于氏的大儿子）跟他媳妇在温州那边怎么样？

于氏：还好，前两天打电话回来说，最近生意还不错。两个人够吃就行了。（呵呵）

慕氏：你这是享福了，两个儿子都成家了，任务完成了。

柴氏：你不也享福，闻闻（慕氏的小儿子）结了婚，老大又不让你问了。

慕氏：讲不叫问了，可能不问，到时候人家那头（指未来儿媳妇那头）不说俺这头偏心嘛。

王氏：人家（指慕氏的大儿子）都讲不叫你问了，你还问。那是你自找的。

于氏：对啊。

柴氏：问有啥用，又不回来家。养这么多儿有啥用，找累受。省

第三章 日常生活中的农民行为动机

点钱自己花多好。我现在是看透了，啥也不想了，该吃的吃，该喝的喝。怎么过都是一辈个。你家（指王氏）还弄个"旮旯个头"（指小孩），以后怎么弄？

王氏：你是不愁，就当当（柴氏的儿子）一个。愁就愁呗，累死算了。

柴氏：有福不享，找罪受。

王氏：就那我还当是个宝贝呢。

于氏：那肯定的，自己的孩子嘛。

对话2：

陈凤地：这几年俺庄个的大学生可出来不少。以前的迎迎（陈凤章大儿子），去年的带带跟星星（陈凤达的儿子和女儿），今年的鹏鹏（自己的儿子）、童童（陈洪朴的儿子）跟珍珍（陈凤腾的女儿），明年浩浩（陈凤吉的儿子）与想想（陈凤根的儿子）又能考上。

陈凤章：再过几年就一家一个大学生了。

陈敬富：大学生，有啥用。现在大学生多得很，前几天还看新闻说几个大学生回家种地的。现在大学生工资低得很，有的还找不着工作，还不如去打工。

陈凤地：那不能以工资衡量。以后科技多发达，靠的都是知识，哪像我们这一代人，大老粗，大字不识一箩筐。打工能有啥出息，到头来还不是回家种地。

从以上对话里，我们可能看不出来什么端倪。但如果具体到谈话人自己家户的实际情况，我们就能够理解他们为什么要这么说和这么问了。在对话1中，慕氏、于氏和王氏每家都有两个儿子，儿子的多少在传统观念里意味着家户的强弱。而柴氏只有一个儿子，还在上小学。当柴氏听到慕氏和于氏谈论两个儿子结婚成家，事业有成的事情时，柴氏心理上产生了抵触情绪，自己觉得自家不如别人家。于是才有了柴氏关于"养这么多儿有啥用"的言论。柴氏同慕氏和王氏是妯娌，由于只有一个男孩，日子很好过，自认为家里很有钱，在内心里看不起这两家人。所以，柴氏才取笑慕氏"儿子又不回来",又取笑王氏"自己找罪受"。在对话2中,陈凤地引出大学生话题,其实意在指自家里也出了大学生,光耀门楣。相对而言,陈凤地并没有提到陈敬富家的"大学生"陈洪亚,原因是村里人一直认为陈洪亚读的是专科并非本科,而陈敬富一家人非说是本科。没有提到自己的儿子,让陈敬富听到之后心里不悦,觉得是故意让他们家难堪。陈敬富对大学生的一番奚落,真正的目的在于说明"家里有大学生没什么了不起的"。陈凤地的回复,表面上看是讲述事实,其实也是维护自己的家户形象,毕竟自己的儿子就是大学生。

所以,在陈村公开化的人场里,人们往往会将交换出的信息内容同自己家户的实际情况进行比较,一方面要防止"指桑骂槐"式的家户攻击,另一方面也要在人场里不断塑造自己家户的形象和地位,方式可以是欺瞒、说谎以及夸大事实。即使表达对现状的不满和陈述周围发生的事件,人场里也总会有人将其话题关联到村庄内部与自己家户。如关于新农合政策,总会有人以自己家里的经历来表达不满。公开化的人场本质上就是一个各个家户进行彼此炫耀和展示的舞台,每个人都在极力表明自己家户特有的成就,且每个家户都不甘示弱。

总的来说,以"串门"为主要方式的农民个人日常交往,从表面上看是个人与个人之间的交往与互动,而本质上却是家户与家户之间的利益交换与互动。农民个人的言语与行为动机源于对家户利益的衡量。一旦出现有损于家户利益的事情(这包括故意和非故意的两种情况),只要被对方感知,一种维护家户利益的行动就会出现。个人日常交往行为是嵌套在家户利益的大网之中的,在日常生活中,每个人都在试图将这种家户利益之网织好。同时,半公开化的串门方式又筑起了对个人行为的道德化约束,而违反这一道德化约束的惩罚便是承受背后人们对所在家户形象的诋毁。如果从单一的一个家户来看,陈村农民的日常交往行为主要可以分为三个层次:一是屋内的私密型交流,促进家户利益的实现;二是房屋门前或门后的交流,产生了家户行为规范;三是大门口的人场,目的是维护或者增进家户形象。因此,在陈村,人与人之间的交往不是基于个人的某种需求,也不是以个人为基本单位的。人与人之间日常交往是基于各种形态的家户利益的需求与实现。个人是以家户为对象和单位的,每个人都是在彼此之间的交往与互动中维护和追求家户利益。当然,这种家户利益可能是具体的，也可能是抽象的。普通的农民串门不仅仅是我们所看到的一种日常的普通的人与人之间的交流，在其背后充满着家户与家户之间的博弈，其所承载的信息量是非常巨大的，但是又非常隐蔽，且不容易被发现。

二 想象的村庄共同体

上面的分析已经表明，在陈村，人与人之间的交往并不是基于个人的，而是基于家户的。个人内含于家户内部，并不构成独立的利益主体。真正意义上的利益主体是家户，每个人在交往过程中所追求的是家户利益。那么，这种家户利益是否独立于以村庄共同体为实体的各种传统规范与惯例呢？按照社会学常识意义上关于"共同体"的理解，即"作为自然的、地域性、小型的、成员彼此熟悉、日常互动频繁、相互帮助的、有某种共同生活方式的团体"，[①] 陈村是可以作为共同体形态被承认的。首先，陈村是自然形成的村庄，有自己的边界，家户规模小，聚集而居，是一个纯粹的"熟人社会"。其次，陈村内部有着共同的文化习俗和基本相同的生活方式。再次，在村庄内部也存在多种形式的互帮互助，如婚丧嫁娶方面的、日常劳作方面的、现金借贷方面的，等等。而在农村研究领域，村庄共同体存在的核心价值在于共同体内部的制度与规范能否规制人的行为，促进乡村内部人与人之间的团结、互惠以及和睦。正如滕尼斯所认识的基于"共同理解"的团体，以区别于"激烈争吵、你死我活的竞争、讨价还价和相互吹捧"的社会。[②] 在陈村，作为共同体形态存在的制度与规范主要包括两种形式。

一是情理认同 在传统中国农村，情理认同的本质是礼，是一种人情交往的基本规范，它的基本准则是，做人要"通情达理"，做事要"合情合理"。而具体的运行方式，又是通过人情面子的交换来实现的。翟学伟在此基础上提出了情理社会的假设。"中国人在情理社会中，通过人情和

[①] 毛丹：《村落共同体的当代命运：四个观察维度》，《社会学研究》2010年第1期。
[②] ［英］齐格蒙特·鲍曼：《共同体》，欧阳景根译，凤凰出版传媒集团、江苏人民出版社2007年版，第5页。

面子的运作，放弃的是规则、理性和制度。"① 在陈村内部，没有具体的成文的约束人们行为的制度与规则，"讲人情""给面子"这种情理认同，是维持人们之间、家户之间行为秩序的重要日常规范。这也是人们自然而然的不言而喻的一种行为准则，如下面3段对话。

对话1：

陈怀久：想想妈呢？

王氏：啥事，俺佬（辈分上尊称）？

陈怀久：俺家的羊跑了，没看住，叫（"把"的意思）你地头上的麦苗个吃了。

王氏：哦。下次看住了，看不住可就给你弄锅里煮了。（开玩笑）

陈怀久：呵呵，你吃了比被人家偷走强。（开玩笑）

对话2：

陈凤吉：俺哥呢？（用车推了两袋玉米棒）

陈凤章：嗯。这是能啥？

陈凤吉：下午，两个孩子（指自己的两个孩子）掰（bēi）玉蜀黍（玉米）来，没看清，多掰了你家一趟玉蜀黍。（倒下玉米棒）

陈凤章：就一趟玉蜀黍，你还往这送。你拉回去。（客气一下）

陈凤吉：可（ké）②！你也别嫌少。（客气一下）

对话3：

陈永行：陈凤章呢？

陈凤章：能啥？

陈永行：晴晴（自己的女儿）结婚，家里没有人，找你去帮个忙？

---

① 翟学伟：《人情、面子与权力的再生产——情理社会中的社会交换方式》，《社会学研究》2004年第5期。

② 本地方言，"不"的意思。

陈凤章：啥时候去？

陈永行：明个上午。

陈凤章：好。(说完，陈永行走了)

慕氏：你（指陈凤章）还挂着水（打点滴）呢。可能去？

陈凤章：不去怎么能！甜甜（自己的女儿）结婚的时候，人家都过来帮忙来。人家有事找你，你就不去啦？人家不说你吗？

在对话1中，陈怀久的羊吃了王氏家的小麦苗，陈怀久前来告知，其实就代表道歉的意思，而王氏的玩笑话就代表接受道歉，这都是双方给彼此的"面子"。在对话2中，陈凤吉家的孩子，错掰了陈凤章家的玉米，陈凤吉亲自把多掰的玉米送上门，这也是道歉。陈凤章说不要，其实客气一下，哪能真的不要，这是给陈凤吉面子。双方是相互给面子圆场。对话3中，陈永行家女儿结婚找陈凤章帮忙，由于陈凤章有胃炎在打点滴，慕氏不想让陈凤章过去，但是陈永行找过来，一方面意味着陈永行家看得起陈凤章家，陈凤章必须给这个面子，另一方面陈凤章家也必须还当年陈永行家帮忙的人情。从以上案例看出，具体的家户利益是受到村庄人情的约束的。但是，家户利益并不是仅仅指涉具体的实物，还包括家户的身份、形象与权威等抽象的利益。如果王氏和陈凤章不接受对方的道歉，不仅对方，就连整个村庄里的家户，都会认为"这家人不讲理""这家人不行"，受损的其实是家户的身份与形象，村庄人情面子的背后其实还是以家户的单位存在的，人们放弃具体的家户利益，其实追求的是抽象的家户利益。

但是，并不是每个家户都会为了抽象的家户利益而选择放弃具体的家户利益。这取决于，家户对两者的衡量。在陈村，相对于抽象的家户利益，家户选择的往往更多的是具体的家户利益，有些是"隐藏的文本"之下的博弈，有些是明里的争斗，尤其是邻居之间。

案例1：陈凤章家与陈敬富家的明争暗斗

陈凤章和陈敬富家是邻居，表面上两家是和睦相处，平日里有说有笑。但是待时间久了，才发现事实并非如此。两家之间的隔阂最初源于房屋。陈敬富家的房子在陈凤章家房子之后建的，按照村里的惯例，同一排上的房屋最好是能够在同一高度上，故意拔高则破坏对方家的风水，而陈敬富家的房屋则故意抬高了一砖。在陈凤章看来这是陷自家人不利。但由于两家之间隔着巷道，风水上的影响倒是很小。20世纪90年代，两家因为种树的问题矛盾不小。按照惯例，相邻两家种树，不能种在紧邻边界的地方。因为这样一来树木长大以后就会影响到对方家的采光以及树木的成长。先是陈敬富家在屋后将树种在靠近边界的地方。慕氏知道后，也买了一棵树种在边界附近。这倒是相安无事，但是陈凤章家的树后面却死掉了。后来慕氏从住在后面的邻居陈怀久嘴里得知，原来是陈敬富夫妇经常晚上往树根上倒盐水给弄死的。慕氏生气，又买了一棵树，种在那里。结果没过多长时间，树被人砍断了。慕氏气不过，又没证据，就故意在屋后面破口大骂了一番。

两家在"南河沿（yé）"①有块地是相邻的，由于离村子太远，为了方便，两家都种上了白杨树。由于树种得太稠，两年后就不怎么长了。有一天，去那里放羊的陈怀力告诉陈凤章，你家的树好像被人剥了皮。陈凤章去了一看，紧邻陈敬富家地的两行树都被剥了皮。慕氏一口认定是陈敬富一家干的。但是先前，陈敬富家的儿子陈洪东救过自己落水的儿子，虽然生气，此事也就没有追究。2011年和2013年两家分别都盖了楼房。在陈敬富家盖楼时，陈敬富家故意将盖楼时需要的砖头倒在陈凤章家门口，正好对着陈凤章家的大门口。慕氏气不过，就找陈敬富家理论。正好陈洪东在家，陈洪东的理由是"当时拉砖头的（车）来的时候，家来没人，开车的师傅就随便倒了。你不要急，下来使砖都先从这使。"面对儿子的救命恩人，慕氏也没办法。盖好楼以后，两家门口都堆了一些木柴和砖头。有一天，慕氏的婆婆过氏发现陈敬富正在将自家的木柴往他家门口拾，两者吵了一架。而对于门口的砖头，慕氏总感觉少了一些。有一天，慕氏发现陈敬富正在将自家的砖头往他家门口扔，两者也因此吵了一架。

这个案例只是陈村众多邻居之间家户利益纠纷中的一个。其实在陈村，这种家户利益的纠纷已经成为日常生活的一部分。在陈村农民看来，

---

① 陈村的地块名称。

这就是家户之间必须要面对的，这就是他们生活的现实与逻辑。很多能够在暗里解决的问题，家户与家户之间也不会上升到面上，因为一旦公开化，这里就涉及家户脸面、地位，权威与尊严等主观的身份层面，就会一发不可收拾。所以，很多的时候这种邻里间的纠纷是私下互动的，并通过一定的回应方式警示越界的那一方。一旦连续的警示失效，暗里的互动就会转化为明里的"吵架"。所以，我们常说的"邻里和睦"也只是一种期望。正是家户利益的碰撞才最终产生了邻里秩序中农民之间的行为互动。而行为互动的最终结果又必须回到家户利益本身，并在彼此家户利益之间的均衡过程中实现和解，或者出现积怨。

案例2：陈永贵家建房事件

陈永贵是陈怀久的小儿子，育有一子两女。儿子读完高中以后就出门打工了。按照常理来看，陈永贵已经有一处宅基地，没必要再从其他地方再找一处，况且村道两侧也没有他家的地。但是村道东头有他大哥陈永显家的地。陈永显两个儿子目前已经有三处宅基地，东头的这块地陈永显家也没打算作为宅基地。所以，陈永显承诺，如果弟弟陈永贵要在这里盖房子，他就让给弟弟。但这里涉及这样几家人：陈永金家、陈永精家、陈敬兴家，如图3.2所示。

在陈永贵看来，在村东头盖房子很简单，只要陈永金家同意就行。因为陈永显的地身够宽，加上陈永金家的地，已经足够盖，并不需要占陈永精家的地。陈永贵同陈永金家商量后，陈永金也同意。因为这样一来，陈永金家也能获得一块宅基地，况且自家有两个儿子，在村道只建了一处房子。2012年夏，陈永贵从外地回家准备盖房子，拉了两卡车的砖头倒在了准备盖房子的地方。

但是陈永贵并没有如期盖上房子。原因是盖房子的事受到了陈永精家和陈敬兴家的阻挠。陈敬兴家在前排也没有宅基地，也想在前面盖一处房子。在陈永贵家盖房子的事情上，陈敬兴的观点是，村道边有三棵树是他家的。按照惯例，树木所占的地方是树木所有者的地。陈敬兴家由此不让出这点地。交换条件是要求从陈永金和陈永显的地里开一块宅基地给他，他才让出这点地。而陈永精反对陈永贵家盖房子，则属于纯粹的故意捣乱。陈永精目前同老三、老四和老六三个儿子住在一起。老四陈凤其是陈村唯一的百万富翁。但是由于没有宅基地，陈永精三个儿子都住在一栋别墅里。虽然很宽敞，但陈永精总觉得儿子孙子这么多，必须为子孙争取宅基地。陈永精有两个理由：一是他家的地靠近陈永金与陈永显家的地，必须将他家的地纳进去，宅基地三家分；二是自家这么多儿子孙子都没有宅基地，而陈永贵家就一个儿子且本身在村道两侧就有宅基地，情理上说不过去。陈永精曾对作者说："毛毛（陈永贵小名）小孩都有宅基地，还在外面抢宅子，说得过去吗？俺家你两个叔都没有宅子，他们的小孩更没有宅子。"陈永精就是认死了，必须给他家宅基地，他才让陈永贵盖房子。为此，陈永精还经常骑着电动三轮车到村东头转悠，看看陈永贵家不让其盖房子。这两家一闹，陈永贵家也没能盖上房子，最后没办法于2013年拆了旧房子，才盖了新房子。

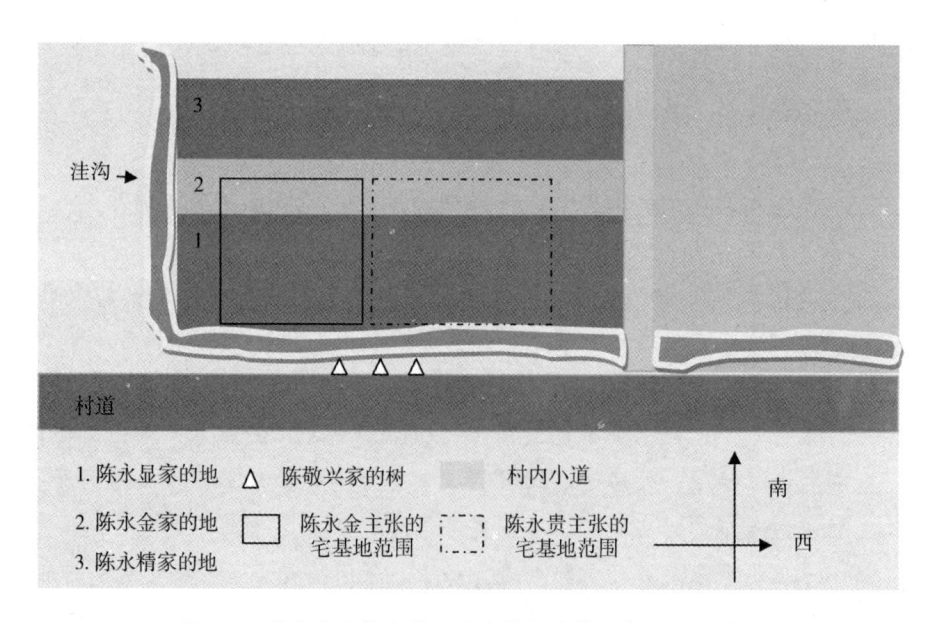

图 3.2 陈永贵家建房的区域及其同其他家户的关系图示

从整个案例来看，按照村庄情理世界的规则，为了避免其他没有宅基地的人家说闲话或有意见，陈永贵就应该在自家的宅基地上盖房子。但是他还是想冒险一试。哥哥陈永显同意将地让给自己，一方面是因为陈永显家的宅基地已经很多；另一方面是因为弟弟陈永贵愿意拿耕地跟他换。陈永显优先考虑的也不是血缘关系，而是自家的利益。陈永金的同意也同样是如此。相比较来讲，基于一般的人情规则，作为乡里乡亲，陈永精和陈敬兴两家的反对可以说是违反人情常理的。但是为了家户的利益，他们甘愿撕破脸，打破这种人情规则。这种因为宅基地而产生的违背人情常理的现象在陈村比比皆是。陈敬兴家为了获取宅基地，还极力反对，故意刁难陈永行家建房子，甚至以人命相威胁。不仅如此，就算是亲戚之间在面对一些具体的家户利益时，人们还是会选择具体的家户利益，而非人情规则。下面的案例就很具有代表性：

案例3：陈怀力家拒绝安葬康氏及争夺财产事件

陈洪军是陈怀力的远房堂叔，兄妹几个仅剩他一人在世。他同康氏结婚以后，两人一直没有生育，后收养的一个女儿已经出嫁。陈洪军家的西边是陈永傲家。陈永傲家育有三子一女，长子是陈凤章。由于陈永傲得病卧床不起，次子和三子又比较懒，家里的农活基本由老大陈凤章扛起。陈凤章同慕氏结婚以后，先是生下了一子。由于要干家里农活，而陈永傲夫妇也没有时间带。所以那时候，小孩都是由陈洪军夫妇来"领"①，包括后来生下的女儿。由于陈洪军夫妇没有生育子女，村里经过协商，由陈凤章和侄子陈怀力两家分别负责两位老人死后的丧葬事宜。两位老人死后的土地与财产也分别由两家继承。两家协商后，陈洪军归陈凤章一家负责，陈洪军之妻康氏由陈怀力一家负责。

2000年，陈洪军去世，陈凤章一家将其风光安葬。五年后，康氏在女儿家走亲戚时去世。按照当年的协议，康氏女儿将其送往陈怀力家要求陈怀力安葬。结果，陈怀力夫妇矢口拒绝出钱将其安葬。陈怀力拒绝的理由是，虽然康氏丧葬的事当年分给了他，但是老两口活着的时候，并没有照顾过他们家，作为本家却将钱都花在外人（指陈凤章一家）那里，钱往外使，所以他认为丧葬的事宜应该由陈凤章一家负责，跟他们家没有关系。康氏的尸首停在陈怀力家门口三天后，陈凤章出于对老人的恩情，最后自己出钱同其女儿一起将其安葬

---

① 本地方言，就是"照顾小孩"的意思。

了。康氏安葬的事刚过去，陈怀力家以其是陈洪军唯一血缘亲戚的理由，提出陈凤章家不能独占陈洪军的财产，向陈凤章家索要陈洪军的家产。陈凤章家里考虑之后，为了避免两家发生争吵，也为了避免外人说闲话，同意了平分财产。但更为可气的是，康氏的女儿与亲戚们来给陈洪军夫妇上坟，作为亲戚的陈怀力却故意不接待。

陈怀力家的行为真实反映了亲情伦理与人情面子在陈村是如何被具体的家户利益打碎的。陈怀力家为了不出康氏出殡的钱，为了争夺陈洪军的财产，宁愿背信弃义，不顾家户的形象与名声，同陈凤章撕破脸，同自家亲戚撕破脸，同整个村庄舆论撕破脸。尤其是不愿接待上坟的亲戚，在陈村的传统习俗与观念中，只有逝者的亲戚都不在世上了，才会没有人接待。陈凤章同意安葬康氏，是为了博得一个好的家户名声，同意分地也是因为自家地多且怕外村不了解情况的人说闲话，有损家户的形象。

为了家户利益，农民既可以放弃面子，也可以维护面子。从这一点就可以说明，村庄里的人的基本行为动机并不能概括为对人情面子的追求。因此，情理社会的假设并不完全准确，至少对于村庄里的农民并不适用。在陈村的日常生活中，一方面人们维持各种关系确实是需要情理观念的支持，违背村庄情理，就意味着家户形象的受损，并受到村庄舆论的谴责。所以村庄情理的背后依然是农民对抽象形态下家户利益的追求。另一方面，一旦家户实体层面的利益结构受到侵犯，或者利益诱惑较大，农民不会再遵守常识性的情理规则。所以，对于陈村农民来讲，农村日常生活中的人情与面子，不是以个体为最终关怀的，而是以家户为最终关怀。情理认同在本质上是家户利益认同，它只是农民日常生活中维护家户利益的基本工具。

当然，人们多数时候违背常识性的情理规则并不是没有"理"的。如案例1中，慕氏自毁形象破口大骂是因为有人砍了她家的树；案例2中，陈敬兴的理由是有他们家的"三棵树"，陈永精的理由是他们家很多孩子没有宅基地，而陈永贵家有宅基地。案例3中，陈怀力家的理由是康氏一家一直都照顾陈凤章家和自己是陈洪军唯一的亲戚等。相对于村庄公认的情理规范，这些所谓的"理"都是农民有选择性的自我建构的情理规则，以支持自身对于实体形态层面家户利益的索取。费孝通在《乡土中国》就曾提出中国人的"己"是自我主义的，同西方的个人主义有明显的区别。①但是从陈敬兴、陈永精、陈怀力等人的行为上来看，这种自我主义并不是最终形态，也不是以"己"为中心，更不是以"个体"为中心，而是以"家户"为中心的。"己"的各种欲求都最终反映到家户层面，内化到家户利益之中。所以，与其说差序格局是以"己"为中心，不如说是以"家户"为中心，与其说是自我主义，不如说是家户主义。

二是惯例认同 情理认同是村庄内部人与人、家户与家户之间日常交往行为的一种约定俗成的准则。在情理认同之外，村庄内部还存在着一种基于全体农民集体行为的认同机制。与情理认同约束人与家户之间的交往互动行为不同。集体行为的认同机制，是指约束全体村民去做或者不去做某项事情的规范，它不是针对某一个个体，而是针对全体。它包括两个层面，一是基于现有政策、法律与法规的制度性集体行为认同机制；二是基于地方生活实践的非制度性集体认同机制。而在村庄内部，农民日常集体行为的认同机制，更多是非制度性的。在陈村就表现为一种基于村庄生活实践的惯例——即"大家都是这样做的"，它更加倾向于费孝通笔下"地下"的"小传统"②。作者这里更加倾向使用"惯例"，意为常规与习惯的做法。惯例认同更具有地方性和"小传统"特性，更加贴近农民的生活。在陈村，惯例是唯一存在的具有集体行动性质的共同体特征，但这种惯例并不具有"便利合作"的特征③，而是限制行动的特征。这就是陈村农民所谓的"公家"的逻辑。所谓"公家"就是指政府与集体。在陈村，不是某个家户的东西，就是"公家的"。人民公社与"文化大革命"期间，公与私的界限在农民心里是十分明晰的。属于公家的，个人与家户不

---

① 费孝通：《乡土中国》，上海世纪出版集团2010年版，第27页。
② 李亦园先生就认为中国文化结构里存在两种认同结构：一是具有权威性的以儒家为代表的人生观和宇宙观，称之为"大传统"；二是一套流行在民间，表现在民俗信仰里的人生观和宇宙观，称之为"小传统"。费孝通将"小传统"又细分为公开的、不受限制的地上小传统和犯了统治者禁忌的、不能公开的地下小传统。在费老看来，传统中国农村的基本结构形态是小传统，不是大传统。而我们的研究往往是忽视小传统，更加忽视地下的小传统。参阅费孝通《江村经济》，上海世纪出版集团2011年版，第299—303页。
③ 泰勒曾指出，那些具有共同体性质的社会群体往往"便利合作行为与集体行动的特征"。参阅［美］李丹《理解农民中国——社会科学哲学的案例研究》，刘东等译，凤凰出版传媒集团、江苏人民出版社2010年版，第47页。

能碰触，否则就会受到批判与教育，这是一种政治红线。据陈永炼的回忆：

> "人民公社那会，吃大锅饭，不准你自个搁家来开小灶。我那会是小队会计，跟陈洪茂（已经去世）、陈怀雨俺几个专门出来逮搁家来烧锅的人，逮住之后就给你（家的锅）砸毁，然后通报大队来，在大喇叭（bō）里指名道姓地播出来，批评一顿。那时候的地都是公家的。很多人吃不饱，就到地里偷红芋（红薯），我们都半夜出来，藏在地头前（xiān）逮。后来人家都说俺几个最坏。"

从他的回忆里可以看出那时候"公家的"东西跟自家的东西之间是明确区分的，对越界的人与家户往往都有严厉的惩罚措施。即使是人民公社解体以后，90年代的陈村对于"公家的"界限还是明显的，人们一般不会将家户利益的边界延伸到"公家利益"的范畴里。如：

> 90年代中期以前，陈村除了耕地和宅基地之外，还有一些属于村庄集体的荒地、林地、水塘和洼沟。它们是陈村农民自给自足的一部分，如树林里的各种野味（包括果类、肉类和菜类）、作为燃料的木柴、水塘与洼沟里的各种野鱼以及用于治病土方里的各种药材。同时，它们也是农民家庭畜牧养殖和村庄孩童玩耍的天然场所。在陈村农民观念里，这些都是"公家的地"。在公家的林地里，人们不能滥砍滥伐，但是可以根据需要适度取材。柳条是陈村以前编织"团篮""粪箕子"的重要木原料，生长在"南河沿（yé）"[①]以及几个洼沟的边沿，有需要的家户就可以自行去砍，但往往都只砍伐自家需要的，多余的都留给其他家户。各个池塘边的野生的树木，家户有需要的也可以自己去砍伐。盖房子和宅基地需要的土方，有需要的家户都可以自行到公地上去挖运。

这就是"公家的"惯例认同对家户行动的限定。作为公家的地，现

[①] 南河沿，陈村区域名。

第三章 日常生活中的农民行为动机

有的政策、法律以及村规并没有将公地赋予各个家户。在此基础上，惯例认同发挥着重要作用。它是一种大家心照不宣的行为准则。它运行的逻辑是每个人都假设其他人也会这么做或也会这么想，并认为这是一种其他人都认同的，且违背准则会受到惩罚。在陈村村民看来，"大家都是这么认为的也是这么做的"就是规范，就是准则。在陈村村民看来，"公家的地"上存在的东西并不是属于哪一个家户，过度地使用和索取会直接影响到其他家户需求，并受到村庄舆论的谴责而影响家户形象。如果个别村民有意见反映上去的话，还会受到小队长的警告和批评。每个农民都不愿意被人以"贪小便宜"的口实而让其所在的家户蒙羞。另外，"公家的"是农民家户利益范畴之外的资源。农民本身也并没有将公地资源视为家户利益的一个组成部分。因此，只要做到适度获取，给其他家户的使用留下空间，公家的资源的使用就不会引发冲突和矛盾，也不会出现过度浪费的现象。

1996年前后，伴随着陈村农民从老宅地逐渐搬出，行政村决定将老宅地的宅基地用途取消，将原来的老宅地，包括老宅地前后的村庄集体林地进行重新分配。分配的单位是每家每户按人口多少进行配置，然后抽签决定所属位置。"公家的"林地也被取消还原成耕地分配给每一户。但是，这些被还原的耕地在每家每户的土地证上并没有显示出来。在陈村，它相当于将原来的"公家的"林地家户化了，有了明晰的边界，如图3.3所示。

> 原有的树木被拔除，都变成了耕地，为了响应村里"种植果树，带头致富"的号召，这里开始种植果树。由于效益不好，各家又开始种植粮食。直到最后又变成了具有明晰边界的林地。现在老宅地及其前后都被各家种植上了白杨树。多年来，由于各家白杨树种植太过稠密，一直没有成材。但是各家也就放在那里，不再过问了。现在有很多村民就抱怨种树还不如种庄稼。但为什么大家要种树呢？据陈凤章回忆，种树的原因有两个：一是当年市场上的白杨树价格高，一棵成材的白杨树能卖到300—800元。二是跟风，有一家种了树，大家也就跟着种了，也没有人去组织。因为旁边的地种树以后，庄稼也就没法生长了。后来，白杨树价格大跌，大家又无法达成砍树的共识，所

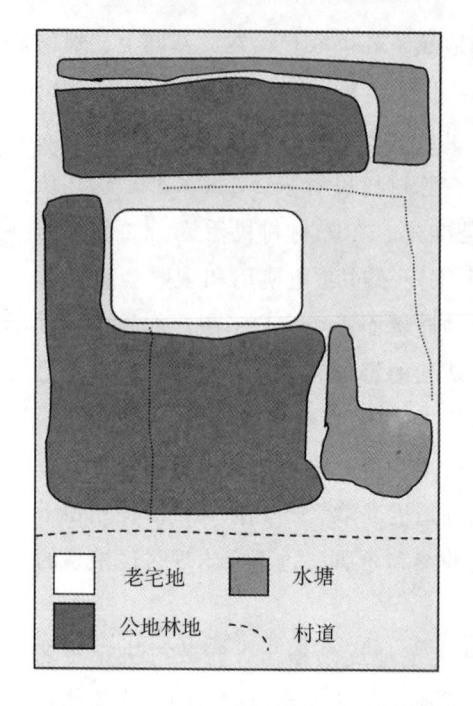

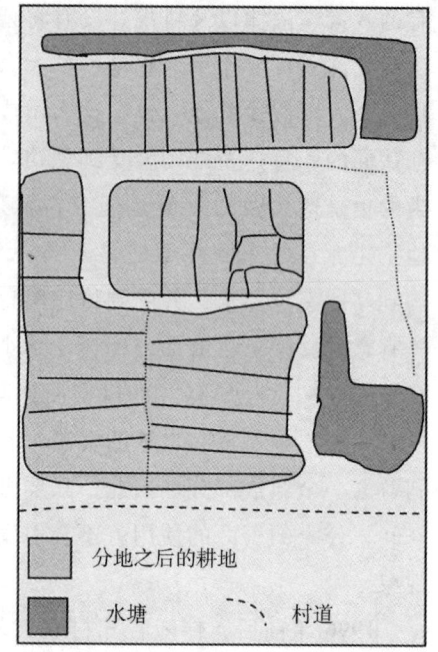

图 3.3　陈村老宅地前后的对比情况

以现在的林地也就形成了。

与以往的公地林地不同，现在的林地具有明晰的家户边界，"你不能到我家地里的树下拾柴伙"。"公家"林地家户化之后，因为边界问题而产生的家户纠纷就不断增多。如放羊过程中，羊啃树皮而产生的家户纠纷比比皆是。陈凤地曾因为雨后去陈永夏地里的树下拾被风挂断的大树枝而引发两家争吵。在传统没有明晰边界的"公家的"林地上根本不会发生这样的事情。而这一现象的关键在于，"公家"林地家户化以后，"公家的"变成了"自家的"财产，成为了每个农民家户利益的一部分。既然"公家"将这一块分给"自家"，那其他人家就不能从自家的地中获取资源，它具有不可侵犯性。任何侵犯都将被视为对家户利益的挑战，纠纷必然发生。

与公地林地家户化命运一样，陈村的荒地、池塘以及洼沟也逐渐实现了家户化。但这一家户化过程在本质上不同于公地林地的家户化。公地林地的家户化来源于行政村的正式制度安排，属于硬性的制度认同。而荒地、洼沟以及池塘等家户化则来源于惯例认同，它基于行为示范以及对这一行为的村庄潜在认同，并最终形成村庄内部一种大家公认的规则——"自家的"惯例认同。

荒地的家户化最早源于地头开菜园的拓展。陈村每家每户都有一个自己的菜园，作为日常生活自给自足的一部分，一般都将菜园开在离家比较近的耕地地头。2004年左右，有农户开始不断将地头的菜园向外拓展，占用了地头的公用小路与地垄，并不断地开发地头前的荒地作为自家耕地的一部分。大家不断效仿，这种默默开荒的行为受到默许，且逐渐形成了两种趋势：一种是谁家地头和地边的荒地就是属于谁家的；一种是在大面积无主的公有荒地上，先占先得。于是，陈村的荒地基本被抢垦完毕，其方式也是多种多样。有的农民认为这里以前是自家的菜园，所以这就是自家的；有的在此栽过树，那么树周边的荒地就是自家的；有的靠近自家的耕地或房屋，那就是自家的；有的在荒地上开荒种地，这就变成了自家的。

"公家的"洼沟与池塘的家户化源于2008年后陈村开始大规模地修建楼房。由于各家各户将楼房的地基抬得很高，高出地面1米以上。这就需要大量的土方。早期的建楼者都是到干涸的水塘里去挖土方。随着挖土方的人家越来越多，一些人家开始出面阻止这种行为，其理由是本家地边的洼沟、水塘里的土方有一半应该是自家的，其他人家不能随便在此拉土方。由于很多农户都有"地边"靠近水塘、洼沟。这一说法并没有引起大家的反对，相反如同地边荒地的占领一样，大家开始疯狂抢地抢占沟头。谁家地边靠近水塘、洼沟，则具有靠近一边的使用权，这在陈村同样成为了一种"自家的"惯例认同。

从以上现象看，陈村原有的"公家的"惯例认同已经演变成现有的"自家的"惯例认同。这种集体认同的出现主要源于90年代中后期以后，国家政策以及农村市场化对于农民个人主体性的强调与培育。但是农村社会内部不存在独立的个人，只存在独立的家户。对个人主体性的强调和尊重，其实本质上进一步促进了农村社会内部行动的家户化。表面上看似公地的领域，其实已经完全变成了家户化的私地。仅有的集体行动认同的惯例也变成了家户认同的惯例。这种家户化认同惯例的滋生与形成，又进一步促进村庄日常生活内部其他领域农民行为的家户导向。

总的来说，在陈村家户利益并没有受到村庄共同体规范与惯例的约束，相反家户利益独立于村庄规范与惯例，甚至在改变着村庄内部的规范与制度。这正应了波普金的观点——农村制度与惯例具有相当高的可塑性。"当地的习俗、制度以及惯例（practices），在面对经济环境与社会环境的大规模变化时，几乎发挥不了约束作用；个人在新的环境下追求私人利益与家庭利益的过程中，会改变习俗与制度"。[1]农民在共同体内部遵循的不是集体理性，不会自主地为了集体的利益而放弃家户利益，相反他们通过对家户利益的追求重塑着整个村庄的规范与认同机制。

从另外一个层面来说，以陈村为代表的中国普通村庄并不是真正意义上的村庄共同体。"村庄共同体"的概念最早是日本学者在研究中国农村时提出的，中国农村是否存在村庄共同体也是日本学者争论的焦点，其中最为著名的就是"戒能—平野论战"。[2]之后，"共同体"的概念在中国学界被继承了下来。伴随着社会资本理论在中国的兴起[3]，村庄共同体与社区共同体研究开始在中国盛行起来。但是20世纪90年代的农村市场经济所带来的市场力量，正如波兰尼所证明的，它要求经济从社会中脱嵌，要求一切社会制度与规范都转向适应营利目标、效用原则，以便把社会变成市场社会。[4]但在中国农村，市场力量瓦解了村庄共同体，并没有瓦解家户共同体，相反更加强化了农村的家户主义特征。这与韦伯、波兰尼以及鲍曼等人关于市场瓦解村庄与家庭共同体的必然与决定性是不同的。[5]市场力量强化了中国农村的家户特性，因此也并没有导致中国农村的原子化与个体化，而是家户化。所以，正如日本学者戒能所言"中国的村落是一个分散而不平等的社会：它没有固定的分界线或公共财产，其中一家

---

[1] [美]李丹：《理解农民中国——社会科学哲学的案例研究》，刘东等译，凤凰出版传媒集团、江苏人民出版社2010年版，第39页。

[2] 李国庆：《关于中国村落共同体的论战——以"戒能—平野论战"为核心》，《社会学研究》2005年第6期。

[3] 毛丹：《村落共同体的当代命运：四个观察维度》，《社会学研究》2010年第1期。

[4] [美]卡尔·波兰尼：《大转型——我们时代的政治与经济起源》，冯钢等译，浙江人民出版社2007年版。

[5] 毛丹：《村落共同体的当代命运：四个观察维度》，《社会学研究》2010年第1期。

一户各自分别为自己的利益而生产。"① 因此，从陈村的情况来看，中国社会就不存在严格意义上的真正的村庄共同体，村庄内部是一个个独立的家户。由村庄共同体所延伸出来的集体理性在陈村并不存在。

三 仪式化的家族

在中国农村研究领域中，与村庄共同体共同存在的一种具有集体行动特征的农民行动的单位便是家族②。冯友兰、梁漱溟以及许烺光等人认为正是中国农村家族制度的存在，使得其社会内部无法发展出其他类型的社会组织。③ 关于中国农村家族形态的研究主要是从弗里德曼关于中国华南的宗族研究延续而来。之后，国内不断出现关于中国农村家族形态及其与农村治理关系的研究，形成了中国农村研究中的家族主义理论与方法体系。而黑格尔、魏特夫、韦伯等国外学者也都从中国国家治理体制的层面论述了中国家族主义的存在。④ 在农村研究领域，所谓的家族主义就是指农民的基本行为奉行"家族为本、家族至上的原则和价值标准"⑤，由此产生了中国农村社会家族共同体、家族政治、家族文化、泛家族主义等多种论点。这些论点认为古代中国农村社会的生活在本质上是家族生活⑥，家族及其文化传统在人们生活中具有基础性与唯一性，支配着人们的行为⑦。它一方面体现于家族仪式、象征符号以及制度规范层面；另一方面

---

① ［美］黄宗智：《华北的小农经济与社会变迁》，中华书局2009年版，第26页。
② 这里的"家族"涵盖宗族。在很多的研究中，家族和宗族并没有具体的区别，两者是相通的，可以互用的。在费孝通和葛兆光的研究中，宗族是包含于家族谱系内部的。参阅费孝通《乡土中国》，上海世纪出版集团2010年版；葛兆光《古代中国文化讲义》，复旦大学出版社2012年版。
③ 参见冯友兰《新事论》，见《冯友兰全集》第四卷，河南人民出版社1988年版，第253页；梁漱溟《中国文化要义》，见《梁漱溟全集》第三卷，山东人民出版社1990年版，第32—43页；许烺光《中国人与美国人》，华夏出版社1989年版，第340页。
④ ［日］尾形勇：《中国古代的"家"与国》，张鹤泉译，中华书局2011年版，第7—57页。
⑤ 张国钧：《家族主义：中国传统伦理文化的基本精神》，《中国人民大学学报》1990年第3期。
⑥ 同上。
⑦ 徐勇：《家族政治：亚洲政治的魔咒》，《学术月刊》2010年第12期。

决定着农民的日常生活实践。^① 而中华人共和国成立以后，国家希望用一种集体主义的意识形态来改变这种农民的家族观念，结果集体主义却被逐渐吸纳到家族主义的观念体系中去了。^② 从整体的研究结论来看，家族主义认为村庄内部农民的基本行动单位是家族，农民在日常生活中的行动动机源于家族的利益，并受家族秩序的支配。当下的陈村的农民行为是不是如此呢？

从陈村的基本情况来看，陈村确实存在家族组织，这种家族组织不是宗族意义上的大家族，而是以贺雪峰和吴春梅等人所研究的"小亲族"^③的方式存在的，意为小家族。家族的基本结构是三至四代以内，即"父—子—孙（或加入'重孙'一辈）"多个家户的结构。在陈村这样的家族组织包括陈永傲家族、陈永精家族、陈永炼家族、陈敬富家族、陈敬兴家族、陈敬和家族、陈永识家族、陈怀力家族等。各自家族内部有着基于家族集体行动的仪式，主要包括祭祖仪式、交往仪式、互助仪式。

祭祖仪式主要是发生在清明、年三十、年初一。每年的这个时候，同一家族的男性都会相聚在一起。这个聚在一起不是聚在一起吃饭，而是各自饭后聚在一起到祖坟上烧纸钱祭祖。如果家户里的长辈不在，男性小孩可以代表，但一般不允许女性前往，除非是出嫁的女子来给父母或爷爷奶奶上坟，这可由家族里的女性陪伴。大规模的祭祖一般发生在年三十和年初一。年三十这一天，是各家户成员团聚的一天，各家吃完午饭以后，男性成员聚到一起，带上送给已逝亲人的纸钱、元宝、鞭炮等结伴前往祖坟处。先是由成员清理祖坟周围的杂物，然后将烧给先人的纸钱、元宝等放在坟前（每年都有固定的地方，一般是正南方）点燃。之后，每家将各自准备的鞭炮依次点燃。鞭炮结束以后，一般长子会在坟前说上一句"某某（尊称），起来拾钱吧，给您送钱来了，买点东西过个好年"之类

---

① 杨善华：《家族政治与农村基层政治精英的选拔、角色定位和精英更替》，《社会学研究》2000 年第 3 期。

② 朱学东：《〈"泛家族主义"的乡土社会逻辑——〈村庄威权与集体制度的延续——"明星村"个案研究〉读后》，《新城乡》2013 年第 5 期。

③ 参阅申端锋《农民行动单位视域中的小亲族——以鲁西南 S 村为表述对象的个案呈现与理论阐释》，《江海学刊》2007 年第 4 期；吴春梅、刘晓杰《小亲族行为与农村矛盾演进的内在逻辑——基于豫西北 L 村群体性事件的启示》，《科学经济社会》2010 年第 2 期；贺雪峰《论中国农村的区域差异——村庄社会结构的视角》，《开放时代》2012 年第 10 期。

的话。等纸钱燃烧得差不多了，众人就结伴各自回家了。年初一的祭祖是最正式的，它发生在早饭之后。各家男性聚到一起，一般要给先人们行磕头礼，意味着给先人拜年，有时也会说上几句祈祷先人保佑家人平安的话。尤其是小孩，一般都必须给已逝的爷爷奶奶等至亲行磕头礼拜年。所以，每年的年三十下午和年初一上午，你会发现到处都是成群结队的人，到处都是鞭炮声。年初二至初八，一般是外村亲戚前来祭祖的时间。

交往仪式主要是家族成员之间人情往来的一种定制与规范。与一般农民之间的人情往来不同，家族成员内部的人情往来是固定的，是一种仪式，这种仪式宣示彼此之间的关系以及深度。它包括以下三个方面：一是病例，主要指家族成员生病，一般指大病，如手术、骨折以及重大病情等。同一家族内部的其他家户成员必须前来探望，以往是送些补品，发展到目前都是给钱，一般是100元。二是喜例，主要是家族内部成员结婚、出嫁以及生育等方面。婚事一般是家族成员一方面要给礼金，一般是400—1000元；另一方面要过来帮忙，女性一般是帮忙洗碗择菜，男性一般是帮忙维持秩序，吃饭时陪酒或送菜。这也是家族成员之间互动的最亲密也是最团结、最配合的事件。三是丧例，主要是家族成员有人过世，或者家族男性成员的配偶的父母过世，家族内部成员之间的礼节互动。如果是家族成员有人过世，则如同婚事一样，家族成员之间是密切分工合作的，各司其职。如果是配偶的父母亲过世，则家族内各家户必须派出代表前往吊丧，一般也是100—200元。这种交往仪式已经是家族内部成员之间交往的一种惯例。

互助仪式，主要是指家族成员之间的互帮互助，但并不如祭祖仪式和交往仪式那么具有固定性和稳定性。一般是指家族内部存在的借贷关系、劳动工具上的交换使用、农活上的互助、日常生活上的相互照应，还包括上面所提到的婚丧方面的互助合作。如兄弟家里盖房子，家人不在，相关兄弟便帮忙照看。

除以上之外，陈村家族内部之间并不存在基于家族利益的共同行动，家族仅仅是作为一种仪式，存在于人们的传统观念里，并不直接约束和支配家户成员其他方面的行动。在很多层面，家族内部的家户都是独立的，如祭祖中所反映出来的，每个家户都是自己点燃鞭炮，都是自己向祖先祈福，虽然形式上是聚合的，其实在每个家户观念里，彼此都是相对独立的。所谓的交往仪式，也并不是大家都愿意去做的，只是这是祖上留下的规矩。不遵守这套规矩，就会成为其他家户日常的笑柄，在很多方面被家族的亲戚圈所孤立和排斥。这样的结果是不仅自己家户的形象受损，而且也失去了家户在村庄内的地位与威望。那么具体到陈村家族内部，家户之间到底处于一种什么样的关系呢？

从20世纪60年代到90年代初，陈村最有影响力的家族是以陈永傲家户为核心的三兄弟家族，包括亲弟弟陈永光家和堂弟陈永林家。陈永傲的爷爷是前清时的秀才，如同基因遗传一样，陈永傲这一代人都能说会道。20世纪60年代到1982年，陈永傲一直担任陈村的小队长，"性格坏"，又能说会道。所以，村里的人都怕他，包括他本家户的人也怕他。陈永傲在家里是排行老二，除了弟弟陈永光外，陈永傲还有一个姐姐和两个妹妹。家里的事，都由陈永傲做主，是一个切切实实的有权威的家长，村里家里都是他说了算。因此，陈永傲在世时，这个家族确实是个有威望的家族。

但在陈永傲的儿媳妇慕氏看来，陈永傲"只顾自个家"。这个"自个家"意味深长，主要是指陈永傲所在的这个独立家户，而不包括分家出去的儿子以及兄弟家户。据慕氏回忆，陈永傲持家很小气，家里所有的钱都被陈永傲装在自己衣服的口袋里，尤其是冬天，这些钱被包裹得里三层外三层，被他"抓"①得结结实实。任何家里的人想要支出钱，都必须经过他的同意，且经过他的手。当年弟弟陈永光病倒没钱治，家境宽裕的陈永傲就是不愿意借钱给陈永光家，最后陈永光和其大儿子病死。陈永光的小儿子也被迫离开了村庄，出去谋生了。陈永傲妻子过氏的哥哥过全喜，家境窘困，年轻时常年在陈永傲家做工，直到后来成了家。在闹饥荒的那个年代，过全喜没有粮食养活两儿一女，就常来向陈永傲求助。陈永傲每次都以"自个家里也不充裕"为理由拒绝，导致过全喜两个儿子活活饿死。而在慕氏看来，当年的陈永傲根本就不缺口粮。

而对于堂弟陈永林来讲，正是陈永傲的这种"只顾自个家"的小气，使得两兄弟间有了隔阂。在慕氏看来，陈永林也不是什么好人。陈永林在新宅地建瓦房的时候，就故意将自家的屋脊比陈永傲给儿子们盖的新房抬

---

① 抓，本地方言，意思是小气，牢牢扣住。

第三章 日常生活中的农民行为动机 ·89·

高半尺。屋脊抬高意味着，低屋脊家的风水就不好，可能影响子孙后代的福气。陈永傲因此事同陈永林吵了一架，但陈永林并不怕陈永傲。早年陈永林家境不好，陈永傲家也不关照，到了结婚的年龄也没有个媳妇。直到后来，陈永林从外地弄了个四川媳妇回家。成了家，有了女人，陈永林更是不怕陈永傲了，对陈永傲的子女也不客气。在陈永林看来，现在有了媳妇，成了一家人，以后肯定比陈永傲过得好。陈村人将这种想法称之为"心腔高"。有一次，陈永傲儿媳慕氏家来了客人，凳子不够坐。慕氏就到叔叔陈永林家借，结果陈永林站在凳子边，对着慕氏吼道"没有凳子，凳子被老鼠（zú）叼走了"。慕氏气得扭头就走，好几年都没跟陈永林讲过话。

陈永傲有三个儿子，分别是大儿子陈凤章、二儿子陈凤腊和小儿子陈凤根。20世纪80年代初，陈永傲因为肺结核从小队长退下来以后，陈凤章接了父亲的班，成了小队长。三个儿子没有像父辈一样具有能说会道的本领，也没有父辈那种强势的性格。所以，陈永傲去世以后，陈永傲家族在陈村就没落了。大儿子陈凤章在陈村是个老好人，什么事情都是先替别人想。在兄弟之间虽为老大，却没有什么权威。二儿子陈凤腊倒是继承了陈永傲的坏性格，但只是对家里人不讲理。年轻时和成家之后，陈凤腊老是跟父亲作对。因为同父亲的矛盾，陈永傲看病的钱，陈凤腊也从来不出，甚至当着父亲的面撕了手中的钱，还语出"撕毁了，都不给你"。有一次，陈永傲打了陈凤腊，陈凤腊气得说出了"你死了，我都不会看你一眼"。果不其然，陈永傲临终前，唯独陈凤腊没有过去同父亲见最后一面。面对老二陈凤腊的不讲理，作为老大的陈凤章也没有说什么，在他看来，交不交钱，看不看爹，那是陈凤腊家的事情。陈凤根性格硬一些，分得清是非，不跟别人胡搅蛮缠。小时候不知为什么，陈凤根同陈凤腊，虽然睡在一张床上，但就是不讲话。村里人都很纳闷。直到两人成家以后，很长时间才开始有了交流。所以，陈凤根同大哥陈凤章的关系较近一些，因为他觉得大哥是一个好人，小时候家里的重活累活都是大哥一个人挑起来的，他尊敬大哥。

陈凤腊家的东侧就是陈凤章家，两兄弟是邻居。陈永傲生前在老大和老二房子的中间给自己留了一间房子。宅基地登记那会，陈凤章就问过陈凤腊要不要父母住的那块宅基地。由于当时的政策要求每年要交宅基地使用费，陈凤腊夫妇就没有要。这块宅基地就登记到老大陈凤章家的宅基地证上了。碰巧的是，交了两年的宅基地使用费后，政府就取消了这项费用。2011年，两家准备盖楼房，陈凤腊找到老大陈凤章，要平分父亲留下的房子的宅基地。这样的话，自家的楼房就可以宽敞一些，且院子也会大一些。陈凤章家可不同意，慕氏的理由是"当年登记那会，问你要不要，你怕交钱，你不要。现在又想要了，给你分了，以后子女那不是要闹矛盾，让一点倒是可以。"在慕氏看来，不让他也可以，因为这是自己的宅基地，让一点给他算是人情，毕竟是一家人。同时，陈凤章自家有两个儿子，加上父母的那间正好可以盖四间的楼房，一个儿子两间。索要不成，陈凤腊开始耍无赖，就是认为这宅子是父母留下的，必须平分。后来陈凤章家东边的邻居陈敬富就跟陈凤腊讲，"你就是打官司也没用，地在陈凤章家的宅基地证上。"之后，陈凤腊就不再闹了，同意陈凤章家让给自家两尺宽的宅基地，但也从此记恨在心。

矛盾解决了，两家也开始筹备盖楼房了。但意料之外的事情也发生了。陈凤章家和陈敬富家之间有一个宽四尺的"胡（gú）同个"。[①] 其中一半是陈凤章家的，一半是陈敬富家的。两家都同意各留半尺，其他的都建房子用。扎宅基地的时候，陈凤腊要求陈凤章再留给他家半尺，理由是陈凤章家可以将剩下的半尺都用上。陈凤章不同意，理由是陈敬富家留了半尺，自家也得留半尺。一方面这是村子里的惯例；另一方面自家的屋檐滴水也不会流到陈敬富家，避免两家的纠纷。陈凤章的表态，让陈凤腊十分恼火。加上之前的记恨，陈凤腊叫嚣道"人家你都给让，亲兄弟你都不让"。说着从地上捡起了半截钢筋，扬起来要打陈凤章。陈凤章也急了，并觉得老二不讲理。他走到老二的身边，气愤地说"给你打，我看着你打"。陈凤章认为，老二陈凤腊不会真的打他，因为毕竟是亲兄弟，且自己还是大哥，这在村里是犯忌讳的。意想不到的是，陈凤腊竟然挥起钢筋打了陈凤章。工地上的人赶紧上前拉架。老三陈凤根闻讯后，赶紧跑过来，大骂老二不要脸，欲冲上前打陈凤腊，被村里人拦下。陈凤腊还扬言"打死你，我赔你命"。这时，"唱红脸"的陈凤腊媳妇柴氏见状开始假装骂陈凤腊，并建议自家出钱带大哥去医院检查。这样至少让村子里的

---

① 本地方言，指"巷道"的意思。

人觉得家里还有一个懂事的人，不至于丢人丢得让人家背后戳脊梁骨。

检查后，陈凤章断了两根肋骨，柴氏愿意出医疗费用。陈凤章的小儿子闻讯后要回来打二叔，大儿子建议打官司让二叔蹲监狱。闻讯的亲戚们开始做陈凤章两个儿子的工作。陈凤章的姑姑陈永兰"好说歹说"①地说服陈凤章家不要将事情闹大，打了也就打了，毕竟是亲兄弟，闹下去是给外人看笑话。同时，亲戚们也都指责陈凤腊不懂事，让陈凤腊去道个歉。陈凤腊依旧不依不饶，扬言"告吧，我让他告，打伤了我有钱，上法庭我就去坐牢"。柴氏倒是显得"知情达理"，天天向陈凤章一家赔礼道歉，当着陈凤章一家和村里人的面骂陈凤腊不是东西。在亲戚们的劝说下，陈凤章一家也就没有追究，毕竟是亲兄弟，柴氏也道了歉。但两家基本上不怎么讲话了。

随着时间的推移，陈凤腊也慢慢意识到自己犯的错误。两个女儿出嫁也需要大哥家的帮忙和张罗。如果找外人帮忙，那只能说明家族里没人了（意味着"亲人都过世了"），但家族里老大、老三都在。为了不让别人家看笑话，不让男方家看笑话，陈凤腊借此机会，主动同老大陈凤章讲话了，这也意味着陈凤腊认错了。但两兄弟家的隔阂并没有因此减轻。虽然在村庄礼俗上，两家还在走动，但心已经不是"一家人"了。名义上的家族，其实是一个个独立的家户，家族形态只是一种表象，存在于仪式化的礼俗里。在外人看来，这是一个家族，但是在他们自己看来，各家都过各家的。

陈永傲家族在陈村的没落是伴随着陈永傲这个强势人物的去世而出现的。紧接着这个家族成为陈村有头有脸的家族的是陈永炼家族。在陈永傲当小队长的时候，陈永炼是会计。同陈永傲一样，陈永炼退下来以后，将小队会计交给了四儿子陈凤达。陈永炼有五个儿子一个女儿。老大陈凤辉，有一门修理电器的手艺，家里过得还不错，是20世纪90年代陈村最早用上电视机的人家。老二陈凤腾，当过兵，退伍后给别人开车，每月的工资在陈村村民看来是非常高的了，也是20世纪90年代中后期陈村最有钱的人家。用陈村人的话来说，"人家一年四季的衣服，从来都是新的，没有旧的"。这让很多家户羡慕。老三陈凤皇由于没有讨到媳妇，很早就

---

① 本地方言，指"苦口婆心"的意思。

出门打工了。老四陈凤达是小队会计，又会做人，家里过得还算殷实。老五算是没有出息的，但人很正干，平时喜欢四处抓个野鸡、野兔，逮个黄鳝、泥鳅、老鳖之类的野物，到集市上贩卖。陈永炼唯一一个女儿嫁到了镇上，在镇上做生意，卖衣服、凉菜以及肉类等。村子里的人上街赶集，有需要的东西都会去她那买。在当时的陈村人眼里，能嫁到镇上，那就是"享福"去了。

早年陈永炼家很清苦，在老宅基地上只有三间土屋（其实是一大间）。家里还有一个得了癌症的老母亲。老大、老二结婚之后都是一大家子挤在一间大屋里。老二和老二媳妇那时睡在一起，就是拉了一块布帘。老四和老五只能睡在草房里。直到各个儿子结婚分家之后，陈永炼家族才逐渐有所起色，并逐渐取代陈永傲家族成为陈村最有权威的家族。而这所谓的"权威"主要源于三个方面：一是子女多，尤其是儿子多，这本身在陈村就意味着家大业大，也意味着这个家族可以在陈村抬起头走路。二是源于三个儿子，大儿子的手艺、二儿子的财富、四儿子的权力。三是源于镇上的女儿。在 20 世纪 90 年代，村里的姑娘能够嫁到镇上是一个农村家族莫大的荣誉，是"祖坟冒烟"，不论所嫁的人家事实上是穷还是富。这意味着自己女儿不再种地，已经成为区别于"乡下人"的生意人。在当时的陈村人看来，这样就是"城里人"了。在陈永炼家族看来，这是整个家族的荣耀，让整个家族在陈村都有了颜面，且高人半头。

表面上看似很风光的家族，其实内部并不团结。老大陈凤辉是陈村里公认的好人，修理电器属于自学成才。可惜的是，不到 40 岁就生病去世了，撇下了两个儿子一个女儿。陈凤辉去世以后，家里子女并没有得到几个兄弟家户的关照。三个孩子完全是由陈凤辉的妻子拉扯大。大女儿因为交不起学费辍学。大儿子陈林是当时陈村公认的成绩最好的学生，由于临场发挥失误，没有考上公费蒙城县第一中学。几个兄弟都不愿意借钱供陈林读书，陈林最后放弃了自费读书，也放弃了复读，出门打工去了。

老大的去世，让老二陈凤腾成为了家族的领头人。但这个领头人只是对于外人来讲的，比如村里有人家女子出嫁，往往都是找陈凤腾。因为在陈村，排行的大小在一些正式场合是有代表意义的。而对于本家族的人来讲，这个领头人就不一定被认可。在 90 年代，陈凤腾家很有钱，但是从来都是用在自家上。有几次，老三陈凤皇"买媳妇"需要钱周转，陈凤腾都置之不理。老三一气之下，出门打工好几年，自己挣钱在外地找了一个"半路的"。这也使得老三直到43岁才有了自己的孩子，并记恨二哥陈凤腾。不仅如此，"有钱"的陈凤腾一家看不起几个兄弟家，尤其是老五陈凤吉家。陈凤吉没有什么手艺，家里的地又少，所以家境一直很贫困。除了依靠6亩多地解决温饱以外，陈凤吉主要是通过抓一些野生的东西贩卖而得以维持家计。除了二哥陈凤腾家外，几个哥哥家，甚至连父亲陈永炼都看不起陈凤吉一家，他们打心眼里觉得陈凤吉就不是本家族的人，还经常在言语上进行侮辱。面对陈凤吉的孩子们，几个兄弟家的家人都会在村庄的公共场合进行欺负和辱骂，包括"很（kén）吃嘴"① "没出息""死孩子""不要脸""滚一边去"等。因此，陈凤吉一家虽然紧邻老二和老四家，也很少同他们走动。家族对陈凤吉家户的敌视根源在于其家户的贫穷。在家族内部看来，陈凤吉拖了整个家族的后腿，让整个家族蒙羞。但是家族内部每一个家户，又不愿意"伸出手来拉兄弟一把"。每个家户都在盘算着自家的小算盘。

2012年5月，三家相邻的陈凤腾、陈凤达和陈凤吉都开始建楼房。这次建房事件，让三家本已掩藏的矛盾公开化。陈凤吉家本来是没有钱盖楼房，由于房子同陈凤达家是同脊，所以陈凤达要建新楼房，陈凤吉也必须硬着头皮跟着建。陈凤吉家建楼的钱，有一半是从其妻的娘家亲戚借的。相反，本家兄弟却没有一个愿意帮忙的。正当房子如火如荼地建设中时，老五媳妇发现了一个问题，同样的三间宅基地，陈凤达家房子的"肩夹个"② 好像比自家的宽。老五媳妇找工人量了一下，原来陈凤达家的房子占了自家宅基地的半尺。老五媳妇气坏了，立马找到陈凤达理论，陈凤达说自己也不知道怎么回事，把责任推到施工队。施工队可不愿意承担这个责任，直接对老五媳妇说："当时是陈凤达说可以的，我们才下的地基，我们以为你们都没意见呢。"这时的老五媳妇，才认识到原来是老四陈凤达背后使的坏。

老五媳妇大骂："我X你娘，你看不起人，你背后使坏！你妈得

---

① 本地方言，意思是"小孩子好吃"。
② 本地方言，意思是楼房正面的宽度。

个 X，俺家穷，也没有吃你家一粒米，占你家一分地。你欺负人，也不带这样欺负的。"

陈凤达："你妈得个 X，你骂谁。你给我讲清楚，谁背后使坏了。"

老五媳妇："谁背后使坏，谁心里清楚。你们都看我们家来人死完了，你们就开心了！多占的给我还回来，扒了重盖！"

陈凤达："扒你妈得个 X 扒。我看谁敢扒"。

话音一落，老五媳妇拿起"抓口"①，就要往楼上扒。陈凤达见状，立马抓起身边的铁锨，要去打老五媳妇。

陈凤达："我打死你个 X 日得"。

周围的工人马上围过去进行阻止。一向老实巴交的陈凤吉也按捺不住了。同陈凤达大吵了起来。被周围的工人和村里人拉开了。

自知理亏的陈凤达媳妇，却没有怎么激动。

陈凤达媳妇不快不慢走过去："浩浩妈（老五媳妇），你看房子占都占了，不可能扒倒重盖。多占的地，俺家从院子里留给你，总该行了吧。都是一家人，骂来骂去多难听。"

老五媳妇据理回应："你家量的时候，跟俺家商量了没有？你们都看不起人。俺家的人还没有死绝呢。"

在村里的人劝说下，两家最后达成协议：陈凤吉家以后拉院子，陈凤达家让出半尺。两家的纠纷至此基本消解。然而，因建房而引起的另外一场纠纷紧随而来。2013 年初，三家准备盖"锅屋"②。原本三家商量，都盖一样高的。在陈村，房屋的高矮是关乎家户风水的，是每个家户都重视的。所以，一家盖屋，周围的几家都盯着，生怕房屋的高度超过自家。陈凤腾家本来就自认为高几个兄弟一头，看不起几个兄弟，当然也看不起其他农户。所以，他在盖锅屋的时候，故意将锅屋的高度盖高了一些。这样做的意图就是保证自家的风水比老四和老五家旺。而在老四、老五家看来，房屋低，意味着以后家里人畜不旺，多灾多难。为此，老四、老五同

---

① 抓口，本地的一种农业生产工具，2 米长的木质把手，前端是两铁质的齿状物。
② 本地方言，意思是"厨房"。

老二陈凤腾吵了一架。但是陈凤腾是后盖的，就是不同意将房屋的高度降下来。最后没有办法，陈凤达和陈凤吉不得已在已经盖好的锅屋顶上再加一层水泥，达到和陈凤腾家锅屋一样的高度。

兄弟之间基于各自家户的利益，明争暗斗，使得陈永炼家族分崩离析。不仅如此，伴随着陈永炼女儿的病逝、陈凤达从小队会计的职位上退下来以及陈凤腾家户的衰败，2000年初，陈永炼家族在陈村的话语权已经基本消解，取而代之是陈永精家族。单论财力，陈永精家族是21世纪之后陈村最有影响力的家族。

陈永精同陈永炼本是堂兄弟，在70年代以前算是一个家族里的两个兄弟。但在陈永精家最困难的60年代与70年代，陈永炼并没有伸出手来拉这个兄弟一把。各自都忙于家户的生计彼此之间就逐渐淡化了这层同族的关系。陈永精的父母也就在这个特殊时期，离开了人世。陈永精也有五个儿子，分别是老大陈凤平、老二陈凤地、老三陈凤声、老四陈凤其和老五陈凤雷。在陈村人看来，如果不是老四陈凤其，陈永精老两口早就死掉了，陈永精这个家族也早就垮掉了。

陈凤其是陈永精家族学历最高的，大专毕业。在当时的陈村，也算是最有学问的人。毕业后头两年，陈凤其并没有找到什么体面的工作，在郑州的一家小钢材公司做推销员。因为其工作踏实，能力出众，被公司老板看上，成为了上门女婿。之后，陈凤其在岳父的资助下，成立了自己的钢材公司。正赶上那几年钢材价格暴涨，成功发家。那时，陈永精夫妇因为早年劳累过度已经重病不起，幸亏老四陈凤其有钱将其转移到郑州治疗，才保住了命。成功发家之后，这些兄弟不断地前去投靠。老大陈凤平由于能说会道，负责公司的业务拓展，老二陈凤地和老三陈凤声负责公司的销售，老五陈凤雷负责公司的财务。随着业务的不断拓展，老五陈凤雷独立出去，成立了自己的公司。在老四的资助下，每家每户不仅都在郑州买了房子，还在老家盖起了楼房。表面上看，这个家族风光无限，兄弟团结。但实际上，内部的家户矛盾也同样蚕食着这个家族。

在陈凤其读书那些年，陈永精家里经济十分困难。家里的五个孩子，每个都要成家。为了能够给老三、老四和老五娶媳妇攒钱，陈永精老两口不仅生活节约，而且还在分家时，多扣了老大和老二的粮食。先成家的老大和老二为了能多分一点家产不断地同陈永精夫妇吵架。尤其是老二媳妇，经常辱骂老两口，"没有本事，就不要生这么多兔崽子"。老四看不惯老二媳妇的行为，就经常同老二媳妇吵架。有一次，老二媳妇抓住老四的头发就是一顿暴打，还拿起板凳砸了老四，差点要了老四的命。老二媳妇看不起老四，是因为在她眼里老四就是一个书呆子，以后不会有出息，最后还得跟自己家抢家产。同时，老两口对于老四的偏爱，也是老大和老二等不满的地方。在老大和老二看来，分家时父母的克扣，就是偏向老四，为了老四上学。老大和老二结婚以后，陈永精经济更加拮据。四里八乡都知道他家很穷，也没有人愿意给老三陈凤地说媳妇。两个成家的哥哥，也各守自家的钱罐子，不愿意借钱给父母。直到34岁，老三在大姐的帮助下进了镇上的派出所，才凭借一身制服"骗"回来一个媳妇。老五在外面当兵好几年，回家之后也是一直单身。直到老四发家之后，陈永精这个家族才算消停，老五也才有了媳妇。

　　陈凤其的发迹，让几个兄弟一夜之间都"抱了团"。媳妇们也开始变得孝顺了。尤其是老二媳妇，以前一看见老两口就骂"死老妈（mǎ）个"①和"死老头个"，现在都是带着笑脸迎上去，一口一个"俺妈俺爸"地叫着。而事实上，老四帮助四个兄弟发家，也并没有消除兄弟之间的家户成见。首先是，老四逐渐发现老大陈凤平在做业务时，经常瞒报私报，偷拿了自己不少钱。找到证据之后，将陈凤平大骂了一顿，还打了陈凤平一巴掌。在老四看来，他这么重用老大，还帮老大买了房子，结果老大还偷他的钱，这是不可原谅的。对于陈凤平而言，老四打了自己的脸，这在陈村是多么大的耻辱。一气之下，老大陈凤平离开了公司，回家休养去了。面对村民的疑问，老大就说是腰肌劳损，回家休养一段时间。老四后来也意识到自己的错误，但又不放心再使用老大，就给老大道了歉，请老大做了自己的司机。但两兄弟之间的隔阂也逐渐加深，后来老大还是离开了老四去了妹子的公司帮忙了。老四是一个记仇的人，当年老二和老二媳妇对自己和自己父母做的那些事情，老四依然记忆犹新。所以，老四一直都让老二做一些销售上的苦力活。这样就更加剧了老二家和老四家的矛盾。干了两年后，老二就回家种地了，但是老二媳妇还是不依不饶，理由是老四给其他几个兄弟家什么，就得给她家什么。由于老三、老

---

① 当地方言，一般是媳妇骂老婆子的话或者晚辈骂年龄大的女性长辈的话。

四和老五就四间屋的宅基地,① 所以,老四出钱在四间屋的宅基地上盖了一栋别墅,由三家共同使用。老二媳妇看不下去,跑来同老四闹,"大家都是兄弟,为什么帮老三和老五盖房子,不帮老二盖房子"。无奈之下,老四决定老大和老二盖楼房的钱,他出一半,这才压住了老二媳妇的怒火。

在老四的帮带下,如今几个兄弟家过得都不错,在外人看来的兄弟团结,其实也充斥家族内部家户之间的明争暗斗。在老四看来,正是因为他的发迹,带动了整个家族的繁荣,所以家族里的事情都基本上听他的,他从这种家族服从中弥补了当年被兄弟、嫂子们驱打的伤痛。而对于这些兄长而言,必须要摆脱对老四的服从。因为老四毕竟是老四,小弟必须听兄长的,而不是兄长要听小弟的。所以,在陈村日常生活中,老大和老二显得更加积极与活跃,试图彰显各自在这个家族中的长者地位。

从以上陈永傲家族、陈永炼家族以及陈永精家族的基本情况来看,除了仪式化的家族活动,陈村家族内部无法产生基于集体行动的家户合作。在日常生活中,家族形态是以一个个独立的家户呈现出来的,家族内部的每个家户都在追求自我家户的利益,而非家族的利益。家户利益是完全独立于家族利益的,家族也没有在日常生活中发展成为一种支配和约束农民行动的一种制度和规范。每个农民都在根据自己家户的利益需求来调整自己家户同家族内部其他家户的关系。在陈村,家族主义的逻辑更多的是存在于农民的观念文化层面,其本质上是一种家族主义的理想。

从理论层面看,家族主义是中西方学者关注中国基层社会结构的一个焦点。在黑格尔、魏特夫、韦伯等人看来,中国国家政治的核心精神就是家族精神,要了解中国的社会秩序就必须首先了解中国的家族制度。黑格尔将中国称之为"父家长制的家族国家",马克斯·韦伯将中国政治特色概括为家族国家,而日本学者们甚至将中国的政治秩序概括为家族秩序。② 所以,一直以来,西方学者认为中国国家政治与秩序的基本结构就是家族主义。这种认知主要来源于三种研究:一是对于封建王朝政权特征

---

① 在陈村,一家人的基本宅基地是三间屋的宅子,三家人就需要9间屋的宅子。
② [日] 尾形勇:《中国古代的"家"与国》,张鹤泉译,中华书局2011年版,第7—57页。

的研究，即"家国一体"的政治体制；二是对儒家政治文化的研究；三是对中国大家族的研究。它们分别从制度层面、文化层面与实践层面证实了中国政治的家族主义特征。

可是，这种家族主义并非能够真正代表中国农村社会的秩序结构。首先，儒家政治文化的国家观是一种理想的制度设计，并被统治阶级复制到皇权实践中，是为皇权统治服务的。而真正意义上的底层社会实践则出现于宋以后国家政权对家族文化的推崇。[①] 但这种推动也只是一种地方秩序的理想追求。其次，关于中国地方大家族的实践形态，一方面它为数极少，并不具有整体代表性；另一方面它也不是中国传统农村社会的基本家庭组织形态。当前关于中国农民家庭的历史统计研究已经证实了这种结论。中国农民的基本家庭结构是独立的核心家庭和主干家庭，而并不是学界一度流行的建立在"同居共财"的大家族或氏族。[②]

但这并不否认中国农村家族形态的存在以及中国农民有发展"大家族"的理想和家族认同的理念。这是中国几千年儒家政治文化教化的结果。一旦条件与环境成熟，中国农民会选择发展家族。但是"诸子均等""分家析产"以及"家户制传统"等地方性知识不断冲击与撕裂着农村家族的发展。农村家族在本质上是从独立的家户中产生，并又不断分化成独立家户的过程。家户是一种实体形态，而家族是一种理念形态，它存在于农民的亲缘认同世界里，是一种文化认同。所以，在中国农村的研究中，以家族为单位虽然具有可供参考的案例，但并不能构成一个独立的具有普遍意义的实体单位。农民遵循的是家户理性，追求的是家户利益。在例如战乱和大灾难等特殊的历史时期，农民对于家族的需求，其实是基于对家户利益的保护而作出的理性选择。家族的出现在中国农村只是一种家户利益需求的方式，而不是一种历史常态。家户才是中国农民基本的常态的行动与利益单位。

---

① 庄孔韶：《银翅——中国的地方社会与文化变迁》，生活·读书·新知三联书店2000年版，第309页。

② 杜正胜主编：《中国式家庭与社会》，黄山书社2012年版，第9—29页。

四 市场化、消费与货币理性

在个人交往、村庄共同体以及家族行动之外，当前影响农民行为的另外一个重要因素就是市场。以市场为视角的研究，早期多是以实体形态的"市场"研究近代中国农村及其农民行为，典型的代表就是施坚雅提出了基层农村市场共同体。[①] 但是从陈村的实际情况来看，这种市场共同体行为并不存在。相对实体形态的市场，以虚拟形态存在的市场——市场化，则确实存在，且对村庄内部的农民行为产生重大影响。毛丹认为，改革开放以来，我国农村社会越来越被卷入市场经济以及市场社会的建构过程。[②] 郎友兴则认为改革与市场是农村政治变迁的逻辑与动力。改革属于国家行政力量的嵌入，市场属于社会力量的渗透。[③] 毛丹和董磊明共同认为是市场经济最终造成传统村落共同体的解体，并导致农村权力结构与基础的变迁。[④] 以上都是从市场化的视角来研究中国农村政治与社会文化变迁的角度。而从市场化的角度来研究农民行动的转变则主要是贺雪峰、徐勇与邓大才等人。贺雪峰认为2000年以来，在市场化的推动下，市场伦理和市场逻辑正在替代传统的乡土伦理与乡土逻辑。[⑤] 而徐勇和邓大才则通过"社会化"代替"市场化"的方式，具体提出了"社会化小农"的分析框架。"社会化小农"分体框架将当前中国农民的行动动机概括为货币压力之下的可支配收入的最大化，即农民的行为动机是追求货币收入的最大化，遵循的是货币理性。[⑥] 这一动机来源于农村市场化过程中消费膨胀导致的货币支出压力。那么，在陈村，农民的日常行为的动机是否是追求货币收入的最大化呢？他们遵循的是不是货币理性或者市场理性呢？

市场化对陈村的影响是深远的，这种影响是从农民商品消费的膨胀开

[①] 陈明：《从"社会化小农"到"消费小农"——基于中国农村市场化进程的思考》，《西北农林科技大学学报（社会科学版）》2015年第5期。

[②] 毛丹：《村庄的大转型》，《浙江社会科学》2008年第10期。

[③] 郎友兴：《改革、市场经济与村庄政治》，《浙江社会科学》2010年第11期。

[④] 董磊明：《从覆盖到嵌入：国家与乡村1949—2011》，三农中国网，2012年12月11日。

[⑤] 贺雪峰：《村治模式——若干案例研究》，山东人民出版社2009年版，总序第4页。

[⑥] 徐勇、邓大才：《社会化小农：解释当今农户的一种视角》，《学术月刊》2006年第7期。

始的。20世纪90年代中后期以前，陈村依然还保持着传统农村半自给自足的特征。在家户食物消费上，除了盐等调味制品以外，陈村农民基本上是自给自足的。面粉、大米等都是自家留下的口粮然后到固定的家庭磨坊进行生产的。食用油也是自家的大豆到家庭油坊进行压榨的。馒头、面条等也都是自己手工做成的。日常食用的蔬菜是自家菜园里种植的，食用的肉类等也基本上是自家养殖的家禽。所以，那时候的陈村每个家户都有自家的菜园，都养殖鸡、鸭、鱼、羊、猪等。同时，村庄内部的"公家的"土地上，也为农民的日常食物提供补给，如"野树林"里的木耳、鸟类，荒地上的野菜、地菜皮，荒沟里的鱼类等等。其中，一般4—8户人家还会承包鱼塘。在衣物消费上，陈村人日常所穿的衣服和鞋子，多是自家做的或者买了布料找村里的裁缝缝制的，通常都是过年或者过节的时候，一般家户才会添置新衣服、买新鞋子。那时候陈村农民家户生活的基本结构，可概括为如图3.4所示。

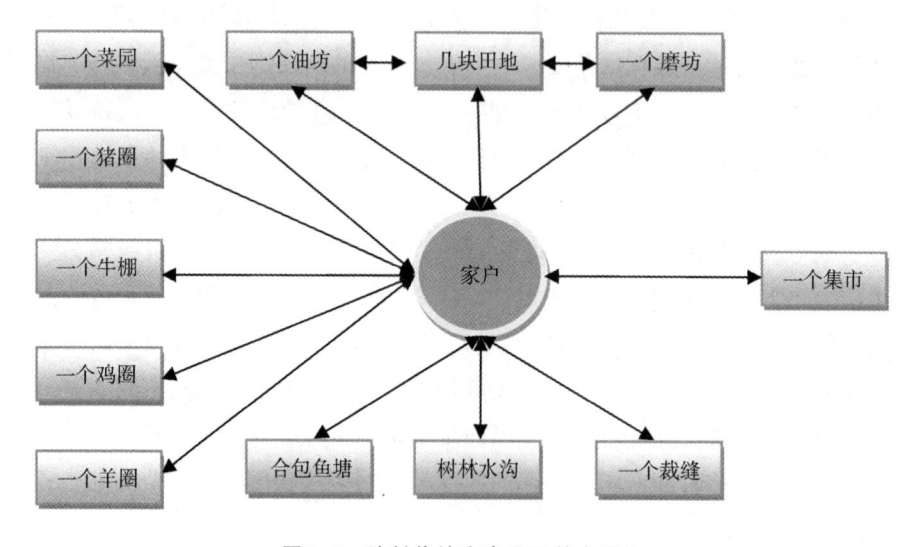

图3.4 陈村传统家户生活基本结构

然而在这种半自给自足状态下的生活中多数家户是处于温饱与贫困的状态，常年要为家庭的日常开支奔波劳累，这些开支主要包括人情交往、子女教育、农药化肥以及政府的提留公粮等。以陈凤章家为例，一年中陈凤章家要负担的费用包括：两个孩子的学费、养猪养牛的饲料成本、农药化肥与种子、日常医疗费用、添置新农具的费用、农机的油费、国家的农

第三章 日常生活中的农民行为动机

业税与费、村里的提留、日常的生活开支以及人情开支等等，一年下来剩不了多少钱，那还是大部分时间吃咸菜馒头，从嘴里和手里一点一点抠出来的。如果家里人不会过日子，那基本上都是维持日常生活，不会有余款。

20世纪90年代中后期以后，伴随着市场经济向中国农村的嵌入，农村市场化的快速推进，彻底改变了陈村人的日常生活。原有的自给自足的生活慢慢消失了，陈村农民日常生活开始转向对市场的依赖。首先到来的是农机具的推广和盛行。80年代中后期，陈永傲家是唯一的拥有手扶拖拉机的家户。到了90年代以后，手扶拖拉机开始在陈村风行，几乎每个家族里都有一台。伴随而来的是小型收割机的出现。90年代中后期，四轮拖拉机开始出现，陈凤章家是最早购买四轮拖拉机的家户，当时一台江淮牌的拖拉机是9600元，倾尽了全部储蓄。之后，很多家户也都随即购买了四轮拖拉机。与此配套的灌溉设施、播种设施、耕作设施等也随之在陈村风行。农机具的消费成为陈村家户一项十分庞大的开支。其次是农村家电的快速进入，陈村在90年代早期之前，只有陈凤辉家有电视机，村里人看电视都是聚在一起。90年代中期以后，电视机尤其是彩色电视机在陈村迅速出现，电灯、电风扇、VCD等等也逐渐成为一种必需品，每家每户都在努力节约攒钱，为添置这些新的家电而省吃俭用，硬性消费品在陈村的出现，成为农民家户一个巨大的货币压力。最后是日常生活的市场化，包括衣服鞋子、桌凳椅子、柴米油盐等等，农民日常生活的几乎所有用品都依赖于基层市场的供给。而这一切都源于国家对于农村市场的开放。农村市场化使得农民的生活变成了市场的消费行为。然而现有的收入结构又无法满足家户的这种消费对于现金货币的需求。于是，伴随着市场化而来的便是农民的外出务工。农民开始走出村庄，走向城市，开始出现了大规模的艰辛的"打工潮"。在陈村最早外出务工的陈凤章、陈凤达和陈凤吉三人1994年去上海打工，半年回来后，陈凤章带回来了400块钱，家里人还欣喜若狂。陈村大规模的外出务工出现在2004年以后，几乎所有的中年男性都外出务工，然后将挣回来的钱再次投入到新的消费品的购买与支出中。

伴随着人们日常收入的提高，人情支出、婚嫁支出与教育支出的成本也迅速提高。以丧事为例，90年代的时候，一般朋友关系的礼金是10

元，亲戚的礼金是 20 元，而到了当前，一般朋友关系的礼金是 100 元，亲戚都是 200—500 元，有些至亲都是 1000 元以上。在婚嫁上，90 年代的婚嫁，男性方面的整体花费是 3000 元以内，女性的陪嫁也主要是自行车、电视机、录音机、100 元左右的手表和基本的生活用具。而在当前，男性娶一个媳妇的成本是 8 万到 15 万之间，还不包括房子。女方的陪嫁则包括平板电视、空调、洗衣机、电动车（或小轿车）、一套组合壁柜、笔记本电脑、组合沙发等等，已经基本和城市无异。更让陈村家户陷入货币缺口张力的是 2008 年以后的"楼房热"，每家每户都在准备盖新楼，2008 年，两层的楼房是 10 万—14 万元，当前的价格则是 12 万—16 万元。所以，在陈村一旦家里要盖楼房或者有儿子结婚，那这将直接导致家户经济上的破产，一般家户的债务都在 4 万—6 万元之间。而子女的教育成本也是非常之高。虽然表面上国家免除了小学至高中的学费，但是伴随着农民对于子女教育的重视，反而选择将子女送往县城读私立的小学与中学。以陈永金家小儿子在蒙城县一小学的费用来看，封闭式教学每个学期的学费是 3000 多，而每个月的个人花销则在 1000 元左右。现在在农村开始出现幼儿园，一个学期的学费也在 600 元。为了子女的婚姻、教育与楼房，每个家户都在费尽心机地挣钱。

  从以上的情况来看，在 90 年代及其以前的半自给自足的状态下，陈村农民的行动同市场之间并没有多大的关联，基层市场共同体并不存在于这里。即使是在市场化如此强大的今天，农民的消费行为也不是基于基层市场共同体的，而是基于虚型形态的市场化，也即市场消费行为。伴随着农村市场化带来的乡村流动性的增强以及商品消费对自足经济的全面取代，现代性的流动与消费，打破了传统农村社会赖以生存的时空观念。进入 21 世纪以后，陈村社会开始从生产时代快速进入消费时代，其标志是农民基本生活需求的满足几乎全部来源于市场供给，包括食品、粮食、衣服、生产过程、劳动力需求等等，进而出现农村社会家庭内部对货币收入的强大需求。在这一时期，社会化小农的提出具有一定的解释性，至少在经济行为层面，农民的行为是基于对货币的需求。而在社会层面，也具有这方面的动因。农民理性更加趋向于经济理性或者说市场理性。已有的研究也认为中国农村传统制度、规范与道德体系即使在人民公社与文化大革命这种特殊时期也没有被取代，正是市场经济最终造成传统村落共同体的解体，并导致农村权力结构与基础的变迁。①

在农民消费膨胀的背后，农民的行为是否是基于市场理性，追求货币收入的最大化呢？事实上，陈村农民货币需求的膨胀虽说市场化是直接原因，但不是根本原因，而在经济层面，农民的行为动机表面上是对货币收入最大化的追求，其实本质上并非如此。在这些现象的背后，隐藏的是更加微观的农民行为动机，直接指向的是农民家户的象征性的身份、地位与权威。以农业机械为例，谁家拥有最先进的农业机械就意味谁家在村庄里更有身份与地位，至少在家户层面，家户内部的成员是这样认为。这就是为什么村庄里一旦有家户拥有手扶拖拉机，其他家户也会跟着购买起来的原因。陈凤章家购买了陈村第一台四轮拖拉机，直到现在陈凤章都会骄傲地说，那时候他们家在陈村算是有头有脸的家户，如果不买拖拉机，也算是"万元户"了。紧接着，每个家户都根据自家的经济情况购买了本家的四轮拖拉机。同样的动机也发生在农民家户购买彩色电视机、VCD以及电动车等方面。如果把这些商品都看成一种符号，市场化只是扩大了农民家户身份与地位的象征性符号而已。而这些象征性的符号则需要大量的现金货币来购买。以新建楼房为例，并不是农民根据自身的需求来建设楼房，而是因为如果别人家建了楼房，而自家没有建，在村里其他家户的一般观念里就会不自觉地瞧不起对方，这也会表现在交往的语言、态度与行为上。同时，没有楼房的家户一方面虽然在表面上显示自己多么不在意这样的境况，而实际上在心里则不断地暗示自己其他家户看不起本家户，自己也在心理上觉得自己比其他有楼房的家户在人场里面矮上那么一头。

> 以陈凤章家为例，陈凤章家是在陈村是最早买四轮拖拉机的家户，用他的话来说"那时候在庄里，谁也不求，谁的脸色也不用看，走到哪里都觉得有面子"。但是之后由于儿子上大学，自己的身体又不好，家里的经济情况急转直下，成为了庄里的贫困户。当其他家户都买上彩电、VCD，用上太阳能时，陈凤章的妻子慕氏只能将委屈藏在心里。经常会在上大学的儿子面前唠叨："你得好好念书，你看看人家都过得这么好，俺家来啥都没有，你可知道在人场人家都看不起

---

① 董磊明：《从覆盖到嵌入：国家与乡村 1949—2011》，三农中国网，2012 年 12 月 11 日。

俺家。表面上人家都说你家好了，有个大学生，其实心来是看不起你。"由于家里没有钱，唯一的女儿出嫁的时候，陈凤章一家只能"小办"。由此陈凤章夫妇一直都觉得对不起女儿，让女儿受委屈了。在陈村那里，如果家里只有一个女儿，一般都会大办，所谓的大办就是有喇叭唢呐和宴请全村家户。2008年，陈村开始出现大规模建房热时，陈凤章家因为没有钱，只能干着急。在慕氏看来，那些盖了楼房的人家，总是趾高气扬的，说话动不动就"啊渣你一排"（方言，奚落的意思）。直到2011年，陈凤章家从亲戚那里借了4万块钱，加上自家多年的积蓄，才把两层楼房盖了起来。此后，慕氏总算是心里敞亮了。

从上面的案例，可以看出家电、婚礼以及楼房在陈村农民心里的作用。这里身份功能远远大于实用功能。在陈村，空调、服装、子女教育、打工工资、交通工具、房屋装修等都是一种身份符号的象征。市场丰富了农民的消费对象，也使得农民家户身份的象征符号多样化了。家户在村里有没有地位，个人在村里有没有面子，跟家户有没有钱直接相关。而家户有没有钱，不是通过人们"嘴上说"，而是要看所在家户置办了多少物品，有没有钱必须通过各种商品符号表现出来。所以，陈村农民一方面必须努力挣钱；另一方面将钱花在了没有必要的、具有攀比式的商品购买上。

从当前陈村内部的整体变迁来看，市场化进程将陈村传统生产型的农村社会带入进一个消费型的农村社会。尤其是进入21世纪以后，陈村开始从生产时代，快速进入消费时代，其标志是农民基本生活需求的满足几乎全部来源于市场的供给，包括食品、粮食、衣服、劳动力需求等等。在这种消费型的农村社会内部，产品消费逐渐被商品消费取代，生产所衍生出来的权威与权力结构，逐渐被消费衍生出来的权威与权力结构所替代。传统稳定的、确定的、安全的共同体网络逐渐被流动的、不确定的、充满风险的家户市场消费所打破。在这里，身份、权力、地位、威望等都与家户消费密切相关。正因为如此，才出现农村社会家庭内部对货币收入的强大需求。在这里社会化小农提出将农民的行为动机概括为对货币收入最大化的追求具有很强的解释性。但是，农民货币追求的真实目标在于消费背后的家户身份与地位的符号象征,而不是表面的货币需求。货币需求会最终转化为一种符号象征,这种符号象征是不确定的家户身份、地位与威望的标识。同时货币支出的单位不是个人,而是家户。市场化过程中农民消费行为背后对于货币收入的追求,内在本质是对家户利益的追求与建构。不管是现有的市场理性,还是货币理性,其实都不是本质上的农民理性,农民一直以来追求和维护的都是家户利益,遵循的是家户理性。

从陈村的农村市场化情况来看,市场化本身在中国农村并没有将个人从家户秩序中剥离出来,进而弱化家户。相反,市场化却进一步强化了传统的家户结构,将家户功能具体化和核心化。市场化弱化的是改革之前的脆弱的集体公共性,促进了农户家户理性及其家户利益的生长。农民从改革前脆弱的集体公共性中脱离出来,回归家户,并在家户利益的追求中实现个人价值。所以,同现有的市场化与个人主义的关系不同,中国的市场化却具有特殊性,这种特殊性同中国农村特殊的家户制度和传统密切相关。所以,才有很多学者将市场经济下中国农民的行动单位概括为家庭[①],其本质上是家户。

五 小 结

从陈村内部农民的日常生活的总体实践来看,不管是在个人交往行为层面、村庄共同体行为层面、家族行为层面,还是市场行为层面,农民的行为动机与逻辑遵循的都是家户理性,而不是个人理性、集体理性、家族理性,抑或是货币理性。这种家户理性,不是追求家户利益的最大化,而是在相应中国传统家户规范与文化基础上的对家户利益的损益衡量,以求实现最合理层面上家户利益的增益。从陈村农民的行为逻辑来看,建立在个人理性基础之上的个人主义、建立在共同体层面的集体主义、建立在家族层面的家族主义以及建立在市场化层面的货币主义等,都无法从本质层

---

① 谭同学的研究认为当前农村社会是核心家庭本位,而非个人本位。贺美德和庞翠明的研究也认为个人行为取向源于对家庭利益的追求。而阎云翔在《自我中国》一书的序言中也指出,家庭仍是一个有意义的单位,并是个体追求的终极目标。参阅谭同学《桥村有道》,生活·读书·新知三联书店 2010 年版,第 444 页;[挪威]贺美德、鲁纳《"自我"中国——现代社会中个体的崛起》,许烨芳等译,上海译文出版社 2011 年版,第 43、67 页。

面解释农民的日常行为动机。它们都是从不同的侧面对中国农民行为动机及其逻辑的解读。这些解读具有合理性的一面,但缺少对农民行为的深度挖掘,限制了理论本身的普遍性及其精准性。在陈村,农民的行为动机是追求家户利益,遵循家户理性。所谓家户理性,就是指农民行动以家户利益为最高价值取向,进而支配农民去思考、判断与行动的心理认知结构。[①] 西方社会是以"个人"为中心的,因此西方经济学与管理学都是以"个人理性"为前提假设的。[②] 在哈耶克看来,个人所采取的理性行为的发生是由责任决定的。而西方社会传统的责任观念往往是建立在个人本质上的独立、自由以及彼此平等的权利理念基础之上,因此西方社会内部发育出来的是个人理性以及个人主义。而在中国农村社会,构成社会的基本单元是家户,农民从出生时就不是独立的、自由的以及有着天赋权利的。[③] 个人是依附于家户之上,个人的一切价值与意义都是镶嵌在家户之上的。因此,中国农民的责任主要是家户责任,主要是实现家户的延续与兴盛。

从陈村的实际情况来看,家户理性至少包括三个方面的内涵:一是农民的行动与利益单位是家户。家户是农民最小的认同与利益单位。在家户利益之外,农民不存在具体的个人利益,农民一切的行为都源于对家户利益的考量,并以此做出行为选择。在村庄生活中,农民本身就是一个家户利益的象征性符号,个人就是家户,家户就是个人。二是在行为动机上,每个家户成员都是自利的,都是以自身所在家户利益的实现和满足作为行动目标。在日常村庄生活中,农民任何行为的发生,在动机上都将最终指向家户利益,家户利益是农民一种自觉的观念形态与动机。他们只要走出家门,每时每刻都会将自身所接触的信息以及由此产生的行为反应,自觉地关联到家户利益层面。三是在一定环境和条件的约束下,农民会选择实现和满足自身家户利益的最合理方案。农民追求家户利益的实现和满足,

---

[①] 这里的家户理性概念,参照了李东教授关于家族理性概念的界定。参阅李东《家族理性与家族企业》,《政治经济学评论》2004 年第 7 辑。

[②] 郝云宏、杨松:《基于"家族理性"和广义"利他主义"的家族企业内部信任冲突分析》,《福建论坛(人文社会科学版)》2007 年第 2 期。

[③] 李东:《经济责任:个人理性与家族理性的不同理解》,《自然辩证法研究》2006 年第 2 期。

但是这种家户利益的实现和满足又不一定是最大化的，而更多的是追求家户利益的适度、均衡与安全等。

农民的家户理性充分说明家户在农民日常生活世界的重要性。正如梁漱溟所认为的中国人最看重的是"家庭"，个人淹没于"家庭"之中。[1] 只不过，在作者笔下，这种中国式的家庭就是家户。而梁漱溟先生关于中国农民的利他主义分析也是从家户这个单位延伸出来的。在家户内部，家户成员都是利他的，因为家户成员在家户内部并不存在独立意义上的个人利益，个人是为了家户而存在的。而在家户之外，家户成员则都变成了利己主义者，而这个"己"并不是指个人，而是指个人所在的家户。费孝通先生关于中国农民的"自我主义"特征的概括，本质上其实是中国农民的一种心理暗示，一方面它意指个人对于他人观点的主观建构，另一方面是个人对于自我地位的一种心理暗示。而这种暗示最终都会转化为对于家户形象与身份的评价与认知。自我主义只是农民家户利益的一种主观的表现与建构方式。农民行为是基于"公"还是基于"私"，最终还是取决于家户利益状态与结构对于"公"与"私"的需求。

与对中国农民传统行为逻辑的研究不同，个体化是当前学界认识中国农民行为的一个新的理论视角。这种观点认为，改革以后中国农村社会正在经历着个体化的趋势。农民从传统的家庭关系与家族关系中解脱出来，成为独立的原子化的个体。而中国农村社会的这种个体化不同于西方社会的个体化。正如贝克所言"与欧洲相比，中国的个体化路径是在以一种与众不同，甚至相反的、受时间顺序限制的顺序发展"。西方社会的个体化，强调个人身份从既定的社会关系中脱嵌出来转变成一种责任，要求行动者承担这项责任并对其后果负责。而当前主流的观点认为中国乡村社会的个体化是主张个人权利的过程，而忽视了相对应的义务，这才有了阎云翔对于中国农民"无公德的个人"的结论。[2] 即使是阎云翔本人在个体化研究过程中也凸显农民家庭的重要性，但是个体化理论强调传统农民个体是为了延续家庭而存在，而现代的农民个体却是为了个体发展而创造家

---

[1] 梁漱溟：《乡村建设理论》，上海世纪出版集团、上海人民出版社2012年版，第26页。
[2] 阎云翔：《中国社会的个体化》，陆洋译，上海译文出版社2012年版，第326—330页。

庭。① 但是，从陈村的实际情况来看，这种认识是有局限性的，隐藏在农民微观行为背后的仍然是农民对于家户的重视、依赖以及归属。村庄里的中国农民行为单位从来都是指向于家户，而非其他，也从来不存在独立行动意义上的农民个体行为。改革以后的市场化进程不但没有消灭中国传统家户结构与观念，相反却促进了家户结构与观念在当代的强化与膨胀。

农民的家户理性以及对于家户利益的追求，也从根本上说明不论斯科特和波普金之争的结论如何，集体理性与个体理性都最终不适宜于对于中国农民行动的研究。中国农民的行动单位是家户，遵循家户理性，行为动机是在家户利益的损益的衡量基础上对家户利益的追求。这种追求不是利益最大化，而是家户利益的增益。亚当·斯密认为"人的理性在于他在各项利益的比较中选择自我的最大利益，以最小的牺牲满足自己的最大需要"。② 但是中国农民的行动单位不是个人，农民的行动理性也不是个人理性。科尔曼认为，从方法论上讲，西方理性选择论者所坚持的方法论都是个人主义的，从而与功能主义为代表的整体主义（或集体主义）相对立。③ 那么，中国农民的行动单位不同于个人与系统，而是家户。在家户理性的基础之上，中国农民日常行为研究应该遵循什么样的方法论呢？中国农民的这种家户理性的行为逻辑又是什么呢？这就是下一章作者所要分析的。在下一章中，作者将进一步揭示陈村农民家户利益的基本构成，并在此基础上提出中国农民日常行为的家户主义逻辑。在中国农村，农民的家户理性对应的是家户主义逻辑及其方法论，它是区别于个人主义与集体主义的。这是由不同社会文化所发育出来的制度结构与历史实践决定的。

---

① 阎云翔：《中国社会的个体化》，陆洋译，上海译文出版社 2012 年版，第 332 页。
② 文军主编：《西方社会学理论：经典传统与当代转向》，上海人民出版社 2007 年版，第 219 页。
③ 同上书，第 220 页。

第四章　农民家户利益的基本构成

  中国人的保守主义……并不是源自对未知事物和新生事物的担心和恐惧，也不是因为盲目推崇现有思想体系他们就能获得自信，中国人的保守是一种历史演变的合理结果。

——E. A. 罗斯

  陈村农民的基本行为动机是追求家户利益的增益，而这种家户利益不是抽象的学理概念。相反，它来源于农民的日常生活实践，是由农民日常生活实践的基本事实构成的。以陈村为观察对象，农民的家户利益不是由单向的或者单一的结构构成的，如追求货币收入。相反，农民的家户利益的构成要素是复杂的，它不仅包括物质层面的利益要素，也包括抽象层面的利益要素，不仅包括科学意义上的利益层面，也包括具有神秘主义特色的利益层面。正是农民家户利益结构的复杂性，才使得村庄日常生活内部时刻充满着矛盾、冲突与风险。任何一个生活在村庄内部的农民，都逃不开家户利益结构织成的利益之网。它既是我们眼中农村矛盾与冲突的起点，也是农民生活于其中的意义所在。每个家户都有一个关于家户利益之网的范围与边界界定，也以此来决定家户成员的行动选择。

  基于对陈村农民基本生活实践的观察，作者将农民家户利益缘起总结为农民对于"家里"财产与身份的认定。财产是物质形态的，身份是抽象的观念形态。一旦某项事务被认定是"家里"的，农民就会为此而采取保护性的行动策略。"家里"是本地的方言，是农民区分"自家"与"人家"财物与身份的标准。与西方个人主义社会所表现出来的进取型行动策略不同，中国农村的家户主义的特质更多的是倾向于保护型的行动策略。如西方社会运动中的个人或组织在目标追求上往往是为了权利、自由、民主、和平等开放性的价值理念。而中国人更多的是为了家、为了土地、为了生存，尤其是中国农民的传统观念里，家户是最核心和本质的单位。所以，中国农民的特质中就具有了安分守己的保守主义特征。正如罗斯所言，中国人的保守主义并不是源自对未知事物和新生事物的担心和恐惧，也不是因为盲目推崇现有思想体系他们就能够获得自信，中国人的保守主义是一种历史演变的合理结果。[1] 这种"历史演变"，在中国农村就突出表现为家户制传统，并由此形成了对于家户利益的重视和保护。在上一章中，作者从多个层面论证了农民家户利益动机的存在，本章作者将进一步分析农民家户利益的基本构成，将农民日常生活中的家户利益之网揭示出来。本章同上一章共同构成对于日常生活中陈村农民家户利益的解读。前章主要是论证农民家户利益动机的存在，本章主要是分析农民家户利益的构成要素。从陈村农民行为互动的基本生活实践来看，农民的家户利益结构主要包括五个层面的内容，分别是土地及其附属物、象征性身份、家户风水、货币收入以及庇护关系。它们正是农民日常互动行为发生的利益节点。

一 土地及其附属物

在陈村，日常生活中家户之间的纠纷与冲突多数是源于对家户土地及其土地之上的附属物之争而引起的。这里的土地主要是指农民合法拥有的耕地与宅基地。耕地是农民家户收入的重要来源之一。在传统农村生活结构中，耕地的多少直接决定了家户的生存与延续。宅基地是农民安身立命的场所，也是农民村庄身份认同的核心标志之一。要想成为一个村庄内部的成员，耕地和宅基地是必不可少的两个部分，也是农民作为农民的一种身份象征。土地及其之上的附属物，如房屋、庄稼、树木等，构成了我们日常所能观察到的最直观的农民家户利益构成要素。这种家户利益具有刚性的特征。任何个人、家户以及社会单元对此的侵犯，都将直接引起利益所有者开展保护型行动。这种保护行动根据对象和利益损益的不同，而采取不同的策略。这些策略在陈村内部表现为隐藏抵抗型与公开抗争型两种。

---

[1] [美] E.A. 罗斯：《变化的中国人》，李上译，电子工业出版社2012年版，第33页。

第四章 农民家户利益的基本构成

隐藏抵抗型是一种不公开的家户之间基于对方行为而展开的利益博弈。这种博弈方式是在"你知道怎么回事，我也知道怎么回事"的逻辑下展开的。如陈凤根家和陈敬富家基于两家耕地界限划分的内在博弈。

陈敬富和陈凤根两家在后庄家东①的地是相邻的，如图4.1所示。在陈村，家户之间耕地块的划分是以木桩为界限的，通常都是根据经验来进行耕作，在木桩之间没有具体的划分标志。这样一来，一些家户就会故意在播种的时候，占用隔壁家户的地身。一般情况下也看不出来。但是，在陈村，由于常年耕地的经验，每个家户都清楚自己的耕地界限大概在什么位置。如图4.1，陈敬富家和陈凤根家的地块分界线为直线ab。但是陈敬富家在耕地播种时总是故意在中间部分占陈凤根家的地，这样导致两家地块的实际分界线变成了虚线ab。

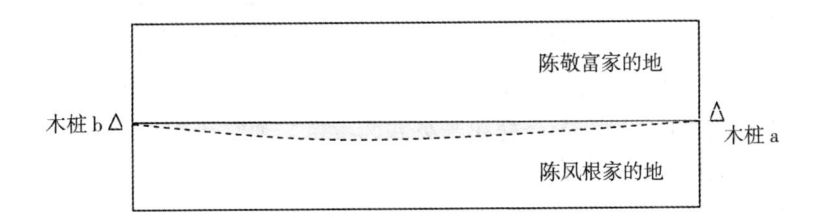

图4.1 陈敬富和陈凤根两家地块界限示意图

2007年，陈凤根发现了这一现象。他拿着锄头将陈敬富种在自己家地里的玉米苗全部给拔除，然后种上自家的玉米苗。陈敬富知道后，心里十分气愤，但是又没有"理"，只好作罢。收完玉米之后，陈敬富将地块两头用以标志两家土地分界线的木桩给拔掉，然后再犁地的时候，又故意从陈凤根家的地里多犁了一垄，如图4.2所示的虚线部分。陈敬富家的想法是将木桩拔掉之后陈凤根家就找不到两家地块的分界线了。作为受侵害方，陈凤根也并未示弱，他又找来木桩，在原来的地方将木桩楔进去，然后在自家犁地的时候，又把陈敬富家多占的一垄地给犁了回来。

---

① 后庄家东，陈村地块名。

```
                ┌─────────────────────────────────┐
                │                                 │
                │          陈敬富家的地            │
   木桩 b △ ─ ─ ─ ─ ─ ─ ─ ─ ─ ─ ─ ─ ─ ─ ─ △ 木桩 a
                │          陈凤根家的地            │
                │                                 │
                └─────────────────────────────────┘
```

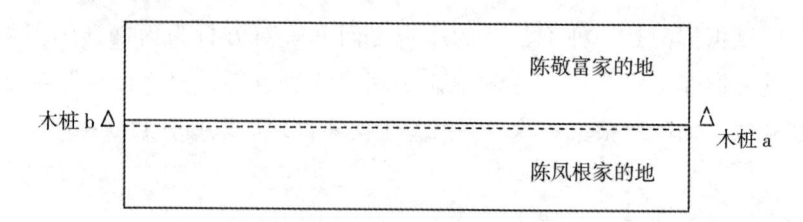

图 4.2　陈敬富和陈凤根两家土地界限的二次博弈

上例中，陈敬富家多占了陈凤根家的地，陈凤根并没有选择去找陈敬富家人理论，也没有公开地同陈敬富家"吵架"。原因是在没有明显分界标志的地块上，这种多占的现象是普遍存在的，而且有时由于机械操作的原因也是避免不了的。只要给对方以警示性的回应，让对方知道自家维护自家耕地利益的决心即可，没有必要因此而撕破脸。这种现象在陈村是经常发生的，它是陈村日常耕作生活的一部分。只要没有过于明显的持续性的多占，一般这种行为只存在于两家之间在土地利益上的私下博弈，直到对方认为这种故意的行为可能招致公开层面的"吵架"的风险而选择放弃。然而，一旦给予对方警示起不到作用，且对方还变本加厉，那么这种基于土地的私下博弈，就会转化为公开的抗争。如陈凤章家和陈怀力家因为土地问题而引发的争吵。

陈凤章家和陈怀力家在"蒋庄胡"① 的地本来是不相邻的，中间隔着陈洪军家的地。陈洪军夫妇去世以后，陈凤章家和陈怀力家平分了陈洪军家的地。这就形成了两家地块相邻的情形。2006 年，陈凤章家在种花生时发现，与往年相比，本来可以种 17 垄花生的地，现在只能种 15 垄了。陈凤章找到当年分地时的木桩（木桩都是楔进地皮以下的，且桩孔里撒上石灰，为了防止木桩不见之后出现的界域纠纷），木桩也不见了，就往木桩可能在的地方深挖了一下，找到了木桩下的石灰。这才发现陈怀力家多占了自家一垄地。由于两家花生都种下了，陈凤章也就没再追究，想在种小麦的时候再犁回来。收完花生之后，陈凤章家先犁了地，把本属于自己的耕地给犁回来了。没想到的是陈怀力家犁地的时候，又给犁了回去，且种了四垄小麦。慕氏

---

① 蒋庄胡，陈村地块名。

第四章 农民家户利益的基本构成

知道后，十分生气，就找到陈怀力家讲理。陈怀力夫妇也承认占了地，到时候麦子熟了，占地部分的麦子他们家就不收了。慕氏这才收了脾气。等到麦子成熟以后，陈怀力一家却不声不响地将麦子收了回去，也没给个说法。陈凤章家知道后虽然生气，但也不想为了一点麦子吵上一架。收完麦子犁地的时候，陈凤章特意找到陈怀力，两个人一起去找了分地时的石灰界限，把多占的地收了回来。陈怀力也同意。没承想，等到种玉米的时候，陈怀力家还是多占了一垄，如图4.3所示。最终引发了慕氏在村庄里对陈怀力一家痛骂。之后，陈怀力家再也不多占陈凤章家的地了。

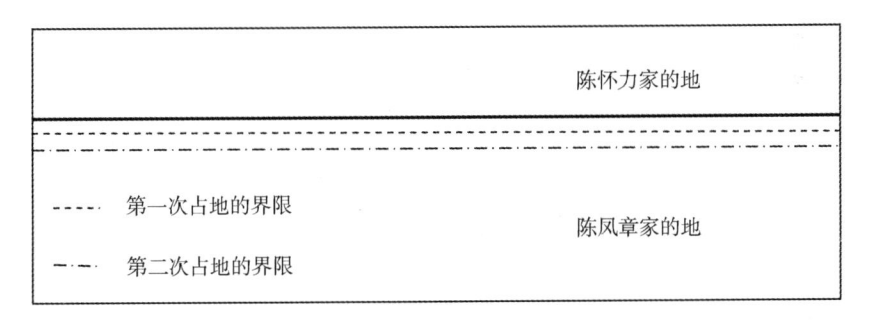

	陈怀力家的地
---- 第一次占地的界限 —— 第二次占地的界限	陈凤章家的地

图 4.3　陈凤章和陈怀力两家土地界线示意图

在上面的例子中，被占土地的陈凤章家通过三种方式来警告陈怀力家多占了自家的土地：犁地的方式、当面告知的方式以及当面界定的方式。这三种方式都属于两家之间的一种私下的互动与协商。在三种方式失效以后，陈凤章一家最终将这种争端公开化，"大骂"陈怀力一家。大骂的方式就是将对方如何侵占自家土地的情况讲给村里人听，并责骂对方。当然有时候为了避免直接的冲突，这种大骂的方式不直接指名道姓，而是隐晦的和暗指的，但是彼此都知道，甚至村里的人都知道对象是谁。这样做，一方面是让对方在村庄里丢脸；另一方面也是在公开的场合宣示"主权"，告诉人们"地是俺家的，不要打那个歪主意，坏心眼"。其实这种现象在陈村经常发生，它是陈村农民日常生活的一部分。在陈村人看来只要地是自己的，谁也不能故意多占自家半分。

与日常抵抗相对应的是公开的抗争，这种保护方式主要发生于那些明显故意侵害家户实体利益的事件中，如故意使坏、偷窃、强占、强拆等等。一旦这些事件发生，家户利益往往高于一切，在某些情况下甚至会出现"以命抗争"和"以死抗争"的现象。

故意使坏主要发生在长期有家户矛盾和积怨的家户之间，多数的时候，虽然没有证据证明是某个人做的，但大家心里都知道是谁做的。如陈凤章的母亲过氏不愿意在儿子们家轮流生活，就自己单过。为了备足烧饭用的秸秆，她平时就将大家不用的秸秆堆在儿子的地头，用以生火做饭。有几次晴天晾晒秸秆的时候，总是发现有人在她晾晒的秸秆里大便。其实她心里知道这个人就是陈敬富，因为两个人曾经吵过架、拌过嘴。但是没有证据，为此她就在陈敬富家门口附近故意大骂了一番。后来，有人放火烧了她的柴火垛，她又在陈敬富家门口骂了一番。在村庄里，长期生活在一起的农民不可避免要产生矛盾和纠纷，因此故意使坏也是农村日常生活的重要组成部分，故意使坏的对象往往主要是破坏对方家里可见的土地上的附属物。如陈敬富就曾趁着天黑没人看见，将陈永识家"后庄家西"①的麦苗割了一大片。原因是陈永识家的羊吃了他家的麦苗。为此，陈永识的妻子于氏在村口大骂了两天。"大骂"其实就是向对方发出的一种警告，是对侵犯自家财产的一种回应。

偷窃也是村庄一种日常普遍的现象。这种偷窃不是指犯罪学意义上的偷窃，主要是指日常生活中部分农民偷窃田里的庄稼、瓜果、蔬菜等等。它并不构成犯罪，而是一种陈村人认为的"不成手"，"喜欢占便宜"。如在玉米成熟时，有家户舍不得吃自家的玉米，而经常掰别人家地里的玉米。有些人不愿意吃自家地里的瓜，而偷别人家地里的瓜。有些人不愿意开菜园，就偷别人家菜园里的菜吃。还有些人为了喂猪喂羊，偷割别人家的麦苗和油菜秧等等。这些偷窃的现象都会引起受害一方的反应行动——在村庄里大骂一番。

强占，就是强行占有本来属于他人家户的土地或者土地上的财物的行为。这种行为是针对家户严重的挑衅行为，进而直接爆发激烈的公开的家户对抗。这种强占一般发生在外部势力对农民家户或者强势家户对于弱势家户的利益剥夺过程。如陈凤达家在建楼房的时候，故意多占了陈凤吉家户的宅基地引发的两家冲突。当年陈村修路期间，工程队在未征得陈永金

---

① 后庄家西，陈村地块名。

家同意的基础上，强行在陈永金家的地里挖土方。这件事被陈永金家里人得知之后，就爆发了家户对于外部力量的抵抗，目的是讨要公道、要求赔偿。陈敬富家趁陈凤根不在家，强行霸占陈凤根家在村道边的一棵树，遭到了陈凤根妻子王氏的公开对抗。强占的发生一般基于土地及其附属物归属权相对清晰的前提，这就意味着家户利益的界限相对明确，也意味着对家户利益的直接侵犯。与强占不同的是，强拆的行政权力色彩比较浓厚。现有的关于中国农民抗争行为的研究，多属于因土地而产生的强拆强占行为。这本质上反映出的是土地资本化同农民家户土地利益之间的矛盾。中国农村土地资本化的过程，往往看成中国式的"圈地运动"。但是，中国农民并不缺少因家户利益而产生激烈抗争的能力。如果外部庇护关系资源丰富，农民往往会利用外部庇护关系资源来获得相应的家户利益损失的赔偿，并逐渐弱化家户的抗争行为。一旦农民没有外部庇护关系网，而正常的机制又无法实现这种利益诉求，农民往往会走极端，使用自身的弱者身份，而产生以死抗争的行为，如自焚、自杀等。

  隐蔽的抵抗型的家户利益保护方式，主要还在于顾忌利益双方的家户形象和身份，一般都是通过警告和宣示行为来达到维护家户利益的目的，主要存在于土地层面，且这种利益是可以补救和挽回的。而公开抵抗型则属于基于家户利益的一种公开抗争行为。两种行为都说明土地及其附属物是农民家户利益的重要组成部分之一。在科技和市场尚不发达的中国古代农村，土地的经济承载能力往往决定了农民家户的生存与延续。一旦一个家户内部成员的食物需求超出了土地所提供的食物供给，那么就会发生饥荒、骚乱，甚至叛乱。古代中国农民起义与叛乱基本上都是由于外部力量（包括自然环境）对于农民家户土地及其供给能力的剥夺而引发的。如裴宜理关于华北农民叛乱的研究就认为，正是由于华北地区恶劣的自然环境使得农民在土地上获取的食物无法满足家户成员的生存的需要，因此很多人选择了一种掠夺性的生存策略，来维持家户的生存与延续。为了应对这种掠夺性的行动策略，一些农民家户又选择了保护性的生存策略，通过联合与合作来抵抗村庄外部的掠夺性行动。现有的研究也已经证明，解放战争期间，中国农民之所以拥护中国共产党，而非国民党，其根本性的原因还是在于中国共产党的农村土地政策。也正是中国农村的土地政策，为中国改革开放提供持续的稳定的社会动力与基础。这种土地政策在本质上满足了中国一家一户小农对于土地的追求。在中国，土地不能仅仅用现代"资本"或者现代"产权"这样的理念加以简单地认识与解读。土地相对于中国农民，它就是命，就是魂。

二 象征性的身份

与具体的可见的具有实体形态的家户利益不同，在陈村农民日常生活世界中还存在着某种抽象的具有自我主义特征的家户利益形态——家户的面子、形象、威望与声誉等具有身份象征的利益认同体系，作者将这种抽象的家户利益形态概括为象征性的身份，即在很多场合，农民行动的产生并不是基于某种具体的物质利益，而是基于某种抽象的身份，如家户的面子、家户的形象、家户的尊严，抑或是家户的声誉等等。

这种身份是象征性的，它具有自我主义的特征。这种自我主义，不是费孝通以"己"为中心的农民行为逻辑，而是基于家户身份的一种自我想象与认同。在陈村农民观念中，家户身份的高低与贵贱，不是仅仅通过他人的评价和认同来界定的。相反，这种家户身份的界定更多是基于农民对于自家生活现状的一种自我评价与估计，即在现有的家户条件下，"我"认为"我们家"应该处于什么样的地位，应该具有什么样的身份，他人应该以什么样的态度来同"我们家"建立社交秩序。在此基础上，农民形成了一种关于他人与其家户交往的行为与态度预期。一旦他人的这种交往行为与态度同其预期发生偏差，就会被当成对于家户象征性身份的侵犯，而引发农民一系列的行为反应。一旦他人的这种交往行为与态度符合其预期，就会进一步地固化农民的这种自我主义家户身份与形象的定位。在陈村农民观念世界中，这种自我主义的想象与认同是无所不在的。每个农民都会根据所在家户的实际情况在观念世界里形成一套关于家户身份与地位的预期。这种预期不仅约束着自己的行为，也直接影响自己对于那些与其家户发生关系过程中他人行为动机的认知与判断。一定程度上可以说，陈村农民活在自己想象的世界里。

从基本构成上来看，陈村农民这种具有自我主义特征的象征性身份，在本质上主要是由其所在家户的经济能力和家户成员的职业身份决定的。家户的经济能力主要是由家户土地与劳动力（包括外出务工）等提供的

第四章　农民家户利益的基本构成　・117・

货币收入，以及在此基础上所形成的消费结构和对未来生活的预期等构成。消费结构主要是指家户所拥有的楼房规模、交通工具以及其他硬性消费品的数量（如空调、洗衣机、太阳能等）。未来的生活预期主要是指基于现有家户成员构成及其经济收入结构而形成的对未来生活是否幸福的预期。如陈凤腊就认为，由于自家只有一个儿子，家里的地也多，且自己的身体很健康，通过在外面务工和家里种地的收入，未来自己家会比那些儿子多地又少的家户过得幸福。家户成员的职业身份主要是家户成员所从事的职业与工作的性质。如家户成员中有人经商、创业、读大学、在城市工作等等。这些都会成为农民家户象征性身份的资本。它在具体层面可以包括家户成员的技能、教育背景、职业以及由此形成的居住地等。如陈凤辉（已逝）家就认为目前两个儿子都有修理电器的技能，且都在杭州买了房子，因此自家在村里也算是"有头有脸"的家户。作者这里将陈村农民的象征性家户身份按照家户土地规模、劳动力、教育水平、居住地、职业、楼房规模、交通工具、收入、生活预期等 10 个指标进行赋值统计，每个指标最大值是 10。通过主要家户成员的心理预期进行统计，来展示陈村主要家户的自我象征性身份，具体情况如表 4.1 所示。

表 4.1　　陈村农民家户象征性身份的要素及其身份赋值

	土地规模	劳动力	技能水平	教育背景	居住地	职业	楼房规模	交通工具	收入	生活预期	身份总值
陈敬富家	10	10	0	5	10	10	10	10	6	10	81
陈敬兴家	5	5	0	0	0	5	0	0	6	6	27
陈敬英家	10	2	0	0	10	5	10	0	5	10	52
陈洪国家	5	5	0	10	0	10	0	4	10	10	54
陈洪民家	4	4	0	0	0	3	10	0	2	2	25
陈雷家	10	5	4	0	0	2	10	5	5	5	46
陈怀喜家	10	5	2	0	0	0	0	5	6	8	33
陈怀友家	10	10	10	5	10	6	0	10	10	10	81
陈怀力家	2	1	0	0	0	0	0	2	2	0	7
陈永识家	6	5	0	3	0	0	6	5	5	4	34

续表

	土地规模	劳动力	技能水平	教育背景	居住地	职业	楼房规模	交通工具	收入	生活预期	身份总值
陈永夏家	4	5	6	6	0	6	0	0	6	5	38
陈永行家	4	8	4	4	0	3	4	0	10	10	47
陈永金家	3	3	0	4	0	0	8	0	2	3	23
陈永显家	10	10	5	8	0	6	8	10	10	10	77
陈永德家	10	10	5	0	0	2	10	5	8	10	60
陈永付家	6	6	6	3	0	6	10	10	10	8	65
陈永兰家	5	4	5	6	0	4	6	4	5	5	48
陈永精家	10	10	10	5	10	10	10	10	10	10	95
陈凤章家	10	6	6	10	5	8	8	5	3	10	71
陈凤达家	10	5	0	10	0	6	8	5	6	10	60
陈凤根家	10	4	0	0	0	0	10	6	8	8	56
陈凤腾家	10	6	8	6	0	3	10	8	6	8	65
陈凤平家	10	4	4	4	10	10	10	4	6	10	72
陈凤辉家	10	6	10	5	10	10	5	10	10	10	86
陈凤皇家	2	2	0	1	1	0	10	5	3	5	29
陈凤腊家	10	10	0	4	0	0	10	6	10	10	60
陈凤地家	10	5	0	10	10	5	10	5	10	10	75
陈凤吉家	5	5	0	6	0	0	6	0	5	5	32
陈春华家	10	2	0	3	0	0	10	5	8	10	48

上表仅是作者针对陈村家户象征性身份基本内容的一种赋值性概括，赋值的依据是农民对于上述要素的一种心理暗示与认定，是主观性的。但基本上可以反映出陈村农民对于本家户象征性身份的一种定位，也反映出陈村内部不同家户在身份与地位上的心理落差。一旦某一家户在某一方面觉得不如对方，就会在某一方面觉得低人一等，或者选择逃避话题，或者选择沉默，或者选择有目的地讥讽。尤其是象征性身份值较低的家户，在同象征性身份值较高的家户交往时，小的矛盾和纠纷一般都会转化为象征

第四章 农民家户利益的基本构成

性身份值较低家户所认为的"看不起俺家"的主观自我认定,这也进一步激化了家户与家户之间的矛盾。

从基本生成逻辑与基本状态来看,象征性身份主要是通过一定的交往惯例、符号系统以及行为反应规则等呈现于农民的日常生活中。在具体的层面,它包括三种类型,分别是维持型的象征性身份、建构型的象征性身份和保护型的象征性身份。

维持型的象征性身份主要是通过村庄里的人情交往惯例维持的家户身份,它是村庄内社会关系秩序的黏合剂。它来源于两个部分:一是对于约定俗成的村庄人情交往惯例的遵守。如果违反这一惯例,将可能导致自己所在家户的身份与形象陷入被他人背后谈笑与唾骂的风险。为了避免这种风险,每个家户都必须小心谨慎地履行这种人情交往惯例的各种仪式。这些人情交往惯例,在陈村有诸多体现。以互助为例,别人家帮助你家干农活,你也必须帮助别人家干农活。否则将被视为"家里人不懂事","家里(人)都不会做人"。以婚嫁随礼为例,随礼是相互的,讲求礼尚往来。2014 年陈洪朴家的女儿出嫁,准备小办,即只宴请自家亲戚。即便如此,村里的人还是要去随礼。以慕氏为例,随礼的原因很简单,因为自己女儿出嫁时,陈洪朴家也过来随礼了。由于当时也是小办,所以就没有收村里其他家户送来的礼钱。现在陈洪朴家女儿出嫁,慕氏一家肯定是要去随礼的,即使这个礼钱陈洪朴家不会收,但是这个仪式还是要走的,目的是维持两家的关系,维护自家的颜面与形象。以称谓为例,晚辈见到长辈必须喊尊称,尤其是成家之后。在陈村,同龄人在未成家或者有事业之前,是可以相互喊小名的,如陈凤腾的儿子陈水,就可以喊陈永显的儿子陈诚的小名"诚诚"。但是一旦诚诚结婚有了子女,陈水在人场里就不能再喊"诚诚",而是改口喊"俺叔"。如果陈水接着喊"诚诚",那么将被村里人,尤其是陈诚的家人视为"陈水一家人没教养"。成家之后,晚辈是不能在人场里直呼长辈其名的,尤其是小名,视为大忌。以饭局为例,饭局的排位、座次、入席、散席都是有规矩的,在正式的宴请中,如果安排不妥当,将被视为"丢家里的人(脸)",甚至引发冲突。

在陈村,正式宴请的一般规则是:

1. 女人不上桌(女性长辈客人例外);

2. 堂屋正对门为上座，左尊右卑；

3. 长辈不入席，晚辈是不能入席的；

4. 敬酒从长辈依次开始，一般是给长辈点酒或者说写酒，辈分越高，点酒的数量就越多。一般点酒的数量为双数，如4个酒、6个酒或者8个酒，但必须有说法。

5. 在同一饭局上，敬次一级的长辈酒，不能多于上一级的长辈，如你敬爷爷6个酒，那么你敬舅舅就不能超过6个酒。超过视为对爷爷的不敬。

6. 喝酒期间不能"吃饭"，如果主家端上馒头与米饭，将被视为驱赶客人走的意思。一旦"吃饭"，也就意味着宴请基本结束。

在陈村，约定俗成的人情交往惯例背后是一套仪式化的行为规则。人们通过各个层面的仪式化行为来维持家户在村庄生活共同体内部的象征性身份与形象，并试图通过这种仪式化的家户交往方式来增进家户在村庄内部的身份、名誉与地位。

维持型的象征性身份的第二个来源是农民对于家户身份自我定位之后形成的一种基于人情交往惯例的主动维持家户身份的行为。陈村农民会根据自身的家户条件而形成一种自我的家户身份与地位的界定，并根据这种界定来决定自身的实际行动。在陈村农民看来，这样做是理所当然的，也是彰显自家身份与地位的过程。当然，这种实际行动与过程也是基于人情交往的惯例。如陈永精家作为陈村最富有的家户，在观念里就形成了陈村最有影响力和权力的家户身份与地位界定。当然，在其他村民心里并不一定是这么想的。为了维持这种自我认定的家户身份与地位，并让其他家户感受到这种身份与地位的存在，陈永精家就不断通过承诺修路、装修路灯、修建别墅等一系列的方式来维持自家这种身份与权力的象征性存在。这不仅是让村里人，也是让经过陈村的外村人认识到陈村最有影响力的家户就在这里。如陈敬富就经常"参和"到一些村庄纠纷事件的调解中。在陈敬富看来，他应该这么做。原因是基于自己的辈分和家户条件，他在观念里形成了应该参与纠纷调解这样的角色行为。如果不这么做，在他看来是有失身份的事情。如陈凤平就认为自己能说会道，且经常在外面闯荡，见过大世面，在村庄一些事情上，他应该参与其中，这样才能符合和彰显自己及其家户的价值与身份。这也同他整个小家族的身份与地位是相符合的。所以，他选择积极参与村庄里一些公共话题讨论与纠纷事件的调解，也更加经常地到处"串门"，沟通感情。

第二种象征性身份是建构型的，主要是通过相应的物的符号系统来达到家户身份的自我呈现与建构，进而实现家户利益在村庄空间层面的展示。这种物质符号系统包括衣服、家电、房屋、交通工具、耕作工具以及婚丧嫁娶的排场等等。它源于村庄内部农民的一种自我心理暗示，这种心理暗示指向：谁家拥有更多的新东西或者谁家能够支付规模更大的礼仪排场就意味着谁家在村庄里更有地位和身份。反过来，那些拥有较少象征性物的符号的家户成员，在心理层面就会形成一种自认低人一等的心理认同，当然这种心理认同会促使农民不断地建构那些缺失的象征家户身份与地位的物的符号，来不断地弥补这种身份与地位上的差距。

在80年代，在陈村家户的这种符号系统主要表现为耕牛的数量、手扶拖拉机、自行车、砖瓦房、电视机、录音机以及子女结婚时的花轿以及放电影等。而90年代这种家户身份的符号系统又发生了改变，主要包括四轮拖拉机、小型收割机、摩托车、平房、彩电、VCD以及子女结婚时的组合家具以及四轮拖拉机组成的车队等等。到了21世纪，这种家户身份的符号系统又变成了小轿车、楼房、平板电视、电脑、房屋装修、空调、太阳能、婚嫁的礼金以及规模等。而在古代中国农村，农民的这种建构型家户身份主要是通过家户的土地、人口以及耕牛的拥有量来决定。由于家户人口和土地的规模在相当长的时间内不会发生较大的变化，因此农民的这种自我认同与建构的家户身份与地位基本上是趋于稳定的，相对平等的。正是基于这样的原因，农民才会在心理层面形成不断扩大家户土地与人口规模的动力。农民辛勤劳作的背后，不仅仅是基于生存的原因，在农业生产相对稳定和商品市场相对匮乏的历史时期，农民行动也同样基于家户土地以及人口（这里主要是指男性劳动力）背后的家户身份与地位。但土地规模所能支撑的生存原因反过来又会限制农民对于人口规模以及性别的选择。然而，伴随着社会的发展以及农民观念的转变，农民的这种基于符号系统的象征性家户身份也不断更新，尤其是伴随着90年代中期以后中国农村市场化进程的快速推进，中国农村的家户身份符号系统已经早已打破传统稳定的身份符号系统，而转变成为更加不确定的、临时的以及流动的商品消费性的身份符号系统。这里作者将农民这种建构型的家户象征性身份概括为土地与人口、服饰、家居、家电、耕作工具、交通工具、住房、婚嫁规模八个构成部分,以陈村为对象进行一个时代层面的对比,如表4.2所示。

如表4.2所反映,在陈村任何新生的具有时代标志的消费商品都能成为一种农民的自我家户身份与地位的象征符号。如90年代流行的踩底裤[①],陈村的妇女都认为当时能够穿上一件踩底裤是多么彰显家户身份的事情,也是让自己能够在村庄里骄傲地抬起头走路的事情,就连说话都变得硬气了。随着时间的推移,踩底裤也慢慢落伍了,迎来的是裙子、羽绒服以及棉服等。在陈村妇女看来,能够每个季节都穿新衣服,往往就意味着这个家户有钱有身份,更加说明这家的男人们能干,在外面的工作好。

表4.2　　　　陈村农民不同时代象征性身份的构成要素

	古代农村	80年代陈村	90年代陈村	21世纪初陈村
土地与人口	土地与人口的规模	土地与人口的规模	土地规模	
服饰		裁缝做的衣服、皮衣、中山装	购买成品衣服,流行踩底裤、松紧裤、胶鞋、运动鞋	讲究品牌与价格,流行短裙、皮鞋、羽绒服、棉服
家居		大床、大衣柜、条几、大桌子、缝纫机	组合家具、老板椅、一种布料绳子编织的床	沙发、席梦思床、大型组合家具、组装壁柜
家电		电视机、收音机、手电筒	彩色电视机、VCD、DVD、吊扇、固定电话	电冰箱、洗衣机、平板电视、电脑、手机、太阳能、空调

---

① 踩底裤,当时陈村流行的一种妇女裤子。

续表

	古代农村	80年代陈村	90年代陈村	21世纪初陈村
住房	房屋与院落的大小	红砖瓦房	平房、水泥地	楼房，注重房屋的装修以及布局，注重院落的布局以及绿化，在大城市购买房子
耕作工具	黄牛、牛车	黄牛、拖拉机、小型收割机、驾车子、打粉机	四轮拖拉机、播种机、收割机、抽水机	大规模使用联合收割机、玉米收割机
交通工具	老驴、马	自行车	摩托车、三轮车	轿车、电动车
婚嫁规模		2000元左右彩礼+瓦房+大衣柜+箱子+条几+放电影等等	20000—40000元彩礼+平房+金戒指+手表+摩托车+组合家具+电视机+喇叭班子（约400—1000元）等等	40000—160000元彩礼+楼房+三金（金戒指、金耳环、金项链）+电动车（或轿车）+彩电+空调+洗衣机+太阳能+沙发一套+大型组合家具+喇叭班子（约2000—5000元）

伴随着市场化带来的农民收入的提高，这些象征性的商品符号是可以通过货币自我建构的。因而，农民不断地热切地希望通过各种途径获得货币收入的最大化，而货币收入的最大化的最终心理与观念导向便是这种家户身份与地位的象征性符号的建构。正是因为如此，农民才会夜以继日、不辞劳苦地拼命挣钱。传统的中国农民只能活动于村庄内部，因此无法通过其他途径获得家户身份与地位的改变，唯有子女考取功名，但这是极少

数的。而当前的中国农民可以通过市场化提供的各种机会与途径，在很短的时间内改变这种家户身份与地位的落差，形塑自身家户在村庄社会内部新的身份与地位。这种现象说明了两个问题：一是目前的中国农民家户的身份与地位开始处于流动性与不确定性的状态，农民的身份与地位认同具有消费社会的一些特征。二是中国农民的消费结构不能仅依据市场需求的模型进行解读。农民家户消费的很多物品往往不是基于家户合理需求，而是基于家户身份与地位的心理需求。这样也造成了农村社会资源的诸多浪费。很多学者也在批评农村社会内部人情消费成本的提高，尤其是婚丧嫁娶方面。其实，在陈村，农民并不是愿意"累得要死要活的"出这么多钱给子女办婚事，但是为了家户的身份与地位，是"没有办法的"。以陈永显小儿子陈诚结婚为例，在陈诚结婚之前，陈凤腾家的小儿子结婚彩礼就 5.6 万元。为了不比陈凤腾家低，陈永显家打算彩礼给出 6 万元。目的就是彰显自家比陈凤腾家过得好，过得强。只不过，女方的父母考虑陈永显家有两个儿子，且大儿子都已经买了车，就要求陈永显家给 8 万元的彩礼，多出的部分是给小两口买车的钱。

总体来说，在陈村，几乎所有的消费商品都是一种家户身份的象征符号，背后彰显的是家户身份与地位的博弈。一旦某个家户落后很多，他们就会不断地努力，通过货币收入决定的购买力来最终弥补这种缺陷，并不断地建构自身的家户身份与地位。这些符号体系都是农民自我建构出来的，它是基于村庄内部的一种自我认同的惯例。这种惯例就是指向"我家有的，你家没有，那我家就比你家强"或者"你家有的，我家也有，你家也强不到哪去"。伴随着农村市场消费品的日趋繁盛以及农民收入渠道的拓展，农民的这种象征性身份越来越具有消费性的特色。农民的家户身份也逐渐变成了一种自我消费的商品，它通过品种繁多、丰富多彩的商品符号进行建构。一旦大多数家户都拥有这种商品时，其象征意义就会逐渐消失，农民转而会追求其他的具有家户身份象征性的商品符号体系。

三是维护型的象征性家户身份。维护型的象征性家户身份是一种"刺激—回应"的保护性家户利益获取方式。它是建立在自身家户形象、身份、地位与声誉受到挑战或者攻击的情况下，所采取的一种自我回击的保护方式，目的是维护家户的身份、地位与声誉。这种维护型的象征性家户身份，同样具有自我认同的特征——它建立在农民认为他人的言行已经损害了自身所在家户身份的基础之上。这种损害来源于农民个人的自我认定,并逐渐扩展到群体认定,具体指向他认为这种事件的发生村里人会怎样看待他及其所在的家户,如果他本人及其所在家户不采取相应的回应行为,村里人又会怎样在背后谈论和评价他及其所在的家户,如果采取相应的回应策略与行动,村里人又会如何评价等一系列的自我思维。这里有这样两个案例:

案例 1:陈闻姑姑、姑父大闹婚宴现场

2014年正月初八,陈凤章小儿子陈闻同孙氏结婚。在婚礼举办之前,陈凤章一家一直就担心陈闻外婆家那边的舅舅们会因为座次安排的问题发生争吵。陈闻总共有亲舅四位和堂舅(即陈闻外公堂兄弟的儿子们)五位,亲舅这边有个大舅,堂舅这边也有个大舅。按照规矩,年龄大的舅舅应该坐上座,那就是年龄最大的大堂舅坐上座,陈闻亲舅只能坐次座。但是规矩又说,亲大舅应该坐上座。因为如果陈闻敬酒,亲舅掏的红包比堂舅掏的红包大。为此,陈凤章一家大费脑筋,最后还是决定不敬酒了。然后又让慕氏到那边进行了解释,大致的意思是儿子陈闻不敬酒了,座位的事情让他的几个舅舅们自己商量自己安排。婚宴的前半部分,进展很顺利。但是到了陈闻答谢嘉宾时,陈闻舅舅们这边没有出事,反而是本家的姑姑及其姑父闹腾了起来。事情的起因是这样的,陈闻不敬酒的事情,陈凤章一家忘记通知了陈闻的姑父。按照规矩,陈闻敬酒,亲姑父张三刚应该坐上座,因为姑父给的红包最大,同时也是对亲姑父的尊重。当天的意外是,陈闻家的一个远房的表姑奶及其表姑佬前来喝喜酒,就把表姑佬安排到同姑父张三刚一桌。按照辈分,张三刚称陈闻姑佬为叔,他是长辈,这个姑佬应该坐上座,张三刚应该坐次座。但是如果陈闻敬酒,张三刚又必须坐上座。由于陈闻不敬酒了,所以张三刚理应坐次座。但是张三刚不知此事,就坐了上座。之后陈凤腊和陈凤根在上菜的时候发现了张三刚坐了上座,就在门外议论张三刚的不是,张三刚不应该坐上座。这种议论被张三刚的妻子陈氏听见了。陈氏就开始在饭桌上生气了,耍性子。

陈氏:不吃了,回家。都没拿俺这一家人当回事。故意让俺这一家人丢人现眼，看不起人。

一开始同桌的长辈和亲戚还不知道怎么回事。后来才知道，是因为张三刚座位的原因。周围的亲戚劝说："张家（指陈氏），三刚坐都坐了，都是自家人，又没有外人。况且他是闻闻亲姑父，坐在那里也没错。"

陈氏：闻闻敬酒他坐那没错，闻闻不敬酒了，他就不能坐那里。得让俺叔坐那里。闻闻不敬酒了，你支客得①怎么能不讲一声，你这不是明显的看不起人吗？就是三刚坐错了，你讲一遍不就过去了吗？哦，这倒好，你安排的位置，俺二哥看了到门口说一遍俺家三刚坐错位置了，俺二哥你又说一遍。好了，俺大哥你也说一遍，还跑过去告诉三刚坐错了。这不是故意让三刚难看，让俺一家丢人吗？

其实早先，张三刚也知道自己坐错了，但是问题也不大，毕竟也是亲姑父。可是大哥的提醒和外面妻子陈氏的争吵让张三刚的自我暗示逐渐消退，转化为气愤。在陈凤章及其兄弟看来，人家外人（指闻闻的舅舅们）都没有话说，你作为本家人却自个闹起来，是丢本家人的脸，让外家人看笑话，更是让外人看笑话。所以，陈凤章三兄弟都过去指责陈氏，并扬言要打陈氏。张三刚坐不住了，为了维护妻子和自家的身份与声誉，他也走出来说"不吃了，没法吃了。看不起人，回家"。

这时，陈氏的母亲、姑姑、舅舅等亲戚都过来相劝，自家人不要闹，让外人看笑话，等婚宴结束了，再好好说。可是陈氏就是不听话，连其母亲也生气了，要赶其走。最后，张三刚一家饭也没吃完，就气得迎着大雪回家了。

案例2：90年代孩糕自杀事件

孩糕是陈凤康唯一的儿子。80年代末到90年代初，陈凤康一家仅剩父子两人，6亩多地。由于父亲年老体弱且没有其他技能，家里的农活基本上都是由孩糕做，日子比较清贫。三间瓦房里除了一张床、三张凳子以及做饭用的厨具，什么都没有。由于家里贫困，且家

---

① 支客得，本地方言，指婚礼司仪。

第四章 农民家户利益的基本构成

族里又没有人,所以孩糕自认为自家在村里受人白眼,村里的人都看不起他们父子俩。23岁的孩糕也一直没有结婚。1994年春,陈怀力在紧邻陈凤康家的麦地旁放羊,几个小羊跑到了陈凤康家的地里吃麦苗,被远处的孩糕发现。孩糕跑了过去将小羊赶走,同陈怀力吵了起来。

孩糕:俺老太,你放羊能不能放远点,看好你家的羊。

陈怀力:放远点,放哪去?我又没在你家地里放。那羊羔个跑过去了,我不是没看见嘛。

孩糕:俺老太,你这讲话就不对了,你家羊吃了俺家的麦(mēi),你这还有理了?

陈怀力:不就吃你家一点麦苗吗,有啥?明天我到俺地里给你割一筐去。吃你家一点麦,叫唤啥。

一直觉得自家受欺负的孩糕顿时气坏了,觉得陈怀力这是故意刁难,看不起人。

孩糕:我叫唤得有理,你叫唤啥?

陈怀力一听一个小辈说他"叫唤",顿时也气不打一处来。两人便吵了起来。这时一旁经过的陈永夏看到孩糕跟父亲对骂,走了上去扇了孩糕两耳光,并一脚将瘦弱的孩糕踹倒在地。

陈永夏:妈得个X,我叫你骂。你看看你家可(kèi)有人了,搁着逞啥能。我踹死你个狗娘养的。我看你还敢骂。

孩糕捂着肚子,要上去跟陈永夏干架,被闻声而来的陈永炼等人拉开。陈永夏和父亲陈怀力还是不依不饶。

被打的孩糕,认为自己没用,觉得让村里人看了笑话,更加让村里人看不起这个家。由于气愤至极,最后选择喝农药自杀了。他自杀后的两年,父亲陈永康也在伤心中病逝在自家房子里,一个星期之后才被发现。

从案例1中我们可以发现,张三刚夫妇大闹陈闻婚宴现象的根本原因在于陈凤章一家的安排让其丈夫及其家户的"脸面"丢尽,是作为大哥的陈凤章一家及其两位哥哥家看不起他们家,故意使坏造成的。为了对这种损坏家户身份与声誉的事实进行回击,他们选择了婚宴中途的据理力争和弃场离开。而陈凤章等人的劝阻和指责也是基于张三刚夫妇的这种行为损害了自家的形象，会使得这件事成为别人家背后议论的笑柄，"外人没有乱，自家人倒乱了套"。每个人背后考虑的都是所在家户的身份与形象。一旦有一方破坏了这种规则，就会出现另一方维护家户身份与形象的行为发生。而在案例2中，陈怀力之所以选择故意让羊吃孩糕家的麦苗，其在心理上还是看不起孩糕家，觉得孩糕家好欺负。而孩糕也是这么认为的，就是认定陈怀力看不起自己及其所在的家户。同时，在孩糕看来，被打的不仅仅是自己的身体，而是自己所在家户的"脸"，让他觉得自己以后在这个村里无法继续待下去。家户的不幸和贫困，导致自己对自己的否定，对自己家户身份与形象的否定。而自己没有能力维持这个家户的身份与形象，唯有自杀才能够表明自己为了维护家户的尊严与声誉而付出的努力。孩糕死后，父亲陈凤康将其尸体放在了陈怀力家门口近一个星期，就是为了给死后的儿子讨个说法，更是以此来维护自己家户的声誉和形象。迫于村干部和舆论的压力，陈怀力一家最后同意出钱将其安葬，赔了陈凤康一家2000元。这件事才最终平息。表面上看似个人脸面的争端，实质上都是为了家户的身份、形象与声誉而各自为战。这里也包括陈怀力和陈永夏的行为。在陈怀力看来，孩糕本来就是晚辈，孩糕的出言不逊，是对自己及其家户的侵犯。因为，陈怀力一家在陈村也算是贫困户，心里也同样装满别人家看不起自己家户的心理暗示。而同样贫困家户出身的孩糕也对其出言不逊，让他觉得"你家来不造，还敢欺负我"，那是对自己家户更大的瞧不起与挑战。所以，陈怀力才会死皮赖脸地同孩糕吵下去。而陈永夏同样认为，如果自己不采取行动维护自己父亲及其家户的身份，外人将会在以后的日子里更加看不起他们家了。而打了孩糕，也同样是打给外人看的，意味我们这个家不是好欺负的。

其实，维护型象征性家户身份是陈村内部家户纠纷的一个重要表现，也是中国农村日常生活纠纷的重要表现之一。很多时候，农民往往会因为一句话、一件事以及一个小的玩笑而发生纠纷甚至家户之间的拳脚相向，往往就是因为其中一方对于另一方象征性家户身份的侵犯。而一旦这种侵犯事件发生，紧接着的就是家户成员维护家户身份的行为过程。

总体来说，农民家户利益在意识或者抽象层面存在的家户利益形态——象征性家户身份，包括维持型、建构型和维护型三种。其中前两种是良性互动的过程，而维护型则是行为冲突的过程。从目前的陈村的整体情况来看，建构型的象征性家户身份特征更加趋于明显，它也反映出农村市场化进程对于农民观念、行为以及价值观的影响。传统中国农民的象征性家户身份主要是通过村庄人情惯例、土地与人口规模等支撑起来。而现代中国农民的象征性家户身份的符号体系越来越丰富，已经成为中国农民象征性家户身份的重要特征和内容。这种家户身份符号体系的繁荣，也暗示农民家户之间的矛盾与冲突将不断加剧。传统村庄共同体的各种关于良好秩序的想象已经不复存在。家户利益的冲突与维护深刻地镶嵌在农民的日常生活世界，并逐渐形塑了农民的集体行动观念、公共意识以及政治观念。

三 神秘主义与风水

费孝通曾经将中国农村的传统分为大传统和小传统，大传统主要指通过古代绅士阶层向农村传播的儒家文化中的礼教仁义德善。小传统又分为"地上"的小传统和"地下"的小传统。前者一般是指我们常见的地方性知识或者说村规民约等，就是通过我们的一般的调研和观察能够得到的一些关于本地或者区域特色的传统。而后者则是隐藏于农民日常生活之中，不容易被观察的传统形式，它一般具有隐蔽性和神秘性。费孝通认为《江村经济》关于江村社会生活的描写基本上都是基于"地上"的小传统，而缺少对"地下"小传统的观察和研究。[1] 在陈村，农民日常生活中的这种"地下"小传统的重要组成部分就是具有神秘主义特色的迷信、信仰以及对家户风水的追求。它们构成了陈村农民家户利益的组成部分之一，在陈村很多家户之间的矛盾纠纷与冲突都是由此而引发的。

鬼 陈村的农民都很迷信，相信鬼神之说，认为在人的世界之外存在一个鬼的世界。而鬼来源于已经去世的人。鬼与人在本质上是死人与生人的区别。在陈村人看来，生人有生人的世界，有生人的家；死人有死人的

---

[1] 费孝通：《江村经济》，上海世纪出版集团2011年版，第299—303页。

世界，有死人的家。在陈村，鬼的世界就存在于北田①与路西②这两块地的中间，有人说那里是附近鬼的一个城市。而死人的家，就是指墓地，即祖先以及已逝亲人埋葬的地方。在这里是已逝亲人的家，也是生人能够获得先人庇佑的地方。所以，本家人在本家的祖坟附近是不用害怕的，因为这些先人的鬼魂会在附近庇佑你。这里有两个关于此的故事。一是陈敬和谈到的一个故事。据陈敬和的讲述，以前附近某村的一个人晚上从某亲戚家喝完酒走夜路回家，途中遇见两个小鬼，不断地驱赶和大骂自己，他十分害怕，担心应对不了。突然间想到自家的祖坟离此不远，就急中生智往自家祖坟的方向走去。快到祖坟附近，他开始喊亲人的称谓"俺老太俺老太快出来救我！"。结果，祖坟里的先人们都走了出来把两个小鬼驱赶走。为了避免晚上赶路再次遇见小鬼，这个人就在祖坟旁边睡了一夜，第二天天亮才回的家。另外一个故事是关于陈闻兄弟俩秋收看场的事。90年代初期，陈村农民秋收的花生和芝麻等都运到离家户有一定距离的场上进行加工。为此，晚上一般会安排人在场上睡觉看场，防止其他家户偷盗。在陈凤章家，这个任务就交给两个孩子——陈闻兄弟俩。作为小孩，晚上在露天的场上睡觉还是很害怕的，这个害怕主要是指怕鬼。父亲陈凤章却告诉两个孩子，"怕什么，你们老祖的坟就在旁边，有什么事他们都会出来保护你们的"。也正是因为如此的心理暗示，陈闻兄弟俩看了好几年的场，从来都没有害怕过。从这里可以看出，在陈村人的心理世界，先人的鬼魂是可以保护健在的亲人的，而且陈村人坚信如此。这可能就是中国人敬拜祖先与先人的原因之一。

但是，在陈村的迷信世界里，并不是所有先人的"关怀"都是好的。从中国的鬼神学说中，我们知道人和鬼是不能接触的，一旦接触就会影响人的健康。在陈村也是如此。在陈村人看来，很多的时候，人生病了，并不是因为病毒或者生理的原因，而是由于"沾了晦（huī）气"，即碰到了不干净的东西——鬼。陈凤章家就曾经经历过这样的事件。据陈凤章的口述，有一段时间陈凤章老是腰疼，吃药打针针灸等都没用。后来，陈凤章的岳父看了一下他的手，告诉他有"晦气"。于是，陈凤章就找来了村

---

① 北田，陈村地块名。
② 路西，陈村地块名。

第四章 农民家户利益的基本构成

里的"神婆",也就是陈永金的老婆。她告诉陈凤章是因为他去世的父亲想他了,回来看他的时候碰到了他的身体,所以才会有这种状况。去除的方法是由其母亲过氏到父亲陈永傲的坟前烧点纸钱,然后"嘟囔"(批评的意思)一番,不要让父亲回家就行了。陈凤章说这种方法挺有效的,上完坟之后,腰疼的症状就消失了。陈凤章对此也深信不疑,一旦身体不适通过医疗的方式无法治愈,就首先想到的是"可能有晦气"。

除此之外,在陈村调查期间,很多农民都跟作者谈及过自己经历或者听说过的关于鬼的事件。如慕氏就谈到她自己亲身经历的一个诡异的事件。

> 据慕氏口述,很早以前,有一次她回娘家探望父母,吃完晚饭回来的时候已经天黑了。到了家门口,她并没有直接回家,而是去了隔壁陈凤腊家串门,同柴氏说说话。说着说着,柴氏突然脸色一变,话音一转,变成了另外一个女人的声音:"陈家(指慕氏),你走这么快干嘛?我年纪大了跟不上你,一路喊你,你也不停。害得我跟你来到你家。你是不是不认你奶奶了?"慕氏和房间里的其他人顿时吓得鸡皮疙瘩都起来了,惊慌之余慕氏发现这个上了柴氏身上的鬼,正是自己已经去世多年的奶奶。而奶奶的坟就位于自己父母家不远的地方。慕氏回应道:"俺奶,你别吓人了,你回去吧,明天我一定过去看你。"之后,柴氏才恢复了神志。第二天,慕氏马上带上纸钱到了爷爷奶奶坟前祭拜了一番。

陈永识女儿的遭遇则更离奇。陈永识的女儿于氏在未出嫁之前,得了一场大病。据陈村人的回忆,这个病非常诡异。

> 1996年夏的某一天,陈永识16岁的女儿欢欢到外婆家探亲。中午在外婆家吃完饭,就沿着路往家赶。回到家之后,欢欢的母亲询问她在外婆家的情况。欢欢突然性情大变,从一个小孩的语气变成了一个大人的语气,且哭哭啼啼。嘴里一直骂骂咧咧,诉说着自己的遭遇和不幸,然后就开始疯疯癫癫。陈永识一家的第一反应就是,可能女儿碰到了"鬼上身"。于是,夫妻俩就找到住在隔壁的陈永金妻子,

陈永金妻子看了之后，施了一些所谓的"法术"，然后欢欢就性情大变，说道"你这点道行还想跟我斗，滚一边去吧"。陈永金的妻子没有办法，理由就是这个鬼太厉害，自己道行太浅。但是，她知道这个鬼的来历，便是欢欢回家路上经过的一座孤坟。陈永识后来又找到附近的另外一个神婆来医治，结果也是徒劳。在利用这种"巫术"的同时，陈永识一家也跑到市里的医院就诊过，但都是不起什么作用。女儿有时正常，有时就"犯病"。1998年，他们家打听到了一些人口中相传的蚌埠一位道术高超的"神婆"，这才带着女儿前去求医，至此才赶走了女儿身上的"鬼"。

在陈村人看来，有些人之所以容易招惹鬼主要原因在自己身体太弱，邪气容易侵入体内。还有一些人则是自己倒霉或者"该死"。在陈村人的鬼神世界观里，死过人的地方是很可怕的。所以，在陈村很多子女都不愿意父母病逝在自家的堂屋。所以，分家之后，老人都是单独居住在一个小屋，而不想让子女们嫌弃。而那些淹死过人的池塘里则更是充满怨气，特别是淹死的是年轻人。如下面的案例：

在90年代早期以前，陈村人夏天都喜欢到东塘里洗澡，那里面水比较干净。然而1994年，陈永炼的外婆在此跳塘自杀以后，再也没有人在此洗过澡。大家每次经过此处都心惊胆战的。1998年，陈永识的两个孙子，一个6岁和一个5岁，经过此处玩耍。其中6岁的孙子不小心掉进水塘里淹死了。据村里人回忆，当时另外一个孙子说，有个老奶奶在水塘中间喊他们过去玩，两个孩子不愿意过去，老奶奶就伸手抓住了靠近水边的哥哥。在陈村人看来这是以前跳塘自杀的陈永炼外婆在找替身，要投胎。同样，陈村"扬场"① 的一条人工河，早先也是陈村人夏天洗澡的场所，后来因为外村来的一个妇女在此带着两个儿子跳河自杀以后，大家再也不敢来此洗澡了。

直到现在，陈村很多人在内心世界里还是相信鬼的存在。这也是大家

---

① 扬场，陈村地块名。

为什么要祭拜先人的原因之一,因为大家相信在另一个世界的先人能够保佑在世的亲人家家平安,能够保佑家人驱邪避难。死人的世界最终还是要为生人的世界服务,服务的对象仍然是那些以家户为单位的子子亲亲。而那些害人的鬼,又称之为无法投胎的"孤魂野鬼",往往是那些没有进入祖坟的死人或者是非正常死亡的人。这些死人的魂之所以称之为"孤魂野鬼",是因为它们在另外一个世界没有家,甚至在人的世界没有亲人,享受不到生者亲人的祭品和送的纸钱,只能自生怨恨而伤人或者害人。至于为什么很多人死后没有按照鬼神之说中的逻辑去投胎重新做人,陈村人的说法是,这些没有投胎的人要么是没有找到替身,要么就是活着的时候做的亏心事太多,投不了胎。按照这样的逻辑,人们祭拜祖先希望祖先保佑家户平安,其实求的是那些没有投胎的做鬼的先人。因为已经投胎做人的先人又如何能够保佑现世的亲人呢。这也说明中国农民关于鬼的认识的矛盾性。这种矛盾性在陈村农民看来并不矛盾,祭拜先人只是一种心理暗示作用。这种暗示作用的线索是你祭拜了之后那些先人才会保佑自家平平安安,而一旦你不祭拜,家户成员就可能会遇到灾祸。

神婆与术士　　有鬼的存在,就会有人们对于神的崇拜。人们相信有鬼,就必然相信有可以制服鬼的神。鬼和神的存在是互为因果的,所以才会有鬼神世界观之说。在陈村,农民日常生活中的神有两种存在方式:一是以人为媒介的具有神的身份的神婆或者术士;二是以信仰为媒介的神明。在前者中神婆和术士存在明显上的区别。神婆相当于西方社会中的"女巫",它的功能是驱鬼。而术士是从道士演化而来,具有驱鬼、叫魂、算命、看风水、选坟地等多重功能。在陈村及其附近,神婆则完全具有神秘主义色彩,它的出现是由于某一位神仙突然降临到自己身上使得自己具有召集神仙完成某种驱鬼仪式的能力而形成的,如陈永金的老婆,就说自己是何仙姑上身。而术士则具有中国传统封建迷信的色彩,具有一定依据,这种依据来源于《易经》等书籍以及在此基础上形成的演算和推理过程,因此又称之为风水先生。在陈村及其附近的神婆有三人,术士有一人。陈村人沾到晦气,一般都会找这些人帮忙驱离。神婆的这种帮忙是不收钱的,如果成功,受帮助的人家就应该买上香火前去感谢,俗称"送香火"。术士一般是不会轻易帮忙驱鬼的,因为术士的主要工作是看风水,且是收费的,由此而维持生计。神婆驱鬼,主要是晚上受邀到受鬼侵扰的家户，当着家户成员的面，头摇身子晃地念一些类似咒语的东西，请神仙上身。接下来就是闭上眼，歇斯底里地陈述自己的身份以及驱鬼的一些话，时哭时笑，仪式结束之后，回归正常。而术士则没有这么疯狂，他通过看手相、面相以及通过自己随身携带的书目来决定解决的办法。方法是相对容易接受的，其中的一些方法包括：

（1）用酒洗手腕、额头、腹部、腿部等处，坚持一段时间。
（2）通过每月的初一、十五清洗门脚与上香的方式进行逐渐清除。
（3）念一些咒语，将火纸放在酒中点燃烧掉喝下等等。

这些方法一般来源于中国的茅山道术之类，属于有记载的驱鬼辟邪的方式。作者在调查期间曾经历两件术士施法的过程：分别是破灾和叫魂，它们都发生在陈凤章家。

> 破灾。陈凤章外孙女一岁半的时候，找来了村外的一个术士，给其看看以后的命数以及运程。术士看了看手以及生辰八字以后，对陈凤章说："此女命好，摊到了娟娟家（陈凤章的女儿），比到谁家都享福。她命里占着天福，以后会有大出息。但这丫头长大了以后性子比较硬，会跟着她妈对着干。不过，7岁与9岁的时候她可能会有灾"。之后，术士给了陈凤章家开了一个破解之道，具体的方法是：明年（2014年）清明节中午12点以前，找到一个家里人用过的有残口的碗，站在院子里面向南，喊上三遍孩子的名字，将碗摔碎。然后将摔碎的碗捡起，扔到别人家的门口，此灾即破。

> 叫魂。在陈村，小孩子受到惊吓之后就容易"掉魂"。掉魂之后，小孩就会没精神，不怎么吃饭，甚至发热等，一般医治不好。在陈村，掉魂之后就需要叫魂。陈凤章的外孙女就掉过魂。后来找到外村的术士举行了叫魂仪式。叫魂仪式是在中午12点以前举行。术士要求陈凤章抱着外孙女坐在门口的太阳下面，并在座位前的地上划上两个十字形的标记，要求陈凤章两只脚踩在十字形的标记上。然后，术士面向太阳念一通咒语，咒语念完双手向着太阳的方向做一捧起状，然后将捧起的东西送到女孩的头上。这样来回数遍即完成叫魂仪式。

至于这种方式的有效性则完全依赖于陈村农民的自我认定。在陈村及

第四章　农民家户利益的基本构成　·135·

其附近的神婆与术士中，作者发现了他们之间一个共同的特点，他们所在的家户都很贫穷。术士过知全早年家里贫困，两个儿子和自己的老婆纷纷在60年代初的大饥荒中饿死，只剩下一个女儿与其相依为命。家里仅靠给人看风水的收费维持生计。陈永金家是陈村八九十年代最贫困的家户，妻子成为神婆也是一夜之间的事情。而陈村另外一个神婆陈凤皇的妻子则是2012年之后成为神婆。这些人成为神婆没有什么征兆，只是遇到相对晦气的事情，会跟你说她能够帮你解决。家户贫困导致这些家户在村庄内部并没有什么身份和地位可言，他们往往成为大多数村民鄙视的对象。而成为具有某种特殊能力的人，一定程度上可以使得自身及其所在家户获得某种认同感与安全感。从同他们三人的交谈中，确实能够得出这样的结论。术士过知全认为自己现在有名，附近的几个乡镇都知道他的大名，而且去任何地方都是有人车接车送，抽烟都是20多块钱一包的。话语之中无不流露出对这种身份的认同与自豪。而陈永金妻子也同样因为如此，在村子里非常活跃，且经常到各个家户串门，说一些神神叨叨的话。很多人也愿意找她，也有很多人怕她，总觉得她的身上有一些不干净的东西。而陈永金家也成为一个大家不敢轻易串门的地方，一旦有人到陈永金家串门，那就说明，这一家人肯定有事求助于陈永金的妻子。这些具有神秘主义的迷信方式是否具有功效，作者无法考证。但是从陈村这些神婆和术士的家户条件来看，这种以人为媒介的神，则同其家户的经济状态与社会地位是密切相关的。

　　信仰　神在陈村的另外一种存在方式是以信仰为媒介的神明。很多学者认为中国人的信仰是多元主义或者说是实用主义，其实中国农民的信仰遵循的是实用的家户主义，神明的作用主要是"保家"。保家可以指保佑家里人升官发财，可以指保佑家里人身体健康，可以指保佑家里人早生贵子，也可以指保佑家里人一生平安等等。因此，中国农村社会内部存在很多功能不同的神，需求的多样化，决定神的角色的多样化。在陈村，农民的信仰的最终目的不是追求精神上对神的依赖，而是祈求神能够帮助其家户解决问题。至于解决问题的是何方神圣，农民并不关心。所以我们可以发现，在陈村一个农民家户里会供奉不同的神，如菩萨、财神、关公、佛祖、钟馗、寿星，甚至是基督耶稣，教派分为道教、佛教、基督教以及邪教（如法轮功）。与西方社会信仰不同，陈村农民心中不存在唯一的神，只存在实用的神。

　　以陈凤章家为例，80年代中后期到90年代初，陈凤章家的中堂供奉的是长寿老人，每月的初一、十五，陈凤章都会在此上香礼拜。而90年代初陈凤章的妻子慕氏则信奉的是基督教，一旦子女身体不适，慕氏就会晚上跪在床边祷告。90年代中后期到2012年，陈凤章家中堂供奉的是毛主席，这时慕氏已经不再信仰基督教。原因是陈永金妻子告诉陈凤章，他的儿子以后能够当大官。所以陈凤章希望毛主席能够保佑自己的儿子以后功成名就，仕途无限。2013年陈凤章家开始供奉观音菩萨与财神，希望观音和财神保佑自家平安与健康，保佑儿子早生贵子和事业顺利。2013年底，陈凤章妻子慕氏又开始信奉基督教，同时陈凤章开始供奉钟馗等驱鬼之类的神明。因为2013年以来，陈凤章因为早年积劳成疾，身上总是容易招惹一些晦气的所谓的鬼怪，就开始供奉钟馗。但是慕氏认为效果不明显。慕氏于是重新信奉基督教，并希望通过耶稣保佑自己的丈夫以及子女的家庭与事业。她也最终说服陈凤章信奉基督教。慕氏认为，陈凤章信仰基督教以后，每天晚上都会唱圣歌，至少心情比以前放松了。但是，在陈凤章家的楼上依然供奉着观音与财神。同时，一旦病情不见好转，就会转而找术士破除。其实在陈凤章夫妇及其子女的内心世界，对于"命"是深信不疑的，他们常说"人的命，天注定"。

　　如上述陈凤章家的案例，人们对于信仰的选择往往是基于家户的现实需求而形成的，它不存在固定的宗教形式，也不存在唯一的全能的神，更不存在某种固定的信仰仪式。信仰的目的就是通过上香供奉的方式希望神明庇佑家户以及家户成员。他们的祈祷也很简单，如慕氏的祈祷，双掌合实，指尖向上，双膝跪地，闭目祷告，一般的祷告词是"希望菩萨保佑我们家平平安安，保佑迎迎爸身体健康，不会再招惹鬼鬼怪怪，保佑两个儿子都事业有成"。像陈凤章家这种现象，在陈村普遍存在。信仰的单位与功能都是指向农民家户。

　　在陈村，农民对于神的尊敬，不是依赖日常的虔诚的具有各种仪式的行为展示，而是出于一种心理上的敬畏，这种敬畏不会体现在日常生活中，而是体现于家户遇到困境或者难题的特殊时刻，家户成员会很虔诚地烧香祈祷，希望神明能够保佑家户或者家户某一成员的平安与健康。它是一种基于目的的临时性信仰。一旦家户或者家户成员的境况出现了好转，就会被认为是与神明有关，是神明显灵与保佑。如2014年，陈凤平从自家三楼摔下来，之后痊愈，让人觉得不可思议。陈凤平就认为是菩萨与佛祖的庇佑，之后请了河南豫剧在村里大唱三天，感谢神明庇佑。他还因此请了一座佛像供奉于家里的中堂，自己还戴上了佛珠与菩提做的手链。

在陈村人的观念里，每个家户都应该有一个保家仙或者神。如果家户里面没有供奉神明，那家就不是一个完整的家。神明与家户是一体的，灶有灶神，门有门神，家有家仙。家户供奉神明可以驱鬼辟邪，保家护人。家户与神在农民的精神世界里是分不开的。有家就有神，有神才像家。神明可以说是中国农村家户文化不可或缺的一部分。因为神秘主义中的鬼怪迷信以及传统文化中的祖先崇拜同神明的存在是分不开的，而祖先崇拜在本质上就是以鬼神存在论为支撑的，又是以家户为基本单位的。在一个完整的农民家户结构中，鬼、神、祖先与家户是融合在一起的。所以，在中国农村传教必须将宗教的教义同农民的家户需求相结合，否则宗教教义就无法在农民日常生活中传播。以基督教为例，作者参加过陈村所在乡镇的基督教会的宣讲，他们传教与布道的方式就是通过将神的存在同农民家户需求紧密结合在一起，如重大疾病的突然好转与康复、子女事业顺利、子女考上大学、求子成功等等。其中一个传教人是这样说他的经历的：

> 我的老婆2003年查出来了乳腺癌，后来吃药打针，做了切除手术，都没有成功。2004年通过朋友介绍接受了神的指导，每天晚上我和我老婆都虔诚地祈祷主耶稣的保佑与恩泽。2008年，我老婆的乳腺癌竟然痊愈了，感谢主耶稣。后来我的两个儿子都考上了大学，感谢主耶稣。

从作者对陈村及其附近村庄信教人员的观察来看，这些人多是来自于家里有病人、身体弱或者家庭经济条件不好的家户。他们大多是老人与妇女，中年人也有，但是不多。他们信教的目的是希望能够解决家户目前面临的困境与问题，而不是追求一种精神上的超脱的信仰。神的存在是要指向具体的家户利益需求的,而不是指向某种精神与信仰上的皈依。这是中国农民与西方个人在信仰层面的本质区别,中国农民最终是为家而活着,而不是为了个人,更不会为了信仰而活着。信仰的存在只是因为家户结构的需求。

风水 陈村神秘主义的另外一种表现就是风水,风水之说同鬼神之说是相辅相成的。风水好,鬼怪不侵,神明相佑,祖荫泽福。风水不好,家畜不安,鬼怪作乱,子孙祸患。陈村人非常注重风水,主要包括两个重要部分:死人的坟墓和生人的居所,前者称之为阴宅,后者称之为阳宅,在传统中国统称为宅文化。而宅文化是中国阴阳学说的凝结。在传统中国,阴阳学说是相宅和建宅必须遵循的根本法则。而《周易》又是阴阳学说的大本营。《周易》在流传过程中,把八卦与天干、地支相配,形成一套风水文化的理论框架,并用以说明阳宅与阴宅的基本方位与构成。[①] 当然,陈村农民并不懂得什么阴阳学说,但是在陈村农民的观念深处却存在着对风水之说的敬畏,并在行动层面遵循着一些基本的风水观点与原则。这些观点与原则包括:

1. 墓地与房屋的选址都应找风水先生看一看,并选择吉日吉时动土或者"上梁"。
2. 墓地讲究"一动不如一静",动土迁坟是大事,可能影响子孙后代。
3. 同一排房屋的屋脊应该保持在同一的高度,房屋的前后也应该保持在同一的宽度。否则,抬高的一方或宽度增加的一方将会影响高度或宽度较低一方家户的风水。
4. 同一排房屋院落大门伸展度应该保持在同一的水平基线上。
5. 房屋的正门或者大门不能对着前排房屋的巷道。
6. 房前屋后尽量避免有坟地。
7. 房屋的正门前不能堆积杂物。
8. 水井的方位、厢房的方位以及猪圈等选址可能都会影响家户的风水。

[①] 王玉德、王锐编著:《宅经》,中华书局 2013 年版,前言第 4—5 页。

第四章　农民家户利益的基本构成

9. 隔壁家户在自己家户的宅基地上堆放杂物或者其他脏污，可能会影响家户风水。

10. 家户风水不好，必然影响家户成员的身体以及前程事业等，事关家户的兴旺与发达，是大事。

一旦违背这些原则，就可能导致家户内部的各种灾祸，进而引发一系列的家户之间的纠纷与矛盾。在陈村人的眼里，因为家户风水产生的灾祸，可谓比比皆是，最具有代表性的案例就是陈凤银家的惨剧。

> 陈凤银家和陈凤辉家是邻居，居住在陈村村道北边的后排。两家的宅基地之间，在院落的前端有两座很老很老的坟。在分宅基地那会就已经被平了，看不出来有老坟。两家盖房子的时候，还专门请了风水先生对两座老坟可能存在的凶险进行了化解。从老宅地搬迁之后，两家都在两座坟的两侧养了猪，而猪的粪便就排放在两座坟的上面，时间久了，这里就成了粪池。早年两家日子过得都不错，儿女满堂。但自从两座老坟成为粪池以后，两家的日子开始变得不安宁。首先是陈凤辉得病去世，其子女等搬离了这里，住在了村道以南，日子才有所安宁和好转。然后就是陈凤银一家的各种离奇死亡事件。最初是入住在陈凤银家的陈凤银的弟弟得病去世。一年后，陈凤银得病去世。陈凤银去世一年后，陈凤银的妻子得病去世。家人的不断去世，让陈凤银的独生子陈春华感受到这处宅子的凶险，决定搬离此处，就在陈春华想方设法获取前排的宅基地时，却不幸车祸去世，撇下了一儿三女。基于陈春华一家的遭遇，乡镇和村里为此才同意给陈春华家划拨前排的宅基地。新房盖好以后，陈春华的妻子及其子女才搬离此地。

在陈村人看来，陈凤平家和陈凤银家的遭遇就是同这两座老坟有关。陈凤银和陈凤平家在两座坟两侧养猪，并在坟墓上面形成粪池，最终破坏了早年风水先生的破解之法，镇不住坟墓里面的"鬼魂"。阴宅的不安，最终导致阳宅风水的衰落，才使得家人遭此牵连。在陈村社会内部，风水观念是根深蒂固的，它一般不轻易表露在众人面前，犹如鬼神之说一样。这都属于家户生活的隐私。家户成员往往会将家户生活常年的混乱、不安、衰落以及六畜不旺自觉地归结为家户风水的问题。以陈凤达家和陈凤章家为例，可见一斑。

陈凤达家"拉"好院墙以后，家里总是财畜不旺，养啥啥死，种啥啥不旺。家里人也总是隔三岔五地生病。就拿养猪来说，别人家养头母猪，一窝能下10—16个崽子，而自家养的母猪一窝就只下4—8个，之后还得病死2个以上。别人家种棉花，一种就丰收，自家种棉花不是有病虫害，就是减产。一年下来，比别人家少收入很多。陈凤达觉得可能是家户风水问题，于是就找来风水先生给看看，据他说风水先生指出了三个问题：一是自家堂屋与厨房之间的巷道太宽；二是院子里的水井位置有问题；三是自家屋后的厕所方位有问题。于是，陈凤达按照风水先生的建议，首先是重新修建了厨房，拓宽了巷道；其次，废弃原来的水井，在风水先生指定的位置修建了新的水井；最后，将自家屋后的厕所推倒了，新的厕所向东移了2米。在陈凤达看来，修改之后，家户的生活确实得到改观。

陈凤章家居住在陈敬富家的西侧，两家是邻居，中间隔着一个1米左右宽的巷道。自从80年代从老宅地搬到新房子里以后，家里也是六畜不旺，"养猪猪不生，养羊羊不生，养鸡鸡生瘟"等。而隔壁陈敬富家则六畜兴旺，一头母猪一窝就是20头小猪仔。他家的母羊生一窝就有四头小羊。而自家的羊一生就是一头，还是头母羊，母猪一窝就五六头。在陈凤章夫妇看来，自己六畜不旺的原因就是风水的原因。因为陈敬富家的屋脊比自家的屋脊高一砖，且他们家院子的大门比自家院子的大门朝前长4米多。正是因为如此，陈敬富家的房屋格局破了陈凤章家房屋格局的风水。两家因此产生过多次纠纷。

在陈村人看来，家户风水事关家户的祸福以及子女的前程，是陈村农民家户利益最隐藏的一部分，也是陈村农民日常生活比较重要的组成部分，它具有明确的不可侵犯性特征。一旦有个人或者组织侵犯这种家户利益，为此而展开的行为冲突也是不可避免的，且是十分激烈的。而这种冲突是不分亲缘关系的，更不是遵循什么人情面子的。因为在事关家户祸福与子女前程的事件上是没有可讲情面的余地的。2012年，陈村发生的几

第四章 农民家户利益的基本构成

起因建房产生的纠纷与冲突都是与此相关的。如陈凤达家同哥哥陈凤腾家就因为锅屋①高矮的问题，大吵一架。当时，陈凤腾想把自家的锅屋建得比陈凤达家高一砖，后来被陈凤达家发现。陈凤达的妻子就在村子里大骂陈凤腾家故意使坏，而陈凤腾的爱人则反驳道，"我自个家的房子，我想盖多高就盖多高"。后来，陈凤达家在自家已经盖好的房子上面又重新加了一砖高。2014年，陈凤林家修建楼房，想在楼顶处盖得更高一些，被邻居陈凤地的妻子发现，两家大吵一架之后，在同一排其他家户的反对下，陈凤林家被迫将已经盖好的楼顶边缘削减了一砖。2014年，自从陈凤地和陈凤平两兄弟家建了院墙以后，同一排的其他家户并没急着把院墙修建起来。其中的原因有包括资金上的问题，最重要的是大家都在观望和等待。从陈凤平家往东至陈凤根家共7户都在等待修建院墙。因为这几家的房屋基本上是连在一起的，院墙的长短直接关系到家户风水，这几家都怕先修了之后，别家又修得比自家的朝前。据慕氏说，"大家都在等，陈凤腊家和陈凤达家都在看陈凤腾家怎么盖。俺家等他们都决定了院墙拉到哪里之后，他们盖好了之后，俺家才盖。免得有些人使坏。你盖得早，他盖得晚，他比你朝前，那就不好了"。所以，在陈村一家盖房子，周围几家都在盯着，就像盯梢一样。他们都在观察，正在建的房子是否跟自己家的房子前后一样长、上下一样高。大家都在担心别人家盖房子一旦故意使坏，将会对自己家户在风水层面产生不利的影响。当然，这在一定程度上是村庄的风水惯例所不允许的。所以，在陈村你会发现大家的房子都是整整齐齐的一排的，如同规划一般。从这基本可以看出陈村在整体层面还是相对和谐的。而在那些房屋高低不一，房屋前后不齐的村庄中，我们也可以基本得出这个村庄内家户与家户之间的关系不是很和谐。

从总体的情况来看，陈村的神秘主义主要由人、鬼、神三个主体建构起来的（如图4.4）。人活着的时候以家户为单位，居住在自家的房屋里。人死了以后变成鬼，居住在坟墓里，坟墓相对于人世的房屋，意指人死后的家。先人死后，能够得到一块风水好的坟墓，就能够保佑后人获得祖荫。阴宅的好坏直接关系到阳宅的人的好坏。人对鬼产生恐惧，如何消除

---

① 锅屋，本地方言，指厨房。

```
         鬼 ←——————————→ 神
          ↘ ↗        ↖ ↙
            ( 家户风水 )
              ↕
              人
```

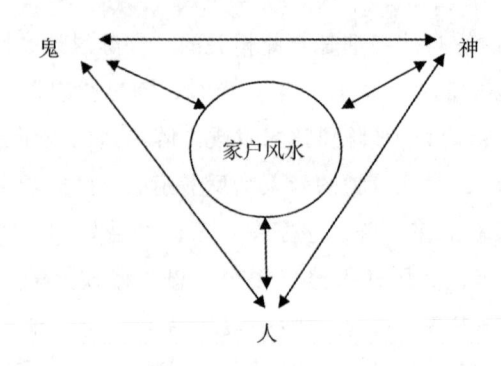

图 4.4 陈村农民家户信仰中人、鬼、神的关系图

这种恐惧，就需要借助于神，神的存在有两种方式，一种是借助于人的身体而表现出来的功能性的仪式，如神婆、风水先生等；另一种是以家户祈福为单主题的对于神的信仰，神以画像、雕塑、图形等符号的形式被供奉在家户内部，成为家户成员获得神明庇佑的重要方式。当然，这种神明的庇佑，不是以个人为对象的，而是以家户为对象的，是通过信仰的一方对于家户成员的祈福，目的是追求家户兴旺、健康与平安。当然，人在鬼神面前也并不是被动的，他具有主动的一面，这就是对于家户风水的追求。人们试图通过对阴宅与阳宅的布局安排，来改变家户当前与未来的生活状况。好的家户风水，百鬼不侵，神明庇佑，人财两旺。坏的家户风水，则鬼怪缠身，人畜不旺，灾祸连连。在陈村农民的观念里，风水如同神明一样，只是一种变革生活境况的一种方式或者工具，而在农民观念中最根本的还是现世的家户及其生活。神秘主义背后的功能与价值指向同样离不开家户这个单位，也同样是家户利益的主体构成部分。

陈村农民观念中的神秘主义关系谱系，可以用上图进行基本的展示。人害怕鬼，鬼害怕神，神又需要人的供奉。人通过信仰或者仪式可以驱鬼辟邪，人也可以通过风水的布局与安排来驱鬼，并获得神明的庇佑。同样鬼和神也可能通过人为对风水的破坏来达到对人的影响。而风水的单位在中国是以家户为单位，这同现实中人的存在单位是一致的。神秘主义与家户风水，是中国农民日常家户生活中的重要利益组成部分。由于受到国家意识形态的制约，以"地下"小传统形式存在的中国农村的神秘主义以及家户风水并没有得到农村研究学者过多的关注。但是，它确实是农民日常行为的一个重要触发点。在陈村的日常生活中，很多纠纷与冲突都是与此密切相关的，一些村庄内部的公共治理事件无法达成，也是与此相关的。

四 货币收入

货币收入是农民通过土地、劳动力、互惠交换等媒介获得的现金收入，它是农民家户利益在物质层面的延伸，是农民家户财产的重要构成部分。陈村农民的行为动机是实现家户利益的增益，而家户利益的构成又不是单一的，而是多元的。有些是物质层面的，有些是抽象层面的，有些是可以计量的，有些是源于情感情面的考量，是不可以计量的。而货币收入基本上是属于可以计量的层面，也是容易观察的层面。在起始层面，农民对于货币收入的追求源于农村市场化带来的农民消费需求的膨胀而导致的货币缺口，为了弥补这种缺口，农民不得不想方设法获得家户货币收入的增加。在理论层面，社会化小农理论是对农民追求货币收入最大化的最早的理论总结。但是正如前文已经分析，追求货币收入并不是农民行为动机的最终结果。在日常生活中，农民的行为动机既包括抽象层面，也包括物质层面。农民行为的各种动机的最终归结点是家户利益，货币收入只是其中的一个构件。在农民日常生活中的多个层面，我们是无法用货币收入来衡量或者判断农民的行为动机的，如基于所有权的冲突和基于身份的冲突等等。同样，也有很多的农民行为动机是可以通过货币收入来衡量的。农民行为动机在根本上是为了家户利益的增益，但具体的动机目标构成却是多元的、复杂的，我们不能用单独一个层面或者标准来衡量农民的行为动机。

在陈村，货币收入主要包括两个重要作用：一是对象征性身份的建构作用，这在前文已经有了叙述。农民家户货币收入的总量往往成为农民家户身份建构的重要来源。在陈村，家里有没有钱，是陈村农民象征性身份的重要来源。一方面，如果家户成员认为自身家户的货币收入总量属于富裕家户，就会自我建构为比其他家户更高贵的身份与地位，在村庄公共场合就会显示出行为的主动性与积极性。另一方面，家户成员也会通过家户货币支出，购买具有标识身份符号的商品的方式来建构家户的地位与形象。这两种情况，货币收入的作用是媒介性的，目的是获得象征性身份。

货币收入的第二个重要作用是对农民日常行为的建构，即在多数境况下，农民行动的目的就是为了追求货币收入，以期增加家户货币的持有量。一旦有主体阻碍农民实现这种货币收入，农民就会采取相应的策略与行动。在陈村，农民这种基于货币收入的家户行动包括以下几个方面：

第一，日常生活的货币收入追求，主要是指农民在村庄日常生活内部很多行为的发生都是基于对于货币收入的追求。如农民为了增加货币收入，在基于惯例认同的基础上，不断拓荒，尤其是地头拓荒比较严重。在以往，家户地块的地头往往是属于"公"部分，并不属于家户耕地面的一部分。这些土地多属于田间的车道或者人行小道。为了能够增加货币收入，农民不断地开垦这些地方。原有的村庄宽阔的车道已经狭窄到只能仅仅过车而已，而田间的人行小道也基本消失。同时，农民家户甚至将那些无主孤坟平了，种植庄稼。目的就是为了能够多增加土地的现金收入。在土地之外，农民甚至借助市场，在村庄空间内部寻找可以获得家户货币收入的资源，如家户之间争相挖掘野生草药，争相捕捉泥鳅、斑鸠等可供换取现金货币的资源。尤其是近两年的夏季，围捕刚刚爬出地面的知了，成为全村男女老少争相去做的事情。因为这样的知了，市场价为2毛钱一个。现有农民在粮食生产上的节约行为，也主要源于最大可能地获得货币收入。这里有一个例子，陈村农民总会选择那些最小浪费粮食的方式，而不是最方便人力的方式来收割粮食，如在收割玉米过程中，农民会选择那些只收棒子的联合收割机，而不会选择那些直接变成玉米粒的一体化的联合收割机。因为后者虽然节省人力，但是很多玉米粒会被机器洒在地上浪费掉。在陈村人的观念里，一粒粮食就是一分钱。另外，陈村农民虽然在乎吃穿住所代表的象征性身份，但是陈村农民不会将所有的家户储蓄都用在这上面以彰显他们的家户身份，他们往往根据家户最急需的层面来决定自己选择建构哪一个层面的家户利益，并决定家户利益结构的优先性。如人们会为了盖楼房而省吃俭用，为了子女教育而放弃盖楼房买新衣服。当年，陈凤章一家为了支持儿子上大学，甚至常年吃咸菜，一年到头不添置新衣服。所以说，农民为了家户利益而采取行动，但是何时何地追求什么样的家户利益，在陈村农民的心里是有权衡与安排的。这就是农民的家户理性，农民根据家户的需求来调整家户利益的基本构成要素。

第二，人情礼仪的货币收入追求，主要是农民在村庄人情交往中，从传统的基于亲缘关系的单互动核心，逐渐出现基于亲缘与货币的双互动核心。在很多农民家户亲缘关系网络中，衡量彼此之间关系的标尺不再是礼物，而是货币。阎云翔笔下流动的礼物变成了流动的货币①，杨美惠笔下"礼物—关系—国家"结构②，在中国农村也逐渐呈现出"货币—关系—国家"的结构。在陈村，虽然人情认同还普遍存在，但是人情认同的基础具有了货币化的倾向。同时，很多人情礼仪的展开，本质上就是为获得现实的货币。

2013年，陈永炼73岁大寿。对于陈永炼来说，不喜欢折腾，更不喜欢被小孩吵，所以他跟几个儿子商量这次大寿就不过了。可是老二和老四不同意，认为人活到73岁也不容易，就跟父亲和几个兄弟们商量准备大年初七给老头子办寿宴。但是，由谁来办呢？老二陈凤腾和老四陈凤达争执不下。陈凤腾说他自己一个人出钱办，不用几个兄弟操心。但是他有个条件是，寿宴期间的礼钱就不分了，都留给自己。陈凤达一听不同意了。想要独占礼钱那是不可能的。老四的意见是要么几个兄弟之间平均集资办寿宴，然后礼金也平分，要么自己办。老三和老五不同意集资，因为自己家没有钱，所以他们两家不同意办寿宴。争执不下，老二和老四还吵了一架。最后，老头子陈永炼说，那就由老二和老四出钱办，然后这个礼金由他们两家分。

上面这个案例中，陈凤腾和陈凤达的真实意图，并不是真想为父亲陈永炼庆寿，而是想借庆寿这样一个名头来获得礼金。陈村隔壁的慕李庄，就曾发生三个儿子为办寿宴而打架的事情。同样在婚嫁以及人情走动方面，人们不再是通过礼物来实现人情的延续与关系的建构，而是通过货币，货币的数额越多，就越彰显关系的紧密性。正因为如此，才出现了很多家户利用人情关系的货币化来实现家户货币收入的增加。陈凤章的妻子慕氏，就感同身受。

---

① 参阅阎云翔《礼物的流动——一个中国村庄中的互惠原则与社会网络》，李放春、刘瑜译，上海人民出版社2003年版。
② 参阅杨美惠《礼物、关系学与国家——中国人际关系与主体性建构》，赵旭东等译，江苏人民出版社2012年版。

慕氏的大哥家有六个孩子。按照村里的习俗，这些侄男侄女结婚以及结婚之后有了小孩，作为姑姑的慕氏必须给新郎以及小孩首次见面礼。这个见面礼分别是新郎 400 元，小孩 200 元。但是要获得这些见面礼，这些侄男侄女必须携带一定的礼物，正式来到慕氏家，慕氏才会把见面礼给他们。然而这几个孩子结婚和有小孩之后，都没有带"东西"（指礼物）来探望慕氏，而是大人小孩直接就过来。慕氏又不能不给，毕竟是第一次到自己家。但是慕氏很生气。在慕氏看来，这些人都是故意不带东西，故意来"混钱的"。所以，慕氏经常抱怨"这些个侄男侄女就是想钱。一个一个每次都是空着爪子过来要钱，从来没吃过他们一分钱的东西"。在慕氏看来，这些侄男侄女应该带点东西，目的不是慕氏要这些东西，而是因为礼仪上的需求。

例子中慕氏的侄男侄女"空着爪子"的现象很普遍，很多家户子女结婚以后或者有了小孩以后，都是鼓励自己的子女到各处亲戚家去"混钱"。如果亲戚们不给钱，那两家之间的关系就会陷入僵局，两家之间的走动也就减少，甚至停止。如何利用亲缘关系，获得一定的货币收入，成为很多家户比较现实的选择。传统的家户之间的交往虽然依赖于礼物的流动，但是那份基于亲缘的关系是至关重要的。亲缘关系甚至是农民家户延续的重要纽带及其需求。礼物的流动只是一种相对意义的形式罢了，所谓"礼轻情意重"。而当前，随着礼物被货币所取代，家户之间的亲缘关系越来越货币化物质化，其象征意义往往大于实际意义。

第三，公共活动的货币收入追求。传统陈村农民参与村庄公共活动都是基于互助的视角，而参与村庄公共事务也是基于"有钱出钱，有力出力"的价值认知选择。然而，现在的陈村农民由于进入市场以后，大家在公共行动层面的这种互助功能已经基本消失，人们观念里的认知逻辑是"我这样做有什么的好处"。这个好处，就是能够得到多少报酬。比如在集资修路层面，农民考虑的是"我家出这么多钱，值不值得"。在村庄家户建房过程中，传统的村庄建房都是家户成员请其他家户成员过来帮忙，被帮助的一方会提供饭菜酒水。而受邀请的一方，也被认为是有面子，因为在陈村人观念里，"看得起你才会找你帮忙"。而现在，这种无偿的互助已经消失殆尽了，帮忙变成了一种雇工，变成了一种以货币为媒介的交易行为。同样在村庄政治参与中，农民不会主动参与村庄政治事务。村里要想农民参与进来必须提供相应的好处。这种好处有时候就是给钱。政治参与也变成一种以货币与礼物进行交易行为。否则农民宁愿自己在家闲着打牌，也不会参与这种事情。目前的农民是很现实的，因为他们几乎将大部分精力与时间都放在了如何获得货币收入的目标上。而任何一项针对公共领域的自愿行为，都将额外减少农民通过其他途径获得的货币收入可能。因此，农民不会主动放弃自己获得货币收入的机会而选择参与公共事务。

第四，基于家户财产的货币保护，主要是指作为家户财产重要组成部分的货币收入，是绝对不允许被其他家户或者主体所侵占的。如是国家发给农户的粮食补贴款，那么农民是决不允许村干部贪污的。陈村的康氏曾经这样对笔者坦言"不是俺家的钱，我可不管你村干部贪污多少。如果是俺家的钱，你村干部贪污一分都不行"。一旦货币收入构成了家户财产的一部分，农民就会为了保护货币收入而采取行动。在此条件下的家户抗争行为是明确的，且直接的。农民对于货币收入的追求，最终将成为家户实体财产的一部分，成为家户利益的重要内容之一。

货币收入是陈村农民家户利益的重要构成之一，也是家户财产的重要象征，更是农民获得其他象征性家户身份的重要前提与基础。有时候农民会通过货币的媒介获得象征性的家户身份，有时候农民会在具体行动上表现出对于货币收入的直接追求与保护。它是农民物质层面家户利益的重要组成部分，并经常同其他家户利益内容交织在一起成为促进农民行为发生的重要动力。

五 隐藏的庇护关系

在陈村人的家户利益结构中，有一种特殊的利益构成部分，这就是家户隐藏的庇护关系。它既是农民家户利益的组成部分，又是农民家户利益受到侵犯时的保护性屏障。这种庇护关系包括家族关系网络、亲缘关系网络以及人情关系网络等构成的家户关系网络。说它是家户利益的构成部分，是因为它是农民日常生活中主动建构和维护的关系网络，它是扩大的家户形式，在一定的情境下，关系网络中的人往往被农民看成是一家人，

"一家人不说两家话"，他们之间具有共同的利益需求上的关联，如家族关系。在陈村，每个家户都有一个自身隐藏的庇护关系网络，每个家户也都试图通过各种路径去建构这种庇护关系网络。这种庇护关系网络在一定的情境下会为家户利益的保护提供支持与实现途径。有的学者将其概括为关系社会，而本质上农民建构这种关系的目的是为了家户利益的保护与实现。

在传统社会，由于皇权不下县，农民无法通过正式的利益表达渠道来保护和实现家户利益，只有通过以家户为中心的关系网络的建构来获得一种利益层面，甚至政治层面的庇护机制。差序格局在本质上可以看成是传统农村社会，以家户为中心的庇护关系网络，它是由家户延伸到家族层面，进而延伸到村庄层面，最后延伸到地域的层面。传统的中国农村社会的特质，本质上就是一种基于家户利益保护的庇护关系网络，并在此过程中扩大了家户的形态与结构，最终形成了家族、宗族以及村庄的不同单位形态。家户试图通过这种类似于家户结构的组织形态来实现不同家户利益之间的协调与均衡，并对越界的家户进行惩罚。所以，韦伯等学者将中国政治结构特征概括为"家庭主义"具有合理的层面，只不过中国农村社会的"家庭"不是西方社会学意义上的家庭，而是具有中国制度文化特征的家户，正确的概括应该是家户主义。而家族也只是特定历史时期下家户秩序的扩大。农民可以为了家户而牺牲家族，而家族也只是具有同一血缘关系家户之间的一种秩序追求。它适应了家户主义的逻辑，并在后期的发展中得到了统治阶级的提倡，所以家族自治才最终成型。

在陈村，农民家户对于庇护关系的建构主要包括三种类型。

一是以家户成员身份为中心的关系建构。陈村农民都希望自己家里的子女有出息，这种有出息的最大目标就是子女通过上学能够改变自己的身份，进入仕途与社会，进而利用这种身份来改变家户的身份，为家户利益的保护与实现提供庇护。在陈村，每个家户都注重子女的教育，都盼望自己的子女考上大学，都希望子女考上大学以后再考上公务员，其实还是农民的官本位思想。虽然，这种实现过程可以光宗耀祖，光耀门楣，但是这只是一种心理层面的需求，而更为实际的需求是通过这种身份改变来获得家户身份与地位在村庄内部的提升，这一实现过程也就是家户权威与权力的增长过程。同时，农民家户更希望通过子女身份的这层关系，能够形成一种外在威慑，让别的家户不敢侵犯本家户的利益，又能在必要的时候为家户利益的实现提供非制度化的途径，并在家户利益遭遇风险时能够提供相应的关系庇护。

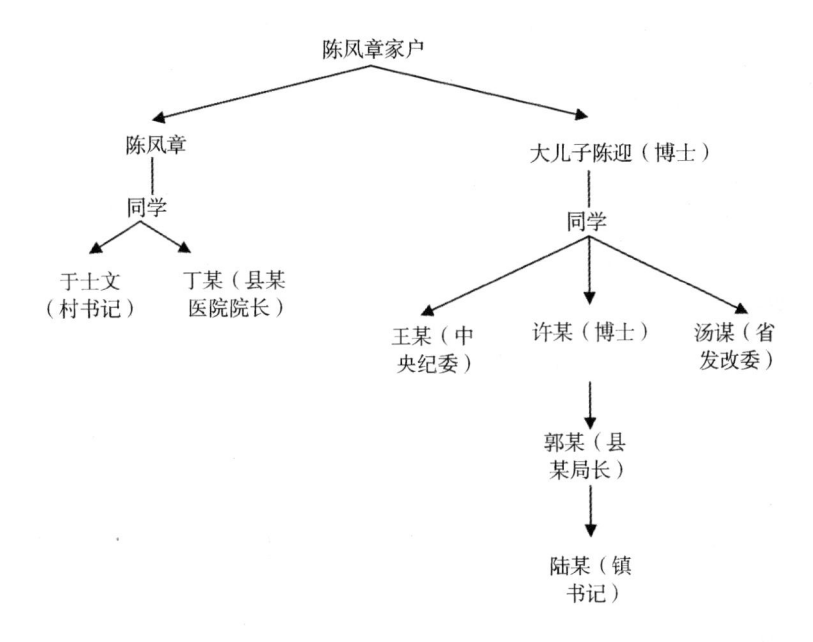

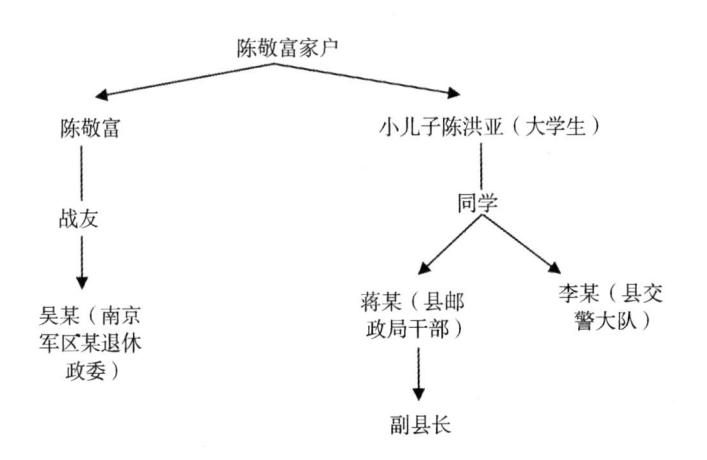

```
陈凤章家户
├── 陈凤章
│   └── 同学
│       ├── 于士文（村书记）
│       └── 丁某（县某医院院长）
└── 大儿子陈迎（博士）
    └── 同学
        ├── 王某（中央纪委）
        ├── 许某（博士）
        │   └── 郭某（县某局长）
        │       └── 陆某（镇书记）
        └── 汤谋（省发改委）

陈敬富家户
├── 陈敬富
│   └── 战友
│       └── 吴某（南京军区某退休政委）
└── 小儿子陈洪亚（大学生）
    └── 同学
        ├── 蒋某（县邮政局干部）
        │   └── 副县长
        └── 李某（县交警大队）
```

图 4.5　陈凤章家和陈敬富家庇护关系网络

而陈村，一旦子女通过学业进入社会，在老人的眼中往往就意味着走出农村，以后是"吃商品粮"① 的了，不吃农家饭了，就意味着是国家的人员。这种人及其所在的家户在其他人的心里，自然就提升了一个档次，也会对这样的家户多了几分尊重和客气。这是陈村农民自己所能感受得到的，也是作者在陈村调研中所能感受得到的。一些无赖的家户也不敢同这样的家户发生纠缠。同时，家户成员身份变革的过程必然也形成了附加的关系网络，如同学关系以及人脉。图4.5是陈村陈凤章家户和陈敬富家户以家户成员身份建构形成的庇护关系网络。这两个家户的一个共同的特征都是通过家户成员身份的变革来实现了家户外部庇护关系的建构。同样，陈村的很多家户都试图通过这种家户成员身份的变革来获得家户外部庇护关系的建构。所以，很多家户的家长支持子女读书的一个重要的理念就是希望子女事业有成以后，能够为家户利益的保护与实现建构一个符合自己目标的庇护关系网络，其中政府内部的关系是至关重要的。

二是依赖家族建构起来的庇护关系。虽然，家族内部家户之间并不是一个利益紧密到可以达成一致行动的共同体，但是每个家户都有一个大家族的理想，且家族内部的各个家户都在努力维持着彼此之间的关系。因为，在陈村人的观念里，兄弟姐妹多，家族大，就意味着以后在村子里不会被人家欺负。从这个角度看，中国农民的大家族理想的目的还是为了自己所在的小家户。所以，即使家族成员内部会因为具体的家户利益而产生冲突和矛盾，但是家族层面的礼仪交往依然存在。因为在一些家户利益攸关的时期，能够帮助家户渡过难关的仍然是具有血缘关系的家户，而非其他邻里家户。仪式化的家族共同体有其存在的必要。如陈凤章家同陈凤腊家之间的冲突，最后还是随着时间的推移，借助家户之间礼仪交往而逐渐回归到正常。每个家户都希望家族内部能够团结，但是每个家户又都关心自己具体的家户利益。在一些事关家族身份与地位的事件中，家户内部还是可以达成一致的行动。而且，每个独立的家户也会逐渐建构以自己家户为核心的家族组织，方式就是超生，且重男轻女。而家族也都是处于"家户—家族—新家户—新家族"的循环过程之中。家族内部任何一个家

---

① "吃商品粮"是本地农民对集体化时期政府工作人员的一种代称，同古代中国农村"吃皇粮"是一个意思，代指做官的人，或者政府的人。

户的庇护关系网络都将成为家族内其他家户的庇护关系网络，因为在这里他们是一家人。这也是家族形式存在的一个重要原因——家族内部家户利益的庇护关系网络是可以彼此共享的。尤其是，一旦家族内部出现了精英人物，那么这个家族也将由原有的松散状态逐渐走向更加团结和紧密的合作状态。因为，在精英家户成员身上，每个家户都可以从中无偿地分享这个精英家户所建构起来的庇护关系网络，每个家户都能够从中获益。如陈永精家族和陈永傲家族。陈永精家族从原来兄弟家户之间的争吵与不和走到现在表面上的相对融洽，全部因为陈凤其这个经济能人的崛起。而陈永傲家族内家户关系的改善，也同样因为陈凤章大儿子的学业及其关系网络所促使的。

三是基于人情往来建构起来的家户庇护关系，主要是指家户通过情理规则建构起来的一种相对宽泛的庇护关系网络。它包括两种：一种是家族之外的基于人情往来的亲缘关系；一种是基于人情互惠的同事、老乡、朋友以及同学关系。前者主要是指家族的亲戚圈子。这个圈子的存在主要是基于人情往来，通过人情往来来稳定亲戚关系，一旦人情往来中断，这种亲戚关系也就中断了。"走亲戚，走亲戚"，亲戚就是依靠"走"的，而走就是指人情往来。这种人情往来有着一定的规则，它是互惠的。比如，其中一个家户的子女结婚，你没有钱去送礼喝喜酒，那么你家里有子女结婚，人家也不会过来送礼喝喜酒。所以，中国农民很注重走亲戚，注重亲缘关系，因为中国农村的很多非正式的资源关系都是在亲缘关系的基础上实现的。有时候为了获得某种非正式的家户利益资源，有些家户还会主动去"攀亲戚"。在传统时期，由于自然条件以及科技水平的限制，农村家户土地能够提供的生存资源是有限的，这就需要通过固化亲缘关系来为家户经济提供附加的保障。陈村的日常借贷、救济等多数都是从亲缘关系中发展出来的。亲缘关系的存在在物质匮乏的传统时期是十分必要的。随着当前农民家户经济的改善、家户收入的提高，亲缘关系已经失去了传统的功能意义。尤其是家户主义盛行的今天，亲缘关系的松弛也是一种必然。但是农民依然维持这种亲缘关系，尤其是那些有着相对广泛的庇护关系网络的家户，以此为中心会形成一个相对庞大的亲缘关系网络。农民家户也是有选择性地去进行亲缘关系的建构。一旦本家户十分贫穷，又没有改善的希望，周围的亲缘关系也会逐渐从家户内部退出。这也说明，以家户成员身份建构起来的庇护关系网络的重要性，它不仅能够为本家户利益提供绝对可靠的庇护网络，还会在家族内部以及亲缘关系中成就家户的象征性身份与地位。而基于人情互惠的同学、朋友、同事等关系的建构，也同样是家户成员建构家户利益庇护关系的重要对象，在家族和亲缘关系无法提供有效的庇护关系时，人们就会在朋友、同事以及同学等关系网络中寻求庇护。所以，中国农民重人情礼仪，其目标是为了家户利益的保护与实现。中国农民从来都是实用主义者，而不是理想主义者。

庇护关系网络是陈村农民家户利益建构的重要组成部分，农民在日常生活中展开的人情互惠交换，追求的就是这种庇护关系，同样它也是农民维持和增进家户利益的重要手段。此外，农民家户庇护关系网络，还是农民家户身份、地位与权力的象征。一个家户拥有的庇护关系越深厚越触及基层体制系统，就必然意味着这个家户在村庄内部强势权威的存在。当然，相对于我们研究者来说，农民家户的这种庇护关系网络往往是隐藏在日常生活内部的，只有在特定情况下家户利益需要利用这些庇护关系获得利益实现与保护时，它们才会具体地浮现出来。

六 小 结

日常生活中，农民的家户利益构成具有复杂性，有些是我们通过村庄观察能够容易发现的，有些则是需要长期深度的村庄观察。在陈村，农民的家户利益结构基本包括土地及其附属物、象征性身份、家户风水、货币收入和庇护关系五个基本要素。[①] 这五个基本要素有时是独立支撑农民行动的发生，有时是复合交织在一起。它们共同构成了日常生活中陈村农民基于家户利益的行动节点。而这些家户利益要素，在具体的动力指向上，往往又主要是基于家户利益的保护，并不是基于家户利益的对外扩张，这就形成了中国农民保护型的家户行动策略。保护型家户行动策略目的是防止其他个人、单位与组织对于家户利益的侵犯，并通过家户成员自身的不

---

① 作者这里的关于家户利益构成要素的研究并不是唯一的，它只是通过陈村这样一个普通村庄所折射出来的。一方面它具有一定的普遍性，因为陈村是中国无数农村中的一员。另一方面它也具有一定特殊性，它可能受制于地方性知识的限制。再次，也可能会因为作者观察和研究的不足，一些要素并没有被挖掘出来。因此作者这里关于中国农民家户利益的建构只是一种尝试。

断努力来增强家户保护自身利益的能力与关系结构,即中国农民的家户利益是一种防御性的利益保护机制,这种防御性来源于对日常生活中其他家户行为的预期以及对现实生活的风险估计。

$$家户利益考量 \xrightarrow{\dfrac{土地及其附属物、象征性身份}{家户风水、货币收入、庇护关系}} 保护型策略$$

中国农民这种保护型家户行动策略不同于西方个人主义社会的进取型行为特质。在个人主义社会中,个人在社会内部积极主动地争取个人权利、社会的自由以及自我实现的公共价值。而在中国农村社会中,人的行动的几乎全部价值都在于家户利益的实现与保护上。它的动力基础是内向型的,具有保守主义的特征。个人价值的实现不是通过社会发展来得到承认,而是回归到家户这样一个小的社会单元之中。个人努力的方向不在于外部的社会,而在于回归家户。从这个层面来看,罗斯所认为的中国人的保守来自于历史演变的合理结果[1],其中历史演变的合理结果很大程度上同中国农民的这种家户生活传统密切相关。同时,中国农民的这种保护型的家户行动策略,同西方个人主义社会的个人行动策略,在利益追求的价值取向上存在明显的不同。个人主义追求的一般是利益的最大化,即韦伯所谓的工具理性,是一个复杂的理性计算。而中国农民在具体的利益追求往往不是利益的最大化,利益的实现程度和为此付出的行动程度,都受制于规范层面家户利益结构的制约,如家户面子、身份与地位。因此,中国农民的家户利益更加突出价值理性的层面[2],农民追求家户利益,但是绝不完全是家户利益的最大化,而是家户利益的保护与实现,即来源于对于家户利益损益的衡量,而不是基于家户利益最大化的行为策略。这是中国农村家户制传统所塑造出来的中国农村社会同西方个人主义社会的本质不同。[3]

---

[1] [美] E. A. 罗斯:《变化的中国人》,李上译,电子工业出版社2012年版,第33页。

[2] 陈辉的研究认为,中国农民追求家庭利益的实现,但是家庭成员在做出决策时往往受制于一套有关家庭生活的价值系统。他认为中国农民的家庭主义不是工具理性的利益算计,而是基于一种价值理性。参阅陈辉《"过日子":农民的生活哲学——关于黄炎村日常生活中的家庭主义》,博士学位论文,华东理工大学,2013年。

[3] 徐勇:《中国家户制传统与农村发展道路——以俄国、印度的村社传统为参照》,《中国社会科学》2013年第8期。

论文第三章重点分析了陈村农民基本的行动与利益单位是家户，遵循家户理性，追求的是家户利益。本章又进一步地分析了陈村农民家户利益的基本构成。作者将中国农民这种遵循家户理性，奉行家户利益至上的日常行为逻辑概括为家户主义。家户主义至少包含两个层面的意义：一是农民将家户作为自己存在的根本实体单位，并将保护和实现家户利益作为生命意义的实现方式。家户是中国农民日常生活中最小的利益单位，不存在完整和独立意义的个人。所谓"成家立业"，只有"成家"，个人才能成为农村社会承认的完整的人，"立业"才具有真正的意义。农民的一切生活意义都集中在家户的这个利益单位之中。二是在日常村庄生活中，农民的一切行为都是以家户为核心，以家户利益为目标，力求实现家户的完整性、存续性与权威性。农民行为的自觉认同单位是家户，并以家户利益的实现和保护来选择行动策略。不同的家户利益构成，会产生不同的家户行动。前者是村庄里中国农民的日常生活观，后者是与此相对应的日常生活方法论。[①]

所以，中国农民的日常行为特质是家户主义，区别于西方社会的个人主义特质和俄国农村社会的集体主义特质。传统的研究一直认为，中国人的行动价值取向是集体主义的，以区别于欧美社会的个人主义，也有学者将中国人的行为取向概括为东方集体主义或家族集体主义，其重要依据是中国人具有很强的家族观念。[②] 但是中国农民并不是以家族为基本形态存在于历史的演变过程之中，个人首先是以家户为基本单位，家族只是中国农民在一定的历史阶段下实现家户秩序的一种方式或者结构。正如徐勇教授的研究所认为的家户本身就是一个政治与经济上自治自洽的单元，古代中国农村的郡县制也都是以家户制为基础的，家族和村落的秩序结构都是家户结构的一种扩大和延伸。[③] 事实上，正如翟学伟所认为关于中国人行

---

① 作者这里的研究参照了陈辉关于中国农民日常生活基本逻辑——家庭主义的研究内容。作者赞同陈辉的对于中国农民日常生活哲学研究的思路与方法，但是不赞同他将"家庭"视为中国农民的一个基本认同单位，作者认为家庭的概念并不适合中国农民，所谓的家庭主义，在本质上与正确意义上集中表现为家户主义。参阅陈辉《"过日子"：农民的生活哲学——关于黄炎村日常生活中的家庭主义》，博士学位论文，华东理工大学，2013年。

② 同上书，第161页。

③ 徐勇：《中国家户制传统与农村发展道路——以俄国、印度的村社传统为参照》，《中国社会科学》2013年第8期。

第四章　农民家户利益的基本构成　·155·

为特质的研究我们陷入了"个人主义"和"集体主义"二元对立的范畴中去了。① 我们很多时候，对于中国农村"集体主义"行为特质的概括，主要是为了表达中国社会中的"非个人主义"特征。② 但是这种特质同集体主义相去甚远，而集中表现为家户主义。因为个人主义和集体主义的一个重要的大前提是独立个体的存在，而中国农村社会就不存在独立的个体。家户主义的存在，需要我们在研究中国农村社会的过程中不能照搬照抄西方社会的理论分析工具，不能忽视中国社会的本质特征。中国农村社会研究，应该在具体研究中国农民与农村本土文化的特质的基础上形成自己的理论话语权，这才是打破西方理论话语对于中国农村研究垄断的根本出路。

　　本章及其前章主要是回答日常村庄生活中农民的家户主义逻辑本质，目的是解释和说明中国农民生活中家户主义的真实存在，也是为后文开展村庄公共治理研究提供基础和铺垫。陈村农民在日常生活中表现出来的家户主义逻辑是否存在于村庄公共治理领域，并影响现代村庄公共治理的价值目标——现代农民政治形态的发育呢？这是接下来两章作者要集中回答和解决的问题。如果农民的家户主义逻辑不会影响农民参与公共治理，那么家户主义仅仅存在于日常生活内部。相反，如何看待家户主义同现代公共治理的关系将是一个重要的现实命题。徐勇教授关于中国农村家户制传统的研究，集中地展示传统中国农村家户主义的起源及其对村庄治理、国家统治的影响。传统家户主义并不仅仅存在于村庄日常生活之中，它不但形塑了中国农业的基本形态、结构以及农村合作形式，更加形塑了家国共治基础上的农村治理体系。徐勇教授认为，现代中国农村治理，不管是引进西方治理理论还是自我探索，都不可回避和忽视家户主义的存在对于中国农村治理体系的影响。③ 关键的问题是，在日常村庄治理中，家户主义是如何影响村庄公共治理的，以及我们又该如何回应当代家户主义同当代中国农村发展道路的关系。这就是"徐勇命题"给作者留下的疑问，也

---

　　① 翟学伟：《中国人社会行动的结构——个人主义与集体主义的终结》，《南京大学学报（哲学·人文科学·社会科学版）》1998 年第 1 期。
　　② 杨中芳：《如何理解中国人》，重庆大学出版社 2009 年版，第 128 页。
　　③ 徐勇：《中国家户制传统与农村发展道路——以俄国、印度的村社传统为参照》，《中国社会科学》2013 年第 8 期。

是接下来两章的主要任务，主要包括：一是分析家户主义同村庄公共治理过程的关系；二是分析家户主义同公共治理价值目标——现代农民政治形态的关系。如果说第三、第四章是本文的上篇，那么第五、第六章就是本文的下篇。

第五章　治理过程中的家户主义逻辑

> 研究中国需要尊重中国自身的经验，尊重中国自身的历史。
>
> ——曹锦清

一直以来，村庄治理研究同农民具体的日常生活实践几乎是相脱离的。前者关注的重心是如何让农民积极参与村庄公共事务的治理，具体的方式包括自治制度与政策的推广，自主组织与参与平台的建设，农民参与能力与公民身份的培育，以及地方政府组织结构与管理技术的改进等等。其本质是现代国家政权对于农村公共性关系自上而下的建构，是改造农村的过程。后者关注的重心是农民日常交往与行动的关系结构及其基本逻辑，突显的是以农民为主体的日常生活世界是如何运转的。两者的区别是前者的实践主体是政府，后者的实践主体是农民。从村庄治理的提出到现在，学界一直指出农民才是村庄治理的实践主体，但是在具体的研究与实践中，农民往往还是沦为被动的"制度承受者"。伴随着中国现代国家建构的加快，多数学者更多的还是倾向于遵循现代性的公共关系与规则改造中国农村与农民，而很少真正关注村庄治理中农民的真实行为逻辑以及农村公共性关系的本质。从前文对陈村日常生活世界的描述，我们可以清楚地知道，陈村农民日常交往与行动的基本逻辑是家户主义，那么这种家户主义是否会体现在农民对于村庄公共事务的治理层面，进而决定村庄公共事物治理的基本状态呢？作者本章要回答的是，在村庄公共治理层面，日常生活中农民基于家户利益的家户主义逻辑是否会被公共性的村庄事务所屏蔽，农民是否能够超越家户主义形成关于公共事务治理的集体行动与合作？作者将从陈村公共事务治理实践中的农民行为动机找寻这个问题的答案。

一 文明创建的遭遇

2014年4月,蒙城县在全县开展了大规模的文明创建活动。在楚村镇,文明创建的核心工作就是农村环境卫生整治。它是由政府出资开展的一项公共治理项目。根据楚村镇关于全镇开展文明创建工作的基本通知可知,文明创建的核心工作主要包括三个方面:一是建立公共垃圾池;二是组建村庄清洁队,定期清理散落在村庄的生活垃圾;三是清理村主干道两边的麦秸垛、粪堆和猪圈等有损文明形象的事物。根据行政村的规划,陈村要在村道两边建三个公共垃圾池,并建一个公共厕所。为此,行政村还成立专门的工作组来协调具体的工作,由书记于士文统一负责。前几个月的文明创建的项目主要是乡镇所在地以及省道两侧的村庄的环境卫生整治。直到8月份书记于士文才通过"大喇叭"通知陈村各家各户注意环境卫生,限期将各家门口的杂物清理完,要在村庄内部修建三个公共垃圾池和一个公共厕所,请各家各户好好配合政府的工作。

在陈村人的观念里,公共垃圾池与厕所似乎不属于他们的生活世界,而是属于更加文明与干净的城市生活。修建公共垃圾池和公共厕所,得到陈村农民的高度认同,原因很简单:不用自家出钱,能够改善生活环境,又能够有厕所用。一直以来,陈村农民家户的生活垃圾都是直接扔到自家门口的某一个固定的地方。时间长了,这个地方就成了自家的垃圾堆,别人家的垃圾是不能扔到这里的,因为它位于自家家门口。每个家户都有这样一个垃圾堆,不仅影响家户的卫生,还影响村庄整体的形象。而厕所,可能是陈村农民最头疼的事情。早些年,陈村每个家户都有自己家的厕所,这个厕所位于家户房屋的后面,是一个独立的大概4—5平方米的小屋子。由于厕所没有上锁,所以厕所既是家户的,也是公共的。任何人都可以进出,但为了避免某种尴尬,一般都是自己家户使用。2013年以来,由于"建楼热",陈村原来每家每户的小厕所都基本推倒了。到了2014年,陈村就只剩下两个家户厕所,分别是陈凤根家和陈永精家的。于是,就出现了村庄内农民"如厕难"的问题。为了避免相遇的尴尬,有很多人很早就起床,跑到"野地来"[①]解决。当然,新建的楼房都会有坐便式

[①] 本地话,意思是村庄生活空间以外的地方,即野外,包括田里、沟里以及干涸的池塘里。

第五章　治理过程中的家户主义逻辑　　　·159·

的厕所，但是在陈村人的生活习惯里，上厕所没有在自家居住的房子里的，尤其是大便，在他们看来，"太不讲究了"。因此，修建公共厕所更是众望所归。

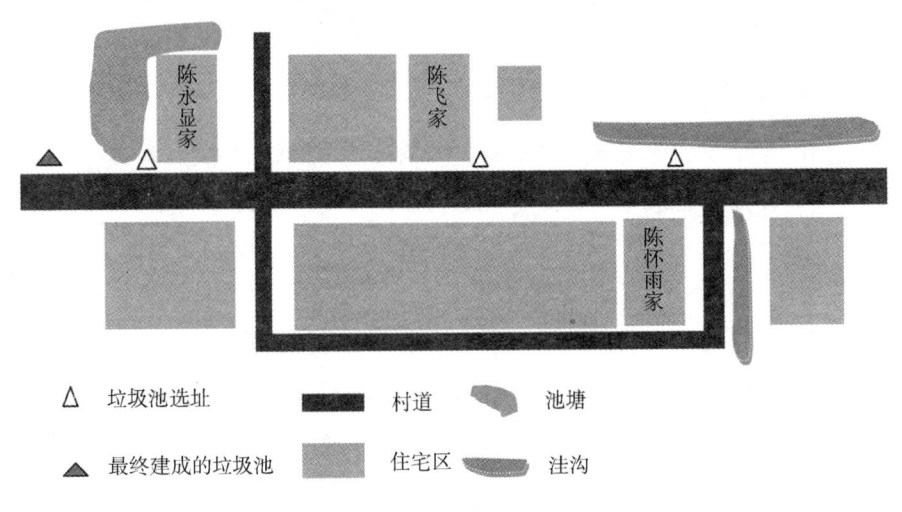

图 5.1　陈村三个公共垃圾池的分布图

2014年9月，于士文书记带领工作组进入陈村，根据不占用农户土地、不影响农民生活以及方便农民使用的原则选择了修建垃圾池的三个地点，分别是陈永显家的右前方、陈凤腾家大儿子陈飞家的左前方以及陈怀雨家的右前方（如图5.1所示）。这三个垃圾池离三个家户都有一定的距离。垃圾池选址完成之后，工作组在选址的地方做了标记。

但是修建计划并没有顺利实施。陈怀雨和陈凤腾家都不愿意将垃圾池建在自家旁边。他们先是跟小组长陈洪国反映情况，要求取消在其家户旁边的垃圾池修建计划。原因是，垃圾池建在自家门口，会影响家里的生活环境，他们一再强调夏天气温高，垃圾池里丢的东西到时候没人处理肯定臭气熏天。面对这种情况，陈洪国开始做他们的思想工作。

　　陈洪国：在哪里建垃圾池是村来决定的，况且对大家都好。
　　陈怀雨：对大家好，对俺家不好。一到夏天臭气熏天，还让人睡觉和吃饭吗？
　　陈洪国：不要怕，镇里到时候都会安排专人来收垃圾。

陈怀雨：说得好听，到时候不来怎么办。我找谁讲理去？

陈洪国：怎么可能？这事镇里下了文件了。

陈怀雨：说得好听。要不弄你家门口算了。

陈洪国：弄俺家门口算啥个？一是村里也没规划，二来也不方便大家倒垃圾。

陈怀雨：怎么不方便，就多走两步嘛。

陈洪国：你愿意多走两步，其他人可（ké）愿意？

陈怀雨：反正我就是不同意，爱建哪建哪，反正不要建在俺家门口就行。要是建了，到时候我也推倒。

陈洪国将情况反映到村里，书记于士文还专门到陈凤腾家和陈怀雨家做思想工作。于士文一再强调，修建垃圾池是惠民工程，改善村庄环境，离自家近了，也方便自己倒垃圾。尽管书记来做思想工作，但是还是没有说服两家同意，两家表示"我们都支持村里和政府的工作，只要不建在俺家门口，随便你们建哪都行！"思想工作做不通，村里只好取消这两个点，打算再另寻选址。结果，所有家户都不愿意将垃圾池建在自家家户门口或旁边。即便是小组长陈洪国，也不愿意充当先进。从他和陈怀雨的对话，我们可以发现，当陈怀雨说"要不弄在你家门口算了"，陈洪国的回答也是有意在回避。最后这两个垃圾池修建计划就被取消了。

剩下的一个垃圾池准备修在陈永显家的东侧，其实这个选点离陈永显家有一定的距离，并没有受到陈永显家的阻挠。但当村里准备施工时，却被陈永显的母亲叫停了。陈永显母亲对外宣称的理由是离房子太近，要求施工队将垃圾池往东挪到池塘的东侧。但是挪到池塘的东侧又正好对着陈怀力家的大门，陈怀力家不愿意。一气之下，村里的施工队就在远离住房的地方修建了一个垃圾池。为什么陈永显的母亲会突然反对呢？后来的调查发现，其根本的原因在于家户风水上。据陈永显的母亲说，去年村庄里路过一个算命先生，坐在陈永显家门口同陈永显的母亲聊天，就给老太太儿子的房子看了看风水。这个陌生的算命先生说，由于此房屋靠近池塘，房屋前后的东边不能有建筑物，否则对家人不利。后来儿子回来，她就忘了跟陈永显说起此事，正值修建垃圾池的时候，她才想起算命先生的话。

陈村规划的三个垃圾池，最后只建了一个处于居住区之外的垃圾池，

(如图 5.1 中的红色三角)：为了弥补垃圾池较少且不方便的现状，行政村给陈村派发了三个中型垃圾桶，分别放在陈凤根家、陈凤腾家和陈怀雨家门口，放了两天之后，就被两家人移到自己家门口了，目的是禁止其他家户在此倒垃圾。而隔壁慕李庄的四个建好的垃圾池，过了不到一个月，竟被居住在旁边的家户推倒了三个。面对政府出资的惠民项目，陈村每位农民在态度上都欢迎和支持，但是在行动上每个家户都反对将垃圾池建在自家附近，最终导致这种公共治理项目的受阻，甚至发挥不了效用。从这一事件来看，农民在态度和行为上是矛盾的，态度上的支持与行为上的不支持之间形成鲜明的对照。西方社会科学关于陈村农民这种矛盾现象有两种解释理论：集体行动理论和邻避效应理论。

奥尔森的集体行动理论认为，如果一个人在集体物品被生产出来以后，不会被排除在获取这一物品所带来的收益之外，那么这个人就不会有动机为这个集体物品的供给贡献自己的力量。[①] 集体行动理论的前提是个人对于集体利益与个人利益之间的明确认知与定位。但是项目之初，陈村农民在态度层面支持政府的文明创建项目，就不是基于这一项目对于村庄集体利益的贡献，而是基于对自己所在家户利益的贡献，如修建垃圾池是方便家里处理垃圾，能够改善家户空间内部的卫生状态，更不用自家出钱。而当因修建垃圾池选址发生争议时，农民考虑的同样不是自己承担治理成本而其他人都能获益这种利益支出不平衡的问题。他们考虑的是垃圾池修建对于家户日常生活以及家户风水的影响。只要垃圾池的修建达到农民可以接受的心理距离，农民是不会在行为层面反对政府的这种公共服务项目。不管是在态度层面的支持，还是在行为层面的反对，陈村农民都是基于对所在家户利益的考量，因此我们看起来的矛盾现象，在陈村农民自己看来并不矛盾。这说明，在农民的利益结构安排中，集体利益不是基于农民自觉的层面，家户利益才是农民自觉的利益考量层面。农民不会因为它有利于村庄集体利益的实现就会完全支持某一项行动，但是农民会基于家户利益的实现而选择支持某一项不利于集体利益实现的行动。从另外一个层面，也说明 20 世纪 50 年代以后的中国共产党关于中国农民集体主义

---

① 参阅 [美] 曼瑟尔·奥尔森《集体行动的逻辑》，陈郁等译，上海三联书店、上海人民出版社1995年版。

意识形态的建构是失败的,也说明集体行动理论解释是有限度的。

相对于集体行动理论,邻避效应理论更具有一定的说服力。邻避效应理论认为,居民或所在地单位因担心邻避设施对身体健康、环境质量和资产价值等带来诸多负面影响,从而激发人们的"不要建在我家后院"的心理现象。[1] 陈村农民对于垃圾池建在自家房屋周围的反对,确实可以以此解释。但是邻避效应的单位不是个人,而是家户,是农民担心这种公共设施对于家户成员身体、生活质量以及家户命运等所带来的诸多负面影响而产生的排斥心理与行为。同时,西方的邻避效应理论主要是用于解释大型公共设施的建设,如垃圾处理厂、火葬场等引发的集体抗议行动。而垃圾池的修建只是当事家户的反对,而当事家户之外,并没有反对。在整个事件过程中,农民在公共治理中对于家户利益的考量才是普遍存在的,如修建公共厕所。按照规划,行政村计划在陈村离住宅区的荒地上修建一个较大的公共厕所,以解决村里的"如厕难"问题。这是一个惠及每个家户的好事,陈村的农民在村庄公共场合也多次讨论过,如果能够在村庄内部建一个公共厕所就好了。问题的关键不是农民同不同意、支不支持建公共厕所的问题,而是农民对于公共厕所建在谁家地里的关注。

在陈村表面上的无主荒地,其实早已经家户化了。荒地在村庄内基于惯例的认同,已经被分割成一块一块属于不同家户的土地。公共厕所修建在谁家的地块上呢?小组长陈洪国在同村民们商议的过程中,就遇到了阻碍。原因是规划地块的所属家户陈永精家不同意在自己家户的地块上修建公共厕所。而其他的可以修建厕所地块的所属家户,也不愿意毫无补偿地贡献出自己家户所属的荒地。要么不要在自己家户的荒地上盖,要么村里给予一定的补偿。在此事件中,每个农户都想要修建公共厕所,但是都不愿意以损失自己家户利益方式贡献自己家户的力量。而这种家户自私的行为也并没有遭到其他家户的批评与责骂。因为每个家户都是这样想的,都不愿意承担损失家户利益的风险来责骂他人。对方的一句"你有意见,要不盖在你家地来"就足以抵消这种公共层面的舆论压力。最终,修建

---

[1] 参阅 Shanoff Barry. Not In My Backyard: The Sequel. Waste Age, 2000 (8): 25—31; O'Hare M. Not On My Block You Don't: Facility Siting and the Strategic Importance of Compensation. *Public Policy*, 1977, 24 (4): 407—458.

公共厕所的计划也就被迫取消了。

从陈村文明创建的整体遭遇来看,在政府推行的有利于改善农民生活与生产的公共服务建设,能够得到农民态度上的认同,但并不一定能够得到农民行动上的支持。农民的态度与行动是截然分开的,这并不是说陈村农民都是骗子。陈村农民在态度上的表示,是说明政府的这种公共服务项目是符合当前家户利益的需求的。如果政府的项目建设不在具体层面侵犯农民的家户利益结构,农民在行为层面也会保持支持的态势。但是一旦项目的实施侵犯了这种具体的家户利益,且家户利益的需求满足同家户利益的损失严重不平衡,村民就会在行为层面采取保护型的反对措施。

如果我们将农民在态度上的支持,看成是农民的公共精神与集体意识,那我们将要犯了一个致命的错误。张静曾经认为中国农民具有公共精神与意识,只不过缺少公共行动能力。为什么呢?张静认为是中国农村现代公共性关系以及现代公共性规则在农村并没有建立起来,进而也说明了中国共产党一直致力的国家建构并没有真正实现与完成。而从陈村文明创建的遭遇我们可以看出,农民的公共精神与意识其实是虚假的,是被我们已有的理论价值所建构出来的,进而失去了在农村实证研究中价值中立的基本立场。事实上,我们所谓的农民集体意识与精神本质上是农民基于自身所在家户利益考量之后的一种态度表达。农民会基于自身家户利益的结构来决定对集体利益或者公共利益的态度。一旦某一项集体事务获得大家的共识,那是因为在当事人看来它确实有利于自己所在家户利益的实现,而绝对不是因为当事人认为这样做有利于集体利益或者公共利益的实现。相反,某一家户的反对,也是基于自身家户利益的考量。如果集体对个人采取强制性的措施,则会引发利益受损一方更激烈的对抗,甚至是"以死抗争"。从当前陈村来看,农民并不存在集体意识与公共精神,所有话语中所表现出来的关于集体事务的态度有些是基于具体情境的故意说谎,大部分是基于自身家户利益的结构。而农民缺少公共行动能力的根本原因在于,农民在观念上是家户利益自觉,而不是集体利益自觉,在具体的公共事务治理中,农民行动发生所基于的基本节点便是这种治理过程是否同自己所在家户利益之间形成冲突。不管是在日常生活,还是在政府的公共治理项目上,农民奉行的都是家户利益至上的家户主义。

这也说明,政府与学界观念里的农村公共服务与治理的基本逻辑同具体村庄中农民的行为逻辑之间是不同的。我们一般意义上提出的发展农民自治组织，建设农民合作社等事关农民民主能力以及公共精神的培育最终失败的根本原因，便是这些治理项目与政策的基本运行逻辑是基于现代性公共规则，而农村社会内部运行的基本逻辑是家户主义。建构性的现代性公共规则最终还是会被农村社会内部的家户主义逻辑所撕裂，并最终走向失败。总的来说，我们所观察到的农民集体意识与公共精神并不是真实的，农民会为了家户利益而去支持那些有利于集体利益实现的事项，但不会承担以损害家户利益的风险而去支持某项有利于集体利益实现的事项。

二 集体行动的失败

村庄公共治理除了政府主导的公共服务项目治理以外，村庄内部农民针对村庄公共事务治理而采取的集体行动也是其中重要的组成部分。一直以来，中国农村治理在研究过程中都存在着对于农民自治传统的前提假设，也都在不同层面寻找农民自治的基本组织形式，如家族自治、小组自治、合作社自治、协会自治、自组织自治，等等。西方治理理论对于自主组织重要性的突出，公民社会理论对于民间组织的凸显以及民主理论对于协商与合作的强调，都将农民的自治能力、组织能力、协商能力、合作能力等置于十分突出的地位。这些理论的最终目标是实现地方治理尤其是农村基层治理过程中集体行动的达成。在群体理论看来，具有共同利益的个人会自愿地为促进他们的共同利益而采取行动。但在奥尔森看来，除非一个群体中人数相当少，或者存在着强制或者某种其他特别的手段，促使个人为了他们的共同利益行动，否则理性的、寻求自身利益的个人将不会为实现他们共同的或群体的利益而采取行动。[1] 在陈村，这种基于集体利益的集体行动又是如何发生的呢？它们又说明了什么呢？

在陈村，农民能够在集体层面进行组织和讨论的主要是村庄内部的道路问题，主要包括两个路段：村庄主干道以北后排家户的路面硬化和村庄南部一段低洼路段，如图5.2中的虚线部分。

---

[1] ［美］埃莉诺·奥斯特罗姆：《公共事物的治理之道——集体行动制度的演进》，于逊达等译，上海译文出版社2012年版，第7页。

第五章　治理过程中的家户主义逻辑　◆◆◆　·165·

2008年以来，由于前排家户陆续兴建楼房，地基逐渐抬高。到了下雨天的时候，前排的雨水就会淤积到后排的道路上，加上后排道路没有硬化，因此就形成常年下雨天无法通车，后排的住户出行非常困难。尤其是收割季节，雨天无法通车，严重影响收割与播种的进程。2012年，居住在后排的组长陈洪国决定组织后排家户共同出资将图5.2中虚线部分的村道硬化起来，通过计算，每家每户只需要400元即可。于是陈洪国就动员后排家户开会，包括陈凤林家、陈永夏家、陈永识家、陈永行家、陈怀久家、陈敬兴家、陈永金家、陈春华家和陈凤辉家。每家每户派一个代表，开会地点就在陈洪国家。

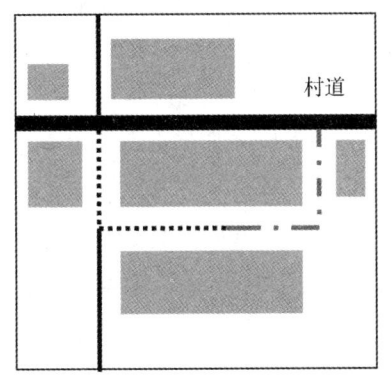

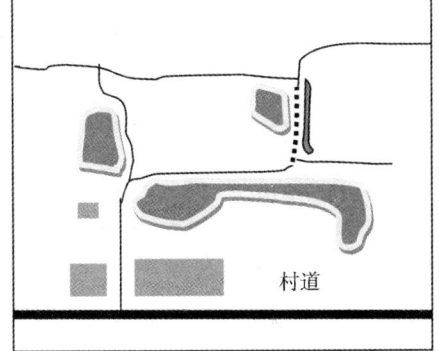

图5.2　陈村两处需要修的路段示意图

会上，陈洪国将基本情况、自己的想法以及每家每户需要出的钱进行了说明，然后征求大家的意见。会上，有些家户表示支持，同意大家出资。有些家户则不太同意，认为没有必要，因为自家准备迁到前排。因此，这次会议并没有达成共识。其中陈春华家、陈凤辉家、陈敬兴家、陈怀久家、陈永行家明确表态不想出这个钱。陈春华家和陈凤辉家由于已经在前排盖了楼房，后排的房子也没有人居住，所以不想出这个钱。陈永行同样认为，他们家也准备两年内在前排盖楼房，盖好了以后也不会居住在后排的老房子里，出这个钱有点亏。陈敬兴家居住在后排的最东边，他认为他们家门口的路还可以，而且陈凤其也计划自己出钱将贯穿村庄主干道的南北村道硬化起来，这样一来他们家旁边就是硬化路。陈怀久的想法同陈敬兴相似，因为两家住在一起。同时陈怀久家的粮食等都存放在居住在前排的大儿子家，雨天对自家的通行没有多少影响，同时他们俩年纪也大了，去世以后老房子也就没人住了，因此修不修都无所谓。

为此，陈洪国就只能组织居住在后排西头的家户筹资修路。其实陈永行家位于西头，后来陈洪国也再次找陈永行商量，说西头的这些人家共同出资将各家户门口到西出口的道路硬化起来。陈永行家还是没有同意出这个钱。最后，从陈永夏家向西，分别是陈洪国家、陈永金家、陈永识家、陈凤林家五家出钱将西出口的路面进行了硬化，如图5.2中红色虚线（长划线一点）部分。这五家决定，其他家户的车辆在下雨天不得从此路过，这个规定其实就是针对陈永行家的。因为陈永行家往东陈春华家和陈凤辉家已经没有人居住，再向东的两家也不会从此路过。陈永金在人场里也表示他们家不会从西出口走车。可惜的是，陈永行的建房计划后来被陈敬兴家"捣乱"没有盖成。由于不能从西出口走车，他们家只能在雨天把粮食存放在前排的陈永显家的房子里。

那么陈洪国等五个家户同意出资修路的根本原因是什么呢？主要是目前五家在最近几年的时间里，都会居住在后排。陈凤林家和陈永识家已经在后排盖了楼房，且前排也没有宅基地，所以选择共同出资修路是最好的选择。陈永夏家同样在前排没有宅基地与地块，目前只能常年居住在后排，修路自然会方便家里人的通行，正赶上陈洪国挑头，就顺水推舟，参与进来。陈永金家和陈洪国家其实在前排都有宅基地。但是陈洪国家有四个孩子上学，大儿子也快高考，由于资金的问题，暂时没有在前排盖楼房的打算，长期内还是居住在后排的老房子里，且自己家还养猪，为了方便通行，修路是必然的选择。陈永金家虽然准备在前排盖楼房，但是这楼房主要是给已经23岁的大儿子结婚用的。老两口并没有打算搬过去住，而是认为以后就会终老在后排的老房子里，因此集资修路对于他们家来说也是一种好的选择。所以，最终是后排西头的五家人集资将西头的路硬化了起来。

另外一处路段是收割时节，陈村各个家户过往车辆的必经之处。由于两边靠近水塘，且地势较低，因此雨天的时候就会积水很深，车辆难以通过。遇到抢收的时节，一些大型的联合收割机根本过不去。早些年的时候也有人提议过，但是那时候各个家户挣钱都不容易，大家也只是在人场里说说而已。

第五章 治理过程中的家户主义逻辑

2013年秋收时节，下起了大雨。天晴以后，由于路段积水严重，两三天都不能过车。这可急坏了等待收割玉米的家户。本来可以动用联合收割机的，由于路面积水，收割机过不去。因为过不去车，掰好的玉米也只能躺在地里，拉不回来。秋收结束以后，陈凤章决定组织在"蒋庄胡"①和"扬场"②有地的家户集资硬化一下路面。陈凤章先后走访了在扬场里有地的陈敬富家、陈怀久家、陈敬英家、陈凤腊家、陈永金家，以及在蒋庄胡有地的陈永显家、陈永行家、陈凤吉家、陈永夏家以及陈凤皇家。结果只有陈怀久家、陈敬英家、陈永显家表示如果大家同意，他们也愿意。而其他家户都表示不愿意出钱。在扬场有地的家户，陈敬富家和陈永金家认为下雨了可以走门东陈庄③的田间车道绕过来，而陈凤腊则认为他们家的地可以从慕李庄④的田间车道绕过来。而在蒋庄胡有地的陈凤吉家、陈凤皇家、陈永夏家和陈永行家则同样认为可以从门东陈庄的田间车道绕过来。正如陈凤皇所说"垫它能啥，又不是过不去。就是垫了时间长了，不还是积水"。而在陈凤章看来"走别的庄绕道过去，不仅路程远不方便，而且时间长把人家村庄的路轧坏了，别的庄里的人也不会让你走了"。当然陈凤章的这种担忧是正确的，而且这个道理各个家户也明白，但是大家就是不情愿出这个钱来集资修路。

每家都有每家的考虑。陈凤章积极主动的出面筹划这个事情，原因就在于他们家在此处有7亩多地，且地势低，雨后过不了车，两三天的时间庄稼就会烂在地里了。而像陈永金家、陈敬富家、陈永行家、陈永夏家等在此处的庄稼地地势都比较高，就是下大雨一般也淹不到，而且他们有的家户在此处只有两三亩地。其实在他们心里，有的家户并不是不愿意出钱，而是出钱的标准问题。有的家户认为地多的应该多出钱，如陈凤吉家和陈永金家。而地多的家户认为，地多了也同样是过车，不愿意多出钱，如陈凤章家、陈永显家和陈敬富家。最后，这个路也就没有修成。

---

① 蒋庄胡，陈村地块名称。
② 扬场，陈村地块名称。
③ 门东陈庄，陈村隔壁的一个陈姓村庄。
④ 慕李庄，陈村西边的一个村庄。

如果我们将陈洪国和陈凤章两人组织农民家户集体集资修路的事件看成是一种集体行动的发生，那么陈洪国组织的集体行动是不成功的，而陈凤章组织的集体行动则是完全失败的。两者组织的集体行动从表面上看都是农民有组织的试图改善村庄生活条件，实现村庄内部治理的行动。这种集体行动包括行动的领导者、行动的目标以及动员。但是从具体的事件参与动机来看，这种农民组织与参与的村庄治理行动本质上并不是一种基于村庄层面的治理行动，而是基于不同农民家户利益博弈的利益实现行动。农民参与这种集体行动的利益单位是家户，是对家户所能够在此行动中利益损益的考量。即使是组织者，也是基于自身家户利益的考量而决定成为一项行动的倡导者或者领导者。如陈洪国组织后排家户修路事件，其本身的考虑是自己家户出行不便。当然，陈洪国作为小组长可以为了大家的利益而自己出钱修路，其资金也就4000元左右，陈洪国本家也能支付这样的资金。但是陈洪国并不会这样做，他的选择是组织后排的家户共同集资修路，这样可以减少自家支付的修路成本。假如其他家户都不同意，陈洪国本人也不会独自出钱修路。正如陈凤章一样，陈凤章成为组织者的根本原因在于他们家在那条路附近的7亩多的低洼地，而修那条路的成本也不过2000元。陈凤章完全有能力自己出资修这条路，但是陈凤章不会，即使有的村民提出亩数多多出钱，陈凤章也都最终没有答应，何况自己独自出钱。而对于相关农民家户，他们也同样会根据自己所在家户在事件中所处利益份额而决定自己的行动。

通过陈村这两起集体行动的案例，我们可以发现中国农村集体行动的逻辑并不是个人利益与集体利益的冲突，而是家户利益与家户利益之间的冲突，集体行动的逻辑在形态上表现为家户主义。每个农民在决定组织或者参与一项集体行动或者公共治理项目之前，都会围绕自己所在家户在这一行动中所能获得的利益份额和所会失去的利益份额进行权衡。这种家户利益不是付出多少的问题，而是在各种因素的考量下应该要付出多少的问题。以陈凤章组织的集体行动事件为例，修好那段路的成本也就2000多元，而平摊到每家每户可能不到100元。但是陈凤吉家就认为，自家在那里只有两亩多地，按亩数标准来说，他们家不应该出这么多钱，这不符合他们家的利益标准，因此他们家不同意集资修路。只要集体行动的利益标准符合各自家户的利益标准，农民就能够为此达成共识而采取一致行动。

如陈洪国组织的集体行动事件,最后的结果是五个家户共同集资修建后排西头的村道。所以,农民在参与村庄治理的集体行动中并不是为了实现村庄治理的改善,更不是为了某种具有道德高度的集体利益或者公共利益,农民在公共治理层面的行动如同他们在日常生活中的行动一样,非常简单,参与的动机就是对自己所在家户利益的衡量。

从这个层面来看,如果不存在强制性措施或者其他特殊的方式,农民是不会为了集体利益或村庄利益而牺牲家户利益的。在农民的观念里,集体利益本身就不是一种自觉的认知,而是一种建构的认知。这就如同我们要求农民为了公共利益而去投票一样,它是一种政策或者制度强迫式的农民行为。农民只会在制度安排下去做出形式化的回应,而不会为此而做出更加具体的努力。即使有更加具体的努力,也是基于自己的家户利益,而绝不会为了公利。在农民的观念与意识形态中,就不存在独立的公共利益空间。有的时候,我们会怀念人民公社时期或者20世纪80年代农民集体行动的图景。但是从陈村记忆中,我们同样发现奥尔森的警告,有些集体行动的产生源于强制或者其他特殊的原因。在陈村的那个时代也是一样,农民为了村集体为了国家进行劳动与生产其实是在一种制度与意识形态压迫下维护家户生存的生活方式。农民并不情愿为了集体而贡献自己家户利益,但是可以为家户利益而参加集体行动。在面对外部特殊的强制性的集体制度环境下,农民选择集体生产与生活是一种无奈的选择。正如张乐天的研究,在人民公社盛行的那个集体利益膨胀的时代,农民依然在底层日常生活中遵循自己生活与交往逻辑。[①] 这个逻辑同集体利益之间是相冲突,这就是传统意义上的家户主义。据陈凤章等人回忆,20世纪80年代实施家庭联产承包责任制以后,农民虽然从集体生活中脱离出来,但是集体主义遗留的一些制度形态依然存在,如工分制。农民积极参与集体劳动,如修路、挖沟、植树等,都是为了工分,并不是为了集体利益。而工分又是同农民的家庭经济密切挂钩的。如果说20世纪80年代农民的集体意识比当前强,那只是一种假象。正相反,农民集体意识越强,越说明农民对于家户利益的重视程度越强。从这个层面来看,我们在缺少外部力量介入的公共治理中希望培育农民的公共精神与集体意识只能说是一种理

---

① 参阅张乐天《人民公社制度研究》,上海人民出版社2005年版。

想,甚至是奢望。除非,如同人民公社时期,建立严格的系统的强制性的制度体系、组织体系以及监督惩罚机制,才会产生我们所希望看到的集体行动,但是这就不是农民自我的公共精神与集体意识了,而是一种在一定制度和体制下为了家户利益的获取而被迫采取的行为模式。其行为动机的最终指向依然是家户利益。正如裴宜理在华北的叛乱与革命一样,无论是掠夺型生存策略,还是保护型生存策略,最终的目的还是为了各自所在的"家庭",而这里我们称之为家户。[1]

正如前文的分析,在日常生活中,陈村不存在实质意义上的个人,只存在实体意义上的家户,而村庄集体行动层面,虽然是有个人参与,但是个人所代表的是其所在的家户。他所思考和衡量的根本不是他个人的利益偏好,而是整个家户的利益偏好。在集体行动中,我们不能因为看到的是一个个独立的个人,就认为农民参与集体行动是以个体为单位,甚至以个人利益为主体。而实际上,个人的背后是一个个独立的家户。费孝通先生曾经说中国人为了家,可以牺牲国,而为了己可以牺牲家。而从陈村的情况来看,陈村农民确实可以为了家而牺牲国,但是并不会为了己而牺牲家。农民不是以己为中心的,而是以家为中心的,而家的基本存在单位便是家户。家户主义才是农民根深蒂固的意识形态,这种意识形态的形成,它是源于中国古代几千年的家户制传统而延续下来的。[2] 这是中国农民的特质。因此,要组织中国农民参与集体行动,从已经存在的经验来看只有两种方式:一是从农民迫切的家户利益需求入手调动农民参与集体行动的积极性,这是一种基于家户利益实现的自愿的集体行动,如中国共产党通过土地改革获得农民的支持以及动员农民参加革命。著名的解放战争电影《淮海战役》中有这样一个片段,大将军粟裕视察战俘改造,其中有一个叫丁小二的兵,他原来是国民党邱清泉兵团的通信兵,后来在搜查解放军被俘同志的时候,遇到同乡,得知家乡实行了土改,自己家和自己名下都分到了土地,就连夜从邱清泉部逃到了粟裕部。其实这个丁小二是个特写,目的就是突出共产党的土改政策对于农民参加革命的影响。而丁小二

---

[1] 参阅[美]裴宜理《华北的叛乱者与革命者(1845—1945)》,商务印书馆2007年版。

[2] 徐勇:《中国家户制传统与农村发展道路——以俄国、印度的村社制传统为参照》,《中国社会科学》2013年第8期。

就是一个农民代表,为了土地而参加革命。二是控制农民家户生存的基本资源分配,通过强制性的制度体系而形成的被迫式的农民集体行动,如人民公社。而在当代正常的稳定的社会环境与政策环境下,要通过社会组织方式培育农民基于自觉行动的公共精神与集体意识,则要打上一个大大的问号。既然如此,我们所强调的农民合作与协商也只是一种理论上的假设与预期。而试图通过各种自治组织与机制来培养农民的公共精神与集体意识,最终还是要被农民的家户主义观念所侵蚀,并遭遇发展的困境与瓶颈。

三 精英治理的背后

李怀印在写《华北村治》一书的序言中就曾说过,以往关于民国及其以前的中国农村研究,往往都集中于乡村精英,而非普通的农民。他批评中国农村研究过分关注村庄精英,而忽视了对普通农民行为的研究。以前如此,现在又何尝不是呢?尤其是在农村治理领域,治理往往看成是政治精英自上而下的管理过程,以及经济精英的具体参与过程。尤其是经济精英,往往被看成是农村治理的变革性力量,能够为村庄治理提供相应的物质条件与自治活力。我们目前多数对于乡村治理实践研究的素材基本上都是来源于这些精英人物。精英人物具有治理的物质能力,但是否具有治理所需要的公共精神与集体意识呢?精英人物是否就意味着村庄治理的活力与未来呢?至少在陈村,这些问题的答案是否定的。

如果陈村存在经济精英的话,那这个人肯定非陈凤其莫属。在前文关于家族的分析中,我们对陈凤其家族以及其发家史都有了一定的介绍。陈凤其属于陈村第一个百万富翁,甚至是千万富翁。在陈村人的观念里,甚至在中国人的观念里,一直都存在衣锦还乡之后回报父老乡亲这样的观念。所以,陈凤其发家之后,陈村人也希望陈凤其能够为陈村的建设作出贡献。当然,陈凤其本人在行动上也有这样的表示。2006年,县里和镇上的一些领导曾专门到陈村拜访过陈凤其,提议陈凤其出资修建起于203省道,经陈村、慕李庄,至小张庄的村道。县里和镇上为此会将这条路命名为"凤其路",以示褒奖。据陈村人回忆,由于当时县里和镇上要价过高超过了陈凤其的心理定位,最终陈凤其没有同意。2008年,陈凤其回家乡，准备从钢材生意转向有线电视，这种转向首先就是进入蒙城县农村市场。而对于自己的家乡陈庄，2009年陈凤其提出免费为陈庄安装有线电视，并且三年之内不用交使用费。这件事算是陈凤其为陈村农民办的第一件实事，使得陈凤其在陈村获得了较高的赞誉。2012年，陈凤其主动同村里协商准备自己出资拓宽现有经过陈村、慕李庄，至小张庄路口的村道。为此，陈凤其还专门陪同相关人员勘探了村道两侧的地形，并要求各家户尽快清理村道两侧的杂物。慕李庄的慕廷站还专门将自家门口的菜园清理掉。结果忙活一阵子，修路的事就不了了之了。陈凤其家给出的解释是，村里的干部要钱要得太多，本来20万能够修好的路，村里干部非要30万，他们家一气之下就不修了。2013年上半年，陈凤其为陈村安装了三盏路灯，三盏路灯都会亮到午夜12点。2013年下半年，陈凤其又承诺自己出钱将陈村内部的南北主干道进行水泥硬化，但是最终却只修了自家门口的一段，给出的理由是陈怀久家不配合，不让修，村里人要怪就怪陈怀久家。

从陈凤其家的行动和理由来看，作为陈村农民心目中的最有钱的家户以及村干部眼中的经济精英，陈凤其似乎一直都在努力为陈村建设作贡献，但是有些时候受制于各种原因却无法如愿。那事实上是否如此呢？陈凤其是否真正想为家乡的建设作贡献呢？

据陈洪国陈述，2012年陈凤其主动向村里提出愿出资拓宽主干村道是有原因的，而且最后没有兑现承诺也不是因为村干部开口要钱的原因，而是另有隐情。陈洪国说，当时陈凤其向村里提出拓宽路面的条件是要求村里面能够在陈村给他们家提供一处四间屋的宅基地。2011年陈村已经开始出现建楼热，很多在村道两侧有地的家户往往是通过交钱的方式在新的地块上修建楼房，而老房子则保留下来。尤其是那些有两个儿子的家户，至少得有两块宅基地，以给儿子留作结婚盖新房。陈永精家在陈村村道两侧并没有地块，陈凤其同老三、老六和父母只共同拥有四间房的宅基地。而且这三个兄弟结婚以后共生育有五个儿子，如何获得更多的宅基地是这个形式上没有分家的大家户共同考虑的问题。陈凤其当时的想法就是希望通过承诺村里修路来换取家户的一处宅基地，且靠近村道两侧。村书记于士文就找到陈洪国，要求陈洪国协调一下，看看在陈村内部能不能腾出这样的宅基地来。陈洪国非常清楚，陈村的每一块地面都早已经被各个家户瓜分了，陈永精自家在村道两侧也没有地块。同时，不用钱买，陈村农民谁也不愿意将自家未来的宅基地让给别人。就是用钱买，别人家也不一定愿意卖。陈洪国将陈村的情况向书记进行了汇报，村里安排不了。于是，村里也没有办法，又不能强迫有地家户让出来，最后书记无法实现陈凤其提出的交换条件。所以，最终拓宽路面的事情也就不了了之了。

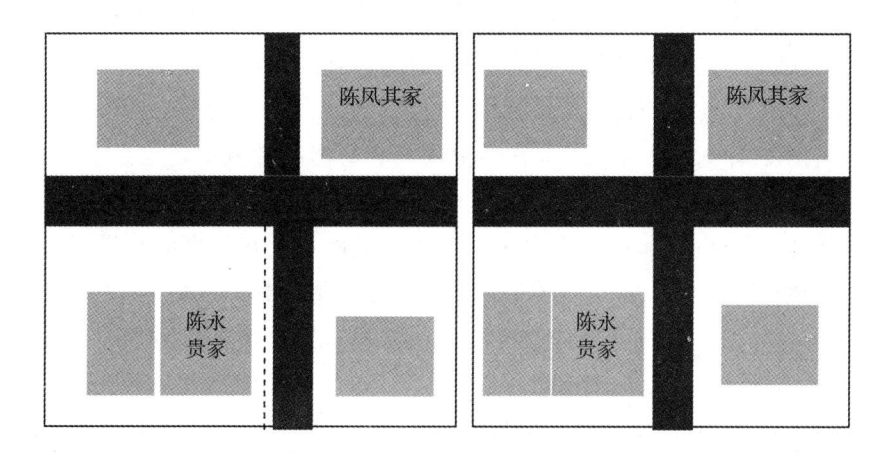

图 5.3　陈村南北村道示意图

而 2013 年下半年陈凤其承诺水泥硬化村庄南北村道的事宜也是有玄机的。一直以来陈凤其家里的人都在人场里向陈村农民表示陈凤其一定会修路。这种暗示从 2008 年一直延续到现在。2011 年的拓宽村主干道路面的承诺没有兑现以后，陈村人对于陈凤其的评价也就逐渐下降，大家都认为陈凤其家有钱以后，看不起村里的人。为了弥补这种修路的承诺带来的家户声誉受损，陈凤其家在 2013 年才提出了水泥硬化陈村南北村道的想法。据知情的陈村人回忆，陈凤其一家当时提出的修路计划是南北道路要一条线，实现路面的一致。实际上，陈村南北村道的路面并不是一条线，如图 5.3 左图所示。陈凤其提出要水泥硬化的话就必须南北一致。这样一来，村主干道以北的路段必须调整至图中的虚线部分，实现南北的对接，最终的路面将如图 5.3 右图所示。

这种修路计划遭到了陈怀久家的反对。因为一旦路面实现南北一条线的对接，则新的路面将占用本来属于陈永贵家的宅基地。陈永贵是陈怀久的二儿子。由于他们一家人都在外面打工，家里没有人。陈怀久就替儿子家说话。陈怀久认为修路占用了他儿子家的宅基地，绝对不能同意。陈凤其也表明立场，不同意就不修，修不上路的责任就不在于自家而在于陈怀久家。陈怀久夫妇听到此话十分生气，就质问陈凤其"你不修路怎么能怪俺家，你要是想修，不占俺儿子家的宅子也能修。你就是不愿意修，天天说自己有钱，要修这要建那的，有本事怎么不修？家人就会说大话。有钱就了不起，谁家也不稀罕！"于是两家就吵了起来。在激动之余，陈凤其拿起路边的铁锨①，声张要打陈怀久"妈得个×，我打死你个老不死的。我已经不是以前的我了，以前我陈凤其不行，你可以看不起俺家，现在我有的是钱，我用钱都能砸死你！以前你可以看不起俺家，现在我看你还能起来？今天你家不让，这路我就不修，村里人要骂都骂你家。"周围的人最后将两家人拉开，争吵才算停息。最后，陈凤其只修了主干道以南，他们家门口的那一片水泥路，水泥路以南拉了几车煤矸石进行了硬化。在陈村人看来，陈凤其承诺修南北村道，要求南北一致，其本意就是为难陈怀久家，而并不是真的愿意出钱修路。如果是真的愿意给村里修路，不占用陈永付家的宅子也可以修。其目的还是借此报复陈怀久家。原因是当年陈凤其小的时候，家里兄弟姐妹多，日子过得不好。陈怀久就经常在人场里嘲笑，甚至讽刺陈永精家。这才有了这样的家户之间的恩怨。此事之后，陈村人认为作为大专生出身，有知识有文化的陈凤其的行为竟然如此，让村里的人十分失望。很多村民看到那三盏路灯竟说"弄那东西能啥，除了在外人面前给自己家长脸，就只剩下夏天招蚊子了"。

2013年陈凤其为陈村安装的有线电视免费使用三年的期限已到，陈凤其开始收取年费，不交年费的就取消使用资格。接下来的2014年，陈村所在乡镇楚村镇的镇长被人举报立案调查。据村书记于士文陈述，举报镇长的正是陈凤其一家。事情的原委是，当年陈凤其从河南郑州回家乡做有线电视的生意，自然首先从自家所在的乡镇开始。当时镇长给陈凤其一个承诺，如果陈凤其免费为整个行政村（包括陈村）安装有线电视，并免费使用三年，三年之后整个楚村镇的有线电视市场都交给陈凤其一家代理。2013年，三年约定到期，镇长却以种种理由避而不谈当年的约定，反而开口要好处费。陈凤其先后三次请镇长等人吃饭送礼，花费共计3万多元。结果镇长还是推三阻四。一气之下，陈凤其就安排人到县里举报了

---

① 铁锨，当地的一种农业生产工具。

镇长，镇长被带走调查，后来查出其贪污受贿100多万。① 在书记于士文看来，作为陈村甚至整个于店村的首富，陈凤其并没有真正想为村里干点实事，一心想着的只是自己家的那点事情，做什么都要讲条件。

从经济精英陈凤其试图修路与安装有线电视等诸多行为来看，精英参与村庄治理在可见行为层面确实让我们感觉他们这一群体在村庄治理层面想有所作为，甚至能够有所作为。但是在这些行为与意愿的背后无不充斥着精英本身对于自身家户利益的关注——免费的有线电视是为了家户的生意市场的拓展，拓宽村道是为了交换家户在村庄内部的宅基地，硬化南北村道是为了报复当年陈怀久家对于自家的蔑视与侮辱，修建路灯是为了给外村人看的，而不是给本村人用的，基于的还是家户的形象。本家户的成员并没有因为经济上富足而放弃对于村庄资源的争夺，相反经济上的富足让家户成员在同其他家户争夺村庄资源的过程中更有底气，甚至更有理由。如位于蒋庄胡的庙台个②是附近三个村庄农民过年上香祈福的地方。2009年以来，陈永精一家将自家的耕地不断拓宽，甚至占了一半庙台子的地。陈村很多家户都有意见，一些妇女总是在背后议论"那一家人把庙台子占了这么多了，对家里人能好吗？这么有钱，为了那一点地可值当得。"言外之意就是庙台子是神明居住的地方，破坏了庙台子的风水，神明必然会惩罚他们家。陈凤其的父亲陈永精更是到处捣乱，不让村里人在新的地块上盖楼房，原因是他们家这么多孩子没有宅基地。村里人的回应是"谁让你家生这么多！家里在郑州这多房子，还在村里跟人家抢跟人家闹，何必呢？"在当前的陈村，很多农民都不怎么愿意搭理陈凤其一家人。他们认为，陈凤其不但没有为自己的村庄作贡献，家里人在村庄里还故意使坏，并且看不起那些贫困的家户，陈凤其本人回家也从来都不跟父老乡亲们打个招呼。他们家看不起村里的人，村里的人也看不起他们家。

精英治理行为背后的利益动机已然不是为了村庄的集体利益，表面上以为集体利益作贡献的说辞，其实本质上已然同普通农民家户一样，最终还是要以家户利益为重。在陈凤其身上体现出来的就是在顾全家户形象与

---

① 具体数字与情况，源自于陈村人的口述，不一定是事实本身。
② 庙台个，陈村及其附近几个村庄春节拜神的地方，位于陈村。相传很久以前这里是一座寺院。

身份的基础之上，尽可能地实现家户的物质利益。精英参与村庄治理并不一定能够带来活力，这种活力只是相对于村外人来看的。而对于村内人，在熟人社会内部，最终还是无法逃避众人的眼睛。相反，外人看到的活力，对于村庄人来看可能就不是如此，而是冲突的张力。

一直以来我们对于农村精英的关注，其实都是将精英的身份、价值与观念自动放大，认为精英在观念和意识层面高于普通农民，并区别于普通农民。而从陈凤其身上，我们发现其实精英身份只是外人给予的一种标签，在陈村人眼里他同普通的农民是一样的，唯一的区别是他们家比别人家有钱，或者他比村里的人有知识。在陈凤其深层次的观念里，依然逃不开家户利益这种行为动机的束缚。与普通农民不同的是，由于精英掌握更多的资源，进而会扩大家户利益同村庄集体利益的交织与冲突，因此才会不断促使村庄精英愿意投入到村庄治理中来。有的精英参与是为了家户形象与名声，有的精英是为了家户的地位与权力，有的精英是为了家户的物质利益。除极少数的个案以外，精英参与村庄治理的动机也并不是为了村庄利益或者公共利益，依然是对于家户利益的追求。当然这并不排除，家户利益同公共利益之间的融合。一旦精英本人的家户利益同村庄公共利益之间存在某种重合，那么家户利益便会隐藏于公共利益或者集体利益之后，如经济精英为了家户的声誉与名望，而参与村庄治理等。在中国村庄治理中，精英主义的背后依然是家户主义的逻辑。

总的来说，我们对于农村精英在村庄治理中作用与功能的分析，并不是没有必要，但是农村精英的作用与功能必须建立在对其行为动机进行准确理解的基础之上。作为农民的一分子，村庄精英同普通农民一样，他既是村庄的一员，也是村庄利益的分享者，更是家户主义的践行者。不仅农民在集体行动层面上将家户主义带进村庄公共治理层面，而且村庄精英同样将这种家户主义带进村庄治理领域。而对于农村精英主义治理的研究，也缺少了更加微观的动机层面的分析，进而影响了我们对于农村精英在村庄治理中功能与地位的判断。过分地抬高精英治理的作用，并不一定有利于中国农村治理工作的改进。要想发挥好村庄精英在村庄治理中作用，必须解决精英所在家户利益同村庄其他家户利益之间的冲突，同时必须协调好精英家户利益同村庄公共利益的关系。农民不会为了公共利益去放弃家户利益，同样精英也不会为了公共利益而放弃家户利益。不管是农民精英还是普通农民，在他们的观念中家户才是最根本的利益出发点，也是最根本的利益归宿点。正如有学者所指出的在中国农村这种特殊的社会文化环境中，民间经济权威与精英，不一定具有现代民主制度的意识。因此，"那些企图以西方民主的发展轨迹来圈画中国乡村民主前景的人，真有可能变成'大门口的陌生人'。"[①]

四 村庄何以不美丽

进入21世纪以来，伴随着农村公共卫生环境的逐渐恶化，地方政府在政策层面提出了建设美丽乡村的口号。从已有的美丽乡村建设来看，建设的主体依然是地方政府，而非农民。由地方政府进行规划与投资开展试点建设，然后再获得村庄农民在态度与行为上的支持，最后就形成了一个美丽乡村的示范模型。但是为什么政府不发动农民通过合作的方式进行美丽乡村的建设，让农民成为美丽家乡建设的主体呢？这就如同新农村建设一样，农民与农村都是处于被规划被建构的位置，而不是农民自觉与农村自然发展的过程。正如上文所分析的，农民不会为了村庄的集体利益而放弃家户利益，农民只有在具体的家户利益得到满足的同时，才会支持集体层面的公共事务的治理项目。以上的分析都说明农民在具体治理过程中的家户主义逻辑，进而导致村庄治理的困境与失败。同时，在村庄治理领域，还包括另外一个层面，那就是公共事务治理对象的形成是否也是基于家户主义逻辑呢？这是从村庄公共事务治理对象的层面，而不是治理过程的层面来具体分析农村治理问题的产生。如陈村文明创建的遭遇是由于农民在这一项目治理过程中的诸多阻碍而发生，但是文明创建的目标——解决村庄公共卫生环境脏乱差的问题，它的产生逻辑又是如何呢？以农村公共卫生环境问题为例，就是要分析农村何以不美丽的原因。

20世纪八九十年代陈村的生态环境是陈村年轻人，甚至中年人至今都向往的。那时候虽然家家户户日子都不太富裕，基本温饱，但是村里的空气、水源以及环境等都是现在没法比的。当时村子里在老宅地前后有两

---

① 郭正林：《当代中国农民政治参与的程度、动机及社会效应》，《社会学研究》2003年第3期。

处集体林地，林地上生长着各种各样的树木。家家户户门前屋后都是树木环绕，鸟语花香。村里的井水与地下水可以直接饮用，清澈甘甜。池塘里的水可以洗菜洗衣服洗澡，有些家户甚至就直接饮用池塘里的水。那时候田地里的野兔、刺猬、野鸡，水洼里的野鱼、水蛇、黄鳝、泥鳅、龙虾、螃蟹等也都是到处可见。夏季的雨天，也是农民捕鱼的好时节，不用跑远，就在家门口的排水沟里以及村庄疏水沟里就能够捕到鱼。下雨的时候，还会有螃蟹和龙虾往家里爬。每家每户的压水井由于长期有水流，还会在水洼里出现黄鳝和小鱼。各个水塘里，到了夏季还会长满荷叶，开满莲花。家家户户门前屋后也没有什么生活垃圾，当然除了灰尘。那时候的陈村可以说是一个美丽乡村，在陈村人记忆里，那时候的陈村就是一个美丽的乡村。

而如今一切都消失了。这一切的发生就是从20世纪90年代中后期开始。首先市场上对于野生中草药的需求，如野生的枸杞、蒲公英、野麻籽、蛤蟆的白筋①等使得农民为了获得货币收入以支撑家户经济而开始到处挖掘这些草药植物，捕杀那些具有中药价值的动物。以往修饰陈村环境的各种花花草草逐渐消失在人们的视野中。直到现在很多家户还在继续挖掘仅剩下不多的野生草药植物。进入21世纪以后，除草剂的出现极大减少了农民农业劳动的时间，但却快速杀死了陈村耕地周边生长的野生植物。农民为了不让野生植物影响庄稼的生长，不惜常年将除草剂喷洒在耕地的周边。结果在陈村除了没有用的野草之外，就基本剩下地里的庄稼了。陈村的集体林地在20世纪90年代被家户化以后，野生林也消失了，伴随着野生林消失的是常年繁衍在此的野生鸟类，如画眉、喜鹊等等。2000年以后，城市饮食消费带动对于野生动物肉类的需求逐渐增大，这同样拓展了农民增加家户收入的渠道。一些农民开始大规模地捕杀青蛙、泥鳅、黄鳝、斑鸠、野鸡、野兔。以2010年陈村家户大规模捕杀泥鳅为例，当时的龙虾是4块钱一斤，泥鳅是6块钱一斤，黄鳝是10块钱一斤。很多家户的大人和小孩是一起出动，晚上天快黑的时候开始下笼子，第二天清晨开始收笼子。笼子多的家户，一晚上的收入达到100多元，差的也有20多元。2011年，一只斑鸠的价格是5块钱，一只麻雀的价格是1毛

---

① 从癞蛤蟆背上刮下的一种白色粘稠状的物质。

钱,一只野鸡的价格那就更贵了。很多年轻人白天没有事的时候,就以此为业,陈村常年以此为业的便是陈凤吉。在别人都出门务工的时候,陈凤吉便独自留在家中四处搜捕这些野味,以支持家里的日常消费。2012年夏天,陈村开始出现"抓知了热",这种知了主要是出售给城市的饭店用于食用。当然这里的知了主要是指从土里爬出来尚未脱壳的蝉蛹,一旦脱壳就没人要了。这种野生知了的价格是每斤30—50元。所以每到夏天的天黑,陈村基本上是各家各户都会有成员出动,有的则是大人小孩全部出动,带着手电筒,拿着工具,一棵树一棵树地找。运气好的家户,一晚上可以抓到5—100元的知了。后来在调研中发现,不仅陈村,附近的很多村庄都在抓知了。陈村的男人们在外务工,女人、孩子以及老人们则在家里抓知了,用她们的话来说,"弄点买菜的钱"。如今陈村最常见的动物基本上就是三种:羊、狗和麻雀。由于麻雀太便宜,抓起来也费事,人们也不愿意去抓。只要是野生的值钱的东西,都基本上消失了。

同时,在农业生产中,各个家户为了提高亩产粮食产量,开始大规模地使用化肥、农药。河流的污染逐渐加剧,陈村的水质开始变差。尤其是农民对于秸秆的处理。有的季节,政府为了保护环境禁止农民燃烧秸秆,农民为了家户耕作的方便就会将秸秆丢弃到地旁的水沟和池塘里。时间一长,这些秸秆在水里发酵,水质就开始变暗,鱼类根本无法生存。同时位于村庄附近的池塘,由于农民家户生活垃圾的排放和丢弃,水质的污染十分严重。陈村没有工业,但是陈村的水面依然是暗黑色的。池塘里再也不能洗澡和洗衣服了,就连自家的抽水井,如果深度达不到20米以下,抽上来的地下水含碱量都很大,长期饮用对身体十分有害。

而在卫生环境上,每个家户考虑的都不是村庄的环境,而是自家的环境。20世纪八九十年代的陈村,日常消费的物品基本上是自给自足的,由于家户收入的限制,农民很少到集市上购买商品。这样一来,农村的生活垃圾污染基本没有。伴随着农村消费市场的扩大,农民日常消费的物品基本上都是来源于市场,由此带来的是家户生活垃圾的极大膨胀。举一个例子,以前小孩生下来之后,婴儿吃的都是奶水,穿的是手工缝制的衣服,用的是破布做成的尿布,可以循环使用。一个小孩用过之后,还可以收藏起来,以备下一个出生的婴儿使用。整个过程基本上不产生什么生活垃圾。而如今,小孩生下来之后,喝的是奶粉,穿的是市场上购买的新婴儿服，用的是市场上购买的尿片，一天就用好几个，用完就扔。下一个婴儿出生之后，一切都必须是重新购买。旧的衣服就被丢弃了。整个过程都是生活垃圾产生的过程，而失去了以往循环利用的过程。这种生活垃圾产生之后怎么处理呢？肯定不会丢弃在自家的房内，也不能丢弃在别人家户的房前屋后，那只能丢弃在公共地方。陈村这种生活垃圾的处理逻辑就是"只要不要丢在家门口，随便丢到哪都行"。而所谓的公共的地方一般包括三个场所：一是庄稼地里的水沟里；二是村庄附近的池塘；三是自己门前村道的另外一侧。以2013年陈凤腊家、陈凤章家、陈敬富家以及陈凤根家生活垃圾的日常丢弃点为例，作者进行了统计，如图5.4所示：

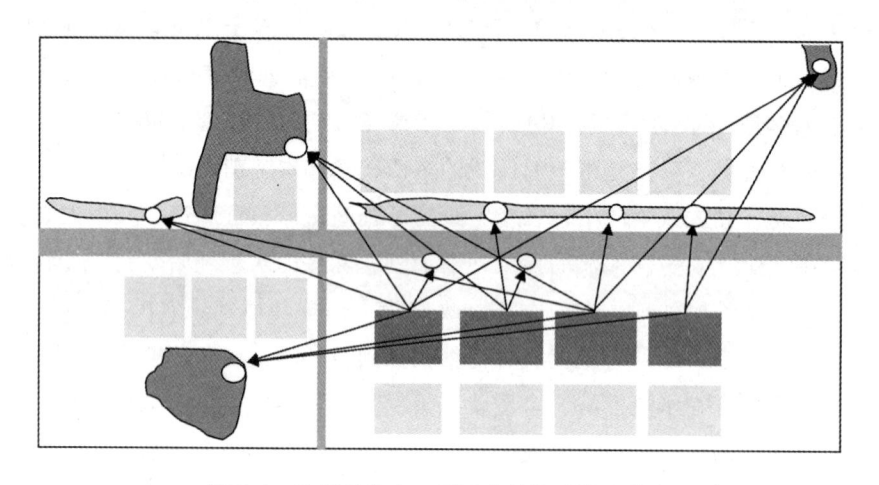

图5.4 陈村四家户一周丢弃垃圾路线图统计

2013年，前排的陈永精家、陈凤皇家、陈洪民家和陈雷家当时还没有盖楼房，屋后的洼沟名义上属于公共的地方。因此，陈凤章等四家才会将生活垃圾丢弃在离陈永精等四家很近的洼沟里。从四家丢弃垃圾地点分布来看，家户生活垃圾都是丢弃在村庄公共区域，而且各家各户都是这样做的。只要在公共区域丢垃圾，任何家户都不会有意见。即使是2014年，陈村开展文明创建以来，每个家户基本上还是按照原来的生活习惯丢弃垃圾。为此，村里还专门在各个村庄安排了专门的人员每两天定期捡拾村庄生活区域各个家户丢弃的生活垃圾，尤其是村道两侧。当然这种专门安排的人员，也是为了应付上级突击检查。正是因为有了专门的人清扫，陈村有些家户丢弃生活垃圾也更加随意了。

陈村生态环境与公共卫生环境的恶化，而导致村庄环境卫生在治理层面上问题的凸显主要包括以下几个方面的具体原因：

一是农民为了追求家户货币收入增加对生态环境的破坏。在市场经济条件下，农民家户的消费需求快速膨胀，不管是物质生活层面的对市场商品的需求，还是在抽象层面基于家户身份与形象在符号层面的需求，农民家户消费膨胀的背后便是对于家户货币收入的追求。正如社会化小农所分析，农户在行为动机上具有追求货币收入最大化的倾向。为此农民围绕市场需求，利用各种有利的条件而增加家户的货币收入，他们不会考虑这种货币收入可能带来的对未来家户生存环境的影响。因为家户外部的公共空间的生存环境并不属于农民家户利益的考量范畴。为此农民为了获得货币收入而不断地大规模地破坏生态环境，包括上文提到的挖掘野生草药植物、扑杀村庄空间内部的值钱的动物、大规模地捕杀野生鱼类、大范围地使用农药化肥提高农作物亩产量等等。而货币收入是农民家户利益的重要组成部分，在某些特殊的场合和背景下，农民甚至会为了获得货币收入而放弃抽象层面的家户利益，如家户的形象、身份与面子等。

二是农民家户消费的扩张导致农民家户生活垃圾的数量级增加。农民消费的基本单位是家户，因为农民的消费基本都是围绕家户日常生活、生产与交往而展开的。传统陈村的家户消费需求主要是自给自足，多数都是从家户土地中生产出来，生活垃圾多数是动物的粪便。由于家户经济收入与农村市场供给的限制，农民很少会从市场上购买大量的生活用品。而20世纪90年代中后期以后，农民市场化，将农民的日常生活带进了一个商品消费的时代，农民的日常消费基本上都是来源于市场上的商品，由此产生大量的生活垃圾，而这些生活垃圾又是不容易处理的。在商品消费的同时，抽象的家户身份借助于商品的类型而形成符号化的身份。农民为了获得符号化的家户身份，反过来又在正常的需求之外扩大了对商品的消费，如日常零食、家用电器、小孩玩具、衣服的种类与更换速率等等。这从抽象的家户身份层面又进一步地刺激了农民家户生活垃圾的产生。在真实的陈村生活中，商品消费的本质，基本上都是一种家户身份与形象的标志。消费的级别也就意味着家户身份与地位的级别，商品消费的更新速率也就意味着家户身份与地位的转变速率，商品消费的规模与广度也就意味着家户的经济地位与能力。很多的时候，农民不是为了生活的基本需求而消费商品，而是为了家户的身份与地位来消费商品，这也是中国农村消费市场膨胀的原因之一，更是农民家户货币支出膨胀的重要原因。也正是因为商品背后的符号化身份，而商品的更新速度与消费规模又容易发生变化，进而形成农村家户身份的流动性与不确定性。家户生活围绕日常消费而展开的竞争，极大的催生了村庄公共卫生的恶化。同时，农户将生活垃圾丢弃到村庄公共的池塘与洼沟里，进而导致村庄水质的污染，反过来又进一步威胁野生鱼类的生存。如今陈村的野生鱼类已经消失殆尽，人们想吃鱼只能到市场上去购买了。

　　三是农民观念认知中的家户利益本位思维的影响。农民在处理生活垃圾的方式选择上同样是依照家户主义的逻辑，遵循的是家户利益。任何一个家户都不会将生活垃圾丢弃在自家院子里面甚至门口，除了那些可以作为废品变卖的垃圾。为了不影响家户内部的卫生环境，就只能丢弃在村庄公认的公共场所，如公共池塘、村道两侧。农民考虑的是"只要不在我家门口就行"。20世纪90年代的时候，由于生活垃圾比较少，农民还会将垃圾随处丢弃，但是随着生活垃圾的数量级增加，为了不影响自己家户的生活环境，生活垃圾就只能丢弃在公共的场所。正如上文所说的，农民观念与认知中只有家户利益是本位的，是自觉的。集体利益或者说公共利益，在农民的观念里只是为了配合家户利益的存在。即使政府为了解决村庄卫生问题而修建垃圾池和放置垃圾桶以后，农民在处理生活垃圾的时候依然还是没有这种公共意识与精神。农民行为的家户主义并不仅仅存在于家户与家户之间的日常交往中，更存在于农民在村庄公共领域的活动与行为中。而其他家户也是按照这样的逻辑展开自己的行动的。在秸秆处理上也是如此，其实在楚村镇有专门的秸秆回收站，由于成本太低，回收站不会有专车下村收购秸秆，而是要求出售秸秆的农户自己运送过去。由于秸秆的收购价格很低，人力成本与运输成本比较大，农民也不会出售秸秆，最方便的办法就是焚烧或者丢弃在地边的池塘与水沟里。农民正是基于家户的方便以及家户成本与收入的考虑而放弃这种市场行为。与农民对于公共环境的漠视形成对应的是，农民对于家户环境的重视。虽然农民的家户环境不如城市居民的家户环境优越和干净，但是农民也是非常注重家户环境的营造。伴随着"建楼热"的持续，便是"装修热"，农民也开始注重家户内部的装修。同时陈村的农民已经开始注重院落的绿化，包括种植果

第五章 治理过程中的家户主义逻辑 ·183·

树,花树以及南方的不落叶树木品种。有些家户还自己种植草地。其实农民注重家户环境的理由很简单,就是好看,这个"好看"是给经过的外村人看的,让外村人觉得"这一家不是有钱就是家里有当官的"。为什么呢?因为家户绿化一般是城市的绿化的象征,代表着城市生活。而农村家户绿化则意味着在外人眼中,家户身份与地位的提升。这里以陈凤章家为例,陈凤章夫妇一直都想拉好院墙以后,在院子里种上果树,尤其是樱花树以及香樟树。右边种树,左边种菜养花,门口种上香樟树。陈凤章一家为什么会有这样的想法呢?这种想法源于隔壁庄的慕廷安家。其实慕廷安家并没有钱,但是慕廷安喜欢要面子。自家借钱盖上三层楼,楼上安装了彩灯,晚上一开灯,五颜六色,很好看。院内和门口都种了四季常青的花树,院子也是城市那种铁栅栏形式,从门口的村道就能看见院落内部的景色。很多路过的外村人就认为这一家非富即贵,其实是"穷得很",家里欠了七八万块钱的账。由此,陈凤章的爱人慕氏就说,如果我们家也像他们家一样,小儿子早就娶上媳妇了。农民对于家户环境的重视其本质不是为了改善自己的居住环境,而是为了彰显家户的身份与地位,是为了自己儿子更容易娶上媳妇。这就是陈凤章家注重家户绿化的根本原因。而村庄公共环境则与自家的家户身份与形象没有关系。装修也是一样,装修得好不好,不是为了自己居住的舒服,而是为了家户在村庄内部的身份与地位,当然这种身份与地位不一定是大家认同的,更多是农民的自我认同。

　　总的来说,正是由于农民的家户主义行为逻辑才最终导致村庄公共卫生环境的恶化,才是村庄何以不美丽的主要原因。这也提醒我们反思"美丽乡村建设"是不能依靠农民的积极性与主动性的,即使在政府动员下会出现农民积极参与的现象,但是随着时间的流逝,农民还是会表现出家户主义逻辑的本质。美丽乡村建设的成功关键是政府取代农民成为农村公共卫生环境的治理主体,而不是将治理的主体和主要工作交给农民。相反,在农民家户环境的建设上,倒是可以通过示范与带动效应,促进农民自我改善家户居住的环境与卫生。农民家户主义逻辑的存在,尤其是在农村市场化快速推进的今天,农民不会为了公共利益而主动贡献力量,村庄公共空间的治理只能依靠政府,主体也只能是政府。因为家户主义在本质上是一种内向型的行为驱动力量,它不断将农民的行为拉向家户内部,尤其是农村市场化导致的农民家户对于货币需求膨胀,更进一步刺激了农民的家户主义逻辑赤裸裸的生长与扩大。村庄何以不美丽，原因就是农民家户主义的盛行，而导致农民在公共事务治理方面的不作为。

五　农民的自治逻辑

在中国，村民自治是农村参与公共事务治理的基本方式，也是中国农村基层民主的主要标志。然而，自村民自治试行到当前，关于村民自治的研究一直没有间断，而研究的基本问题依然是村民自治中农民参与的困境问题。早期的研究将其归结为制度上的原因，2000年之后又将其归结为社会发育的原因，当前又归结为村民自治单元的问题。事实上，不管是哪一方面的原因，一直以来村民自治践行的都是国家的自治逻辑，而不是农民的自治逻辑。村民自治是国家基于自身管理的需要而建构起来的一种近于理想化的制度设计。它要求农民在村庄公共事务的治理层面发挥主动性，由村民选举产生村民委员会，然后由村民或者村民代表参与监督和管理的现代民主治理方式。在具体实践中，村民自治并不是真正意义上的农民自治，而是国家建构的一种介于民主体制象征的一种制度形式。正如农民购买轿车是因为家户形象与身份的原因一样简单，国家推行村民自治也是为建构国家的民主身份与形象。而在具体的村民自治研究中，学者的问题缘起也基本上源于村民自治制度运行的问题，而不是村民自治中农民实践的问题以及农民实践的状态与逻辑。在一些地方推行的村民自治创新实践中，政府依然成为这些创新实践的主体，而不是农民。那么从农民的视角，而不是从制度的视角分析，农民参与村民自治实践的真实逻辑是什么呢？

在陈村，就是待上几年也很少能够发现农民普遍参与村民自治的基本活动。除了换届选举以外，陈村农民基本上不参与村庄事务的管理，更不用说监督了。这并不是说，村委会没有农民参与的制度与机制，而是农民自己本身就不愿意参与。农民的大部分时间都是围绕家户利益而展开自己的行动，主要行动是增加家户的经济收入，如外出务工。而留在村庄的老弱病残也会利用各种能够赚钱的机会，尽可能增加家户的货币收入，如参加施工队、做手工活、饲养家畜等等。闲着的农户，在日常生活中也就是打打牌，串串门。在陈村农民的观念里，政府与家户之间是有明确的界限的，只要政府不触犯农民的家户利益，或者农民家户没有问题需要政府解决，农民便尽可能保持同政府的距离，保持同村干部的距离。在日常生活中，农民家户与政府之间是"井水不犯河水"的泾渭分明的界限逻辑。而属于政府的事情，农民也不会真正参与，并对此之间都保持着警惕。

在日常自治中，农民参与自治主要是村民代表。这种代表也不是农民选的，农民也不会去选，都是由村委会提名的。村民代表也不是代表村庄或者其他家户去参加会议的，而仅仅是代表自己家户，好处就是村里能够发个纪念品，带个纪念品回家，这些纪念品包括水杯、T恤衫或者每个人发60块钱。而代表的工作就是按照程序，举个手表个态。以村民代表陈凤章为例，每次村里通知开村民代表会议，他都很高兴，慕氏也很高兴，原因就是开会要么有东西发，要么有钱发。只要村干部的行为不过分针对某一个家户或者侵犯某些家户的具体利益，村民就不会有针对村干部的行动，即使村干部贪污。因为在陈村农民观念里，村干部贪污的是公家的，跟自己的家户利益结构没有关系。以村书记于士文为例，村里的人都知道于士文贪污，偷偷把上级发下来的救济面留着自家喂猪，利用职务之便让自家的亲戚都吃上低保，还收取他人钱财帮助人家办理低保，找他办个事还推三阻四。但是并没有村民去举报于士文，大家彼此都相安无事。

在陈村，村民自治的主要形式就是村民选举。这也是所有家户都参与的行政村层面的自治活动。以2014年行政村换届选举为例，陈村人在人场里这样讨论三位村长候选人：

> 陈凤章：今年村里的书记是于君，"大蒋家"① 那一片的。于士文干不了了。听说他还想竞选村长。
>
> 陈凤平：于士文不照，人不行，平时家里找他办个事，叽叽歪歪的，就想要俩钱。于同理比他强多了，人家办事从来不拖，好说话。
>
> 陈凤根：于同理还真不错。那会给文亮盖个章，找于士文，他拖来拖去，后来找于同理，到家来就给盖好了。
>
> 陈凤章：于士文这两天一直在跑，拉票呢。
>
> 陈凤平：拉票，也没有人选他。听说他们几个候选人最后商量的

---

① 大蒋家，村庄名，又名大蒋庄。

结果是让于士文当个委员算了。

　　陈凤章：竞选村长的还有一个叫于君的，也是大蒋家那一片的，听讲能力比较强，办事也不错。在镇上干过一段时间，还是退伍军人。

　　陈永识：书记是那边的，村长如果也是那边的，以后我们这边的人家办事找谁去，都不熟。

　　陈凤章：对，我们这一片还是得出一个人，得有个能说上话的。

　　陈凤平：俺这一片，就于同理还不错，虽然能力不照，找他办事倒是不含糊。

　　从这一段对话，我们可以发现，农民投票选举的根本动机不是基于对干部能力和村庄公共利益的考虑，而是基于对家户利益的考虑。这种家户利益，就表现为农民家户在需要村干部办事的时候，能够有干部说上话，能够利落地把事情办好。陈凤根等人不选于士文当村长的原因很简单，就是因为以前家里有事情找于士文帮忙，于士文推三阻四。而他们选择于同理的原因则是由于于同理是自己熟悉的，且也是附近村庄的人，在关键的时候能够为家户利益的实现说上话。于君虽然能力强，但是他们并不愿意选择于君，因为于君在广义层面，不是自家人，在以后的家户利益实现层面，可能会遇到阻碍。总的来说，农民选谁的标准很简单"家里有个事，能够说得上话，帮得上忙"。至于这个人是不是贪污腐败，是不是能力不行，是不是能够为村庄发展做一些实事，并不是陈村农民所关注的。在陈村人的观念里，有助于家户利益的实现的事情，才是真正的实事。

　　村民自治的制度逻辑，同农民自治的实践逻辑之间存在明显的区别。除了选举，农民不会为村民自治而积极行动。只要同自家没有关系，农民不会参与甚至不会关心村干部的工作。而村干部同样也不会过多地干涉农民的日常生活。在于店村，村干部的主要工作就是完成乡镇安排的工作任务。在20世纪八九十年代，村干部为了监督农民完成政府安排的各项任务（如公粮），组织农民动地等事项，还比较经常出现在农民的日常生活之中。因为那时候，农民的日常生活同村干部的工作还是相对紧密联系在一起。随着农业税的废除，尤其是土地政策的稳定，村干部同农民的日常生活已经没有多大联系。正如阎云翔的研究所认为，从农民能够自行决定

第五章 治理过程中的家户主义逻辑

在自己土地上种植什么以及如何利用剩余产品的第一天起，村干部的权力基础便开始崩溃。① 与此相对应的是农民的日常生活生产同村干部之间的关系也逐渐松绑了。在陈村，除了在计划生育抽查、完成乡镇的一些具体工作如文明创建等需要村干部下村，这时候能在村庄中见到村干部之外，村干部基本上不会出现在村庄的日常生活之中，即使是家户之间纠纷调解，也是由村庄内部的成员完成。在农村，村干部的工作如果过多地针对农民家户，不但无法实现村庄的稳定，相反还会增加村庄内部冲突的风险。农民会为了保护家户利益而直接同村干部发生冲突。农民的应对策略是打举报电话、上访、利用家户关系进行报复等等，这样便会直接影响村干部的绩效考核。所以，在村庄日常治理中，村干部工作的范畴往往都是农民家户利益范畴之外的领域，主要是形式化的操作化的制度与体制层面的工作事务。在农民看来，这才是政府的工作，是村干部应该去做的工作，除此之外，村干部不应该涉及村庄内部具体的家户利益之间的矛盾。尤其是，家户之间的纠纷，村干部往往也都是避之不及，不愿意牵涉其中。同样村干部的这种工作逻辑，也是基于自身家户的考虑，更是对农民家户心理的衡量。在村干部看来，个人可以贪污，但是贪污的对象不能是某一个家户的钱与物，而是政府下拨的钱与物，这样农民也不会为此而采取行动。因此，村干部和农民之间有着各自的利益范畴和各自的生存空间。对村干部来说，最大的工作困难就是要处理同农民具体家户利益相关的事件，往往会因为一点点的利益纠葛，就可能闹出大的冲突，甚至是人命。农民清楚村干部的作为，但是农民只关心自己的家户，相对应的是村干部知道农民的立场，不会轻易碰触农民的利益基线。这似乎已经是一种惯例，一种自治的惯例。

总的来说，农民的自治逻辑是家户主义，而村干部的自治逻辑是避免同农民家户利益的直接冲突。家户主义的存在使得农民不会为了村庄的公共利益而集合起来采取一种类似于社会学意义上的公平正义的行动。农民也不会为了村庄公共利益而采取所谓的自治，农民的自治逻辑就是家户自治。只要政府不干涉农民的家户利益，农民就不会对政府采取有敌意的行为，即使村庄内部家户之间的纠纷，也只是家户之间的冲突，而同政府没

---

① 阎云翔：《中国社会的个体化》，陆洋等译，上海译文出版社2012年版，第63页。

有关系。各个家户会根据自身家户的实力以及关系等逐渐地平息这种纠纷与冲突。农民家户主义的普遍存在才是中国农村村民自治实践困境的根本原因，而不是制度上与体制上的原因。在家户主义的范畴内部，农民不具有为了公共利益而达成一致行动的能力与意识。如果要农民参与自治，农民首先在意识层面的反应是参与自治能够获得什么好处，会为此丧失什么，支付什么样的成本。因此不管是创新制度形式，还是培育社会组织，还是所谓自治单元下沉，自治功能不会超越家户的功能，公共的利益更不会超越家户的利益。因此，村民自治在中国农村社会内部缺少的是最根本的动力——农民的参与。而农民不参与则源于家户主义。中国农村社会的本质——家户主义，使得农民缺少根本上的参与动力。

六 小 结

从农民的视角来看，陈村农民在公共事务治理层面所表现出来的行为逻辑是家户主义。不管是在政府推行的文明创建项目中，在有组织的村庄集体行动中，在村庄精英的治理行为中，在村庄公共事务治理问题的产生中，还是在我们所推行的村民自治过程中，家户主义都深深嵌入到村庄公共事务治理的过程之中。在具体的村庄公共治理层面，治理的实践逻辑是家户主义。家户主义的存在使得农民不会为村庄公共事务治理贡献自己的力量，因为农民在观念与意识层面不存在集体利益这样一个实体观念，更不存在为公共利益承担责任的义务。阎云翔曾经通过下岬村的研究认为，中国农民对于公共利益的漠视是中国农村个体化的表现，这种个体化导致村庄治理的碎片化。阎云翔认为传统中国文化将群体利益置于个体利益之上，个体的存在是为了群体的延续。1949年革命以后，这种基于群体的祖荫基本上被强势的国家所取代。[①] 他认为集体化以后，国家对于本土传统秩序的社会主义改造以及非集体化之后商品生产与消费主义的共同作用，导致了个人主义的兴起。[②]

[①] 阎云翔：《私人生活的变革：一个中国村庄里的爱情、家庭与亲密关系（1949—1999）》，龚小夏译，上海书店出版社2006年版，第332页。

[②] 同上书，第257—261页。

第五章 治理过程中的家户主义逻辑

实际上,正如徐勇教授的研究所认为,中国传统社会的制度本源是家户制传统,农民最基本的群体单位是家户。① 农民从出生到死亡,甚至关于鬼神的世界,都是以家户为单位,中国农村社会从来就没有呈现出具有独立主体意义的个人主义特征。1949年中国革命取代的其实是家户秩序的外部结构,并试图建构一套集体主义的规则来重新组合农民家户。然而,这种组合方式最终还是被农民的家户主义所慢慢侵蚀而崩塌。因为这样一套集体主义制度同农民家户主义的原型制度之间是冲突的。非集体化和消费主义的共同作用,使得家户主义重新回到了农民的日常生活。这就是当代中国农民家户主义的兴起,而不是个体主义的兴起。农民脱离了国家、脱离了集体、甚至脱离了家族,但是农民从来就没有脱离过家户。中国农民本质上就是为了家户的存续而活着并奋斗着。假如将家户看成一个独立的个体,那么中国农村社会的个体化同西方社会的个体化的不同就在于,中国社会个体化的逻辑是家户主义,西方社会的个体化逻辑是个人主义。两者存在本质上的区别。因此作者同意阎云翔在个体化研究中提出的突破西方视角,理解中国个案的复杂性。② 同时我们国内学者也应该突破现有治理的视角,理解中国农村治理的复杂性、现实性以及规律性。因此,中国村庄集体意识的萎缩,合作治理上的困境以及村庄公共物品供给的不足并不是像部分学者所认为的是由于个人主义崛起而引起的③,而是由于国家现有的治理逻辑同农民的家户主义逻辑之间的冲突所导致的。

在具体的村庄治理过程中,家户主义使得农民不但不会为村庄公共事务的治理而付诸行动,甚至会对部分政府治理行为产生抵制和对抗。但是国家在农村公共政策层面的投入,对于农民权利的积极赋予,以及社会流动而产生的城乡生活状态的心理差距,使得农民又具有公共层面的治理需求。那么这种治理需求只能由政府买单,而不是农民自身。这样就形成了我们在村庄治理调研中所观察到的矛盾现象——一方面农民有公共治理方

---

① 徐勇:《中国家户制传统与农村发展道路——以俄国、印度的村社传统为参照》,《中国社会科学》2013年第8期。

② 阎云翔:《私人生活的变革:一个中国村庄里的爱情、家庭与亲密关系(1949—1999)》,龚小夏译,上海书店出版社2006年版,第377页。

③ 丁卫:《复杂社会的简约治理——关中毛王村调查》,山东人民出版社2009年版,第62页。

面的需求，但是农民又不愿为这种公共治理需求而采取合作的行动。其实，看似矛盾的现象背后，本质上是农村家户主义逻辑造成的。当代家户主义兴起导致的村庄公共治理的困境及其问题，也进一步说明了在公共治理层面，国家政权介入的必要性与必然性。单从村庄公共治理层面来看，国家政权覆盖农村的集体化时期，是中国农村公共治理的黄金时期，这里包括治安、农业基础设施以及大规模的集体行动动员等。但是集体化失败的原因在于国家政权对于农民家户生活与生产的极端控制，使得农民最终失去了生产与劳动的积极性。因为它违背了传统农民家户主义的本源性制度。非集体化之后，国家政权从农村生产与生活领域的快速退出，虽然极大地激发了农民生产与生活的积极性，但却导致农村公共治理的逐渐坍塌，尤其是农村公共事业。这从废除人民公社体制初期造成的农村治理混乱现象就能够反映出来。一方面，集体化时期国家对传统家户之上秩序结构（包括长老秩序、家族秩序、宗族秩序等）的毁灭，以及非集体化时期国家政权的快速退出而又没有建构一套新的秩序来平衡和约束家户主义，才最终导致当代家户主义兴起及其对村庄公共治理的冲击。后期建构起来的村民自治制度也无法有效约束农民的家户主义行为。因为村民自治制度既缺少了传统意义上的家长式权威，又没有继承集体化时期的国家权威。同时，村民自治赋予农民自治的权力，在形式上也是对于家户主义的认可，因为自治的过程就是排除了国家政权强制的过程，正如阎云翔所说的是国家政权逐渐退出农村社会的过程。农村市场化的快速推进以及国家对农民自主与民主权利的积极承认，反过来又进一步撕裂了非集体化初期农村遗留下来的国家权威以及脆弱的公共性。家户主义呈现出不受限制的特征。可以说，中国的农村市场化以及民主化过程，不但没有促进农村公共意识与能力的觉醒与发育，相反却更加强化了农村的家户主义特征，结果导致中国农村缺少共同体特性以及组织，并弱化了集体化时期的农村公共性。而市场化的推进以及现代民主国家的建构又需要公共性，这就产生了同家户主义逻辑的冲突。

如何回应和面对当前农村治理领域中的家户主义逻辑？很明显这就需要国家政权——政府的适度介入，而不是走回集体化时期的老路子。即政府要在村庄公共治理领域发挥主要的功能，以弥补当代家户主义兴起所导致的村庄公共事务治理主体的缺位。在村庄治理层面，政府应该成为主要力量，并形成新的权威认同。但是除此之外，国家政权不应该介入到农民的日常生活，并同农民的家户利益发生直接对抗。从这个层面来看，传统中国社会"集权的简约治理"[①] 倒是一种可供学习的模型。这里的"集权"主要是突出国家权威的存在，而"简约治理"就是治理方式与结构要尊重农村社会的家户主义逻辑。

当然，农村公共治理并不仅仅是要填补农村家户主义逻辑所导致的公共事务治理缺位，最重要的是要培育农村与农民的公共性，这种公共性在本质上表现为农村公共治理的价值与目标——现代农民政治形态的发育。从中国现代化进程的角度来看，现代农民政治形态，就是培育中国农民的公民身份与政治认同。这也是现代政治发展的核心命题。[②] 所以，农村公共治理在构成上至少包括两个层面，即治理过程中所表现出来的行为特征和治理目标所表现出来的形态特征。前者就是本章的研究内容，后者构成了作者下一章的研究内容，具体分析日常生活中的农民政治形态及其同现代农村公共治理目标之间的差异。陈村农民参与村庄治理的家户主义逻辑背后是否隐藏一种同农民日常生活中家户主义逻辑相对应的政治形态，接下来的一章我们将揭晓。

---

① 黄宗智：《集权的简约治理——中国以准官员和纠纷解决为主的半正式基层行政》，《开放时代》2008 年第 2 期。

② 参阅 Giovanna Procacci《治理术与公民身份》，载凯特·纳什、阿兰·斯科特《布莱克维尔政治社会学指南》，李雪等译，浙江人民出版社 2007 年版；Anthony Giddens, 1996. T. H. Marshall, the State and Democracy, Martin Bulmer and Anthony Rees ed. Citizenship Today: The Contemporary Relevance of T. H. Marshall. UCL Press; Michael Mann, 1996. Ruling Class Strategies and Citizenship. Martin Bulmer and Anthony Rees ed. Citizenship Today: The Contemporary Relevance of T. H. Marshall. UCL Press. 援引自教育部社会科学委员会秘书处编《国外高校人文社会科学发展报告 2008》，高等教育出版社 2008 年版，第 276—277 页。

第六章　隐藏的农民家户主义政治形态

> 农民把政治看作是他们被迫进入的大的外部世界的一部分……他们的政治目标很有限——只是为了获得有关他们家庭利益的具体问题的行政性解决，而不是要求改善政府的政策。
>
> ——米格代尔

当代关于中国农民政治的研究方式，主要包括三种：一是基于调查问卷而形成的数据统计分析，主要是了解农民的政治态度、政治认同、政治意识以及政治活动能力。二是基于村庄治理过程与秩序基础之上而形成的关于农民政治的解读。三是基于农民抗争事件的研究，对于农民政治发展趋势与特征的研究。这些研究分别从不同的方法、视角与空间层面，对农民政治的状态进行了分析。但是多数研究都存在一个致命的缺陷，即脱离农民的日常生活世界。很多时候，我们的研究是基于政府的世界、农村的世界、精英的世界以及作者本人的世界而形成的一种理论与分析的自我建构。农民政治与农民日常生活之间是脱离的，这里的根本原因在于政治的"庙堂"与农民的"田野"之间可能存在的一种潜意识层面的价值偏见——政治的逻辑是国家或者政府在场的逻辑。虽然，我们的农村研究学者在农村政治实证研究的早期就提出从"庙堂"到"田野"的转型，[①] 但是转型的是研究对象与方法，而在研究的根本目标、路径与价值层面似乎并没有得到根本的变革。农民政治研究越来越指向

[①] 参阅徐勇《当代中国农村研究方法论问题的反思》，《河北学刊》2006 年第 2 期；徐勇、慕良泽《田野与政治：实证方法的引入与研究范式的创新——徐勇教授访谈录》，《学术月刊》2009 年第 5 期。

第六章　隐藏的农民家户主义政治形态　◆◆◆　·193·

政府与国家政治。农民的日常生活逻辑及其政治规律有被逐渐漠视的趋势。这主要源于中国现代国家政权建设的理论与实践逻辑对于农民日常生活政治逻辑的覆盖与取代。早在2004年左右，徐勇、吴毅等学者就提出中国农村治理与政治研究进入了"生活即政治"的时代。但是我们的多数研究却往往忽视了农民日常生活逻辑对农民政治逻辑，甚至国家政治逻辑的影响。试问没有了对于农民日常生活政治的规律解读，我们如何真正地认识农民政治世界的逻辑，又如何面对这个"生活即政治"的时代？

在前文的研究中，陈村农民的日常生活及其村庄治理过程都集中表现为家户主义的行为特征。那么，农民政治形态是否具有家户主义的特征呢？本章主要从农民日常生活中表现出来的政治观念、政治意识与能力、政治认同、政治参与以及政治抗争等多个层面，具体分析陈村日常生活中隐藏的农民政治形态。在此基础上，作者将进一步回答隐藏的农民政治形态同现代公共治理的价值目标——民主政治之间的区别与冲突。本章的研究也在试图倡导将农民政治研究同农民日常生活实践相结合。任何关于农民政治的研究，都不能够脱离农民的日常生活实践来做宏观理论层面上的解读。如米格代尔、裴宜理等人的研究都是在研究农民日常生活实践的基础上来展开对农民政治与革命行为的分析。本章也遵循同样的研究理路，以日常生活中的农民政治认知与实践为分析的前提。

一　家里要有个当官的

陈村农民有一个自觉的观念，那就是"家里要有一个当官的"。这种观念在很多的人看来就是中国农民的"官本位"思想，往往是一种落后的也是导致农村政治腐败的重要的原因。然而事实上，农民的这种官本位思想，是农民政治脆弱性的表现。这种脆弱性表现为农民在面对强权政治时的无奈以及农民希望在必要的时候能够利用这种进入官僚体制的优势帮助家户成员更好地保护家户利益。农民的"官本位"思想的背后，并不是农民希望自己家户成员能够出人头地，能够造福社会，而是希望在家户"有个什么事"的时候，能够派上用场。米格代尔曾经在《农民、政治与革命》一书的开头就指出，农民参与政治的目的只是为了获得有关他们家庭利益的具体问题的行政性解决，而不是要求改善政府的政策。① 在陈村，农民希望家户成员能够有个当官的，目的同样是基于对于家户利益的维持。它不是农民希望进入外部的政治体制而成为体制的一员，相反是农民为了防止强权侵犯家户利益而采取的一种家户的自我抵御机制，农民自觉希望家户成员进入体制，本质上是被迫进入体制，是对于外部政治体制的一种防御。在农民看来，依赖于政府的行政性解决是靠不住的，因为在农民的观念里，政府利益同农民利益之间是界限明确的，而且一旦政府故意侵犯农民的家户利益时，农民往往是受害的一方，这对于农民家户生活来说就意味着一场灾难或者浩劫。所以，在日常生活中，农民同政府时刻保持一定的距离，并时刻警惕着政府的行为。而为了防止政府的侵害，最好的方式就是家户成员能够有机会进入政府内部，而且是职位越高越好。当然这样可以光耀门楣，但是更重要的是，农民的家户利益会因此而得到保障。这种保障不仅可以防止其他的家户的故意侵害，更可以防止政府的故意侵害。在一些事关家户利益的攸关时期，农民往往能够依赖这种家户成员的政府身份关系来实现生活或者生存境遇的改变。当然，这种"家里要有个当官的"并不具体指涉本家户成员进入政治体制之中，还包括依赖于家户成员的关系而形成政治庇护网络。在陈村农民看来，这也是"家里要有个当官的"的重要内容。

  陈凤章的大儿子陈迎学习成绩一直不错，2004年考入了全国重点大学。陈凤章毅然要求儿子学习政治学与行政学专业，因为他希望儿子学成以后能够进入政府部门工作。不仅如此，陈迎的叔叔伯伯以及亲戚等都希望陈迎毕业以后能够进入政府，成为一个"当官的"。陈凤章曾这样对儿子说："你要争气，以后要成为能'吃商品粮'②的。家里为了你上学，现在穷的跟啥样，有些人表面上跟你说家里出了个大学生以后不愁吃不愁穿，背地里都瞧不起你，认为你家里穷。你以后毕业了，当了干部，看谁还欺负俺家。"陈迎的姑奶每次在陈迎回家之后，都会跟陈迎说："好好上学，我们这一帮亲戚可都指望你出息的那一天。做官一定得回家做，这

---

① ［美］J.米格代尔：《农民、政治与革命——第三世界政治与社会变革的压力》，李玉琪等译，中央编译出版社1996年版，第13页。

② "吃商品粮"是本地农民对集体化时期政府工作人员的一种代称，同古代中国农村"吃皇粮"是一个意思，代指做官的人，或者政府的人。

第六章　隐藏的农民家户主义政治形态

样家里有个什么事,也能说得上话,办起事来也方便。要是搁外边做官,没有用。记住你姑奶的话。"2010年暑假,陈迎的同学张虎到陈迎家乡玩,由于家里没有热水器,陈迎就带着张虎去大舅家洗澡。大舅的第一句话就是"你同学家里是干什么的"?陈迎回答道:"他们家都是做官的,他爸是湖南一个县的县委书记。"陈迎的大舅便说:"湖南这么远,没有啥用。家里有事也帮不上忙。"

2008年,陈迎毕业并没有像父亲期望的那样从事行政工作而是读了研究生,这也让父亲很是失落。陈凤章要求陈迎硕士毕业以后考公务员,心里还是希望陈迎能够进入政府部门工作。2009年,陈迎的母亲骑车摔断了胳膊,在蒙城县第一人民医院住院。由于医院没有床位,母亲慕氏只能睡在医院过道。陈凤章开始并没有通知儿子陈迎,因为他觉得陈迎也帮不上忙。但是后来由于医院总是不给安排床位和手术,情急之下陈凤章才联系陈迎,目的是看看儿子有没有在县城认识的同学或者老师,能够跟医院说得上话。正巧,陈迎一个要好的高中同学的母亲是县政府的,跟医院比较熟悉。通过这个关系,医院院长还亲自关心,安排了病房和手术。陈凤章因此认为儿子的书没有白念,认识县里的领导。2012年,陈迎认了这个县里的领导为干妈,陈凤章觉得自己家在村里顿时硬气了很多。虽然儿子没有做上官,但是儿子认的这个干妈,是县里的领导,可以在家里有困难的时候拉一把。

2014年上半年,陈凤根因为小儿子留级导致的学籍问题和小女儿因为超生而导致的户口问题找到了大侄子陈迎,想让陈迎找找县里的干妈,看看能不能帮忙解决一下。下面是陈凤根同陈迎的一段对话:

　　陈凤根:东东①搁一年级学习成绩不好,留了一级。当时老师也没说什么。可后来才知道人留下来了,学籍没有留下来。有学籍的(学生)才有考试的试卷,这不每次考试都没有试卷,也没有成绩。学校校长说,这样的情况得到医院开个病例证明,证明你小孩不能上课,要休学一年,然后交给县里的教育局盖上章,将这个盖上章的证明交到中心小学的负责人那里就可以了。我也不知道,这个医院证明

---

① 东东,陈凤根的小儿子。

怎么开。况且你直接找医院，又不认识人，人家也不愿意给你开。就是送钱也不知道送给谁。你看看能不能找你干妈，看看她可能托的关系。

陈迎：她确实认识医院里的人，应该没有问题。

陈凤根：找人家帮忙，肯定是要花钱的，不可能让人家花钱。你联系好了，到时候我从家里给你钱。花点钱没啥事，关键是把学籍的事情办好了。还有，玲玲①上学到了上学的年龄，还没有户口。

陈迎：这个村里面不能办吗？

陈凤根：村里可以，但是得交计划生育罚款。要是交个两三万能够办好也行，就怕村里黑要。村里的干部还不是得要钱。上回给想想②办贫困证明，于士文③都推三阻四，想要钱。就怕村里收钱不办事，还黑要钱，又往后拖。玲玲这个事情还得到医院开出生证明，然后到派出所登记户口。正好都要经过医院，我是想反正都要花钱麻烦人家，还不如一起办了。

陈迎：她认识医院的人，我听说她家也有亲戚在派出所工作。入户口问题不大，就是入了户口之后，镇里不就知道你家超生了？计划生育罚款的事情，人家可能解决不了。

陈凤根：罚款的事情，就不用她操心了，我现在就是想先把户口入上。只要入上户口，罚款的事到时候再跟村里软磨硬泡就行了。

陈迎：那行，我打电话问问她。

陈凤根：行，反正你看看需要多少钱，到时候你跟我讲就行。

陈迎：行。

陈凤根家的这两件事情后来总共花了 7000 块钱，解决了学籍和户籍的问题。陈凤根家也因此非常感激大侄子陈迎。同样，2014 年 11 月，陈迎堂叔于光的儿子在蒙城县第一中学因为纠纷的事情被几个同学打伤，陈迎堂叔也是第一时间打电话给陈迎寻求帮助。

---

① 陈凤根的小女儿。
② 陈凤根的大儿子，目前在读大学二年级。
③ 于士文，行政村党委书记。

第六章　隐藏的农民家户主义政治形态

于光：迎迎，我是于光你叔。

陈迎：俺叔，有事啊？

于光：磊磊①搁一中上学来，叫人家打了。我搁福建来，听讲打得还不轻。

陈迎：为啥打他？

于光：磊磊不是近视眼吗，晚上走路没戴眼镜，撞到前面的两个学生。这两个学生不愿意，就打了磊磊。不过他们两个人也没占什么便宜。后来班主任协调，这个事呢就过去了。结果前天晚上，这两个学生又找了几个学生，在路上拦住了磊磊，用铁管打的。我听他的同学讲头上和脸上都打烂了。现在住在医院。学校那边已经报警了，班主任打电话要我回去。你看看你可有认识的人，我怕那边的人到时候有关系，托人啥的，逃避责任。

陈迎：伤的严重吗？够不够得上轻伤？

于光：我也不知道，我还在福建，还得两天才能到家。

陈迎：那你得赶紧找人给磊磊做伤情鉴定，只要伤情鉴定出来了，才好确定是民事责任还是刑事责任。

于光：我也不知道找谁做鉴定。我就怕那边人家都住在县城，要是有关系托人故意隐瞒伤情，到时候不就没法办了吗？你看看县城那边可能有人帮上忙搭上话？

陈迎：好，我打电话问问。人家可能也帮不上忙。

于光：那你问问看。

从以上三个案例，我们可以发现，农民"官本位"思想的背后本质上是对农民家户利益本位的反映。农民希望家户成员成为体制内的一员或者利用家户关系来获得体制内的资源，其目的并不是完全为了体制内的利益，而是为了防止家户利益的受损或者为了避免体制内的权力对于家户身体与财产带来的外部风险。翟学伟在分析中国人的情理规则时曾经指出，"中国人在情理社会中，通过人情和面子的运作，放弃的是规则、理性和制度，得到的却是不可估量的社会资源、非制度性的社会支持和庇护及以

---

① 陈迎堂叔于光的小儿子。

势压人的日常权威。"[1] 在农民世界中，正式的规则、理性与制度往往代表着矗立在家户利益面前的政府与国家，而单独家户在面对政府与国家时往往表现出的是无助。农民认为只有成为体制内一员或者利用家户关系获得体制内资源的支持，才能保证自己家户利益在面对政府与国家时的安全或者降低家户利益受损的风险。农民"官本位"思想在性质上是保护型的家户利益，是防止体制权力侵犯家户利益的一种有效方式，而不是为了实现家户利益向体制内权力的延伸。正如陈迎姑奶所说的"家里有个什么事情也能帮得上忙"。而翟学伟视野中的人情面子其本质上还是农民的家户关系网络。翟学伟本人在论述中国人的人情与面子的性质时也曾经指出，中国不存在独立的个体，个体是镶嵌在家庭这样的链条之上的。因此中国人的脸面问题也不是个人的问题，而是家庭的问题。[2] 从这个层面来看，中国农民的人情面子的背后正是家户的逻辑。而农民利用这种家户的逻辑来获得的正是对于这种家户利益的支持。在村庄日常生活层面，这种来自体制内的资源可以成为保护家户利益的重要力量，也是村庄家户形象与身份的重要构成部分。同时，在政治生活的层面，这种通过家户关系获得体制内资源又可以保护家户利益免受来自体制内权力的侵犯。

正如上面案例中所展示的陈凤章找儿子陈迎的原因是利用县里领导的关系避免医院医生不作为导致的对妻子病情的影响，是为了更加及时地医治妻子。陈凤根找陈迎的原因是避免村干部和乡镇故意刁难，以权索贿。于光找陈迎的原因是防止对方家户关系网络对自己儿子伤情鉴定的影响。很多学者研究认为中国农民在政治观念上有着逻辑的矛盾，一方面希望别人不会利用政治权力干涉和侵犯自己的利益，另一方面又希望自己能够获得政治权力资源为自己利益实现创造条件。即农民一方面希望政治公平，另一方面却又在观念里希望自己利用政治资源来获得某些特殊的待遇。[3] 事实上，放在家户主义的逻辑中，这两者之间并不是矛盾的。两者是基于不同背景下追求家户利益的不同方式。一方面在自身家户不具有政治体制

---

[1] 翟学伟：《人情、面子与权力的再生产——情理社会中的社会交换方式》，《社会学研究》2004年第5期。

[2] 翟学伟：《中国人的脸面观——形式主义的心理动因与社会表征》，北京大学出版社2011年版，第227页。

[3] 彭成兰：《论中国农民政治心态的现代转型》，《学术论坛》2006年第7期。

内的庇护关系时，农民希望政治体制是公平的，政治体制越是公平，越是对自家有利。另一方面在自身家户利益具有政治体制内的庇护关系时，农民则希望这种庇护关系能够为保护自身家户利益提供庇护。这是中国农民基于家户利益保护与实现的政治智慧。中国农民在缺少保护家户利益的能力的条件下，只能依靠家户关系，或者希望家户成员成为体制内部的一员，从而获得体制内权力的庇护关系。因此官本位思想也并不都是我们普遍所认为现代政治腐败的重要原因，而在中国农民那里"官本位"思想更多体现的是农民家户利益的政治保障。现实生活中对于政府的恐惧心理，最终要转化成为对于家户成员政治身份的期盼。也正是这种通过家户成员与家户关系所建立起来的政治庇护关系网络，一定程度上缓解了地方政治不作为而导致的政治秩序与生活的坍塌。它本身就是地方政治生活与体系的一个重要组成部分。一旦正式的政治体制消灭了这种关系结构，另一个层面又无法在有效的正式的制度层面为农民家户利益的实现提供屏障，那么地方政治生态的恶化可想而知。在中国地方政治改革与转型的当下，这种机制的存在具有一定的合理性。这同亨廷顿关于第三世界国家腐败功能的分析具有相似性。[①]

二 真假"不知道"

一直以来，中国农村政治的研究都将视角与重点集中于农村政治精英、政治制度、规则与程序的层面。这从当前农村政治研究的主流分析框架就可以反映出来，当前农村政治的分析框架或者方法论包括国家政权建构理论、精英主义方法、制度主义方法以及政策分析主义等。[②] 尤其是政策分析主义，在一些主要的中国农村研究机构中处于主导地位。普通农民

[①] 亨廷顿认为政治参与面的扩大所导致的腐败有助于新兴集团融合于现有的政治体系中一样，政府法令的增多所导致的腐败有助于刺激经济的发展。他认为一定量的腐败不失为一种打通现代化道路的润滑剂。参阅 [美] 塞缪尔·P. 亨廷顿《变化社会中的政治秩序》，王冠华等译，上海世纪出版集团2010年版，第52—53页。

[②] 参阅郭正林《当代中国农村政治研究的理论视野》，《中共福建省委党校学报》2003年第7期；邓大才《社会化小农：一个尝试的分析框架——兼论中国农村研究的分析框架》，《社会科学研究》2012年第4期。

的政治意识与能力一直备受质疑，这也是中国农村政治研究中为什么一直将现代公共性关系与规则作为中国农村政治发展的重要目标的原因之一。在中国农村政治研究中，农民政治意识与能力往往被忽略，尤其是以此形成的农民政治技术与智慧。一些学者基于西方公民政治理论的视角分析，认为中国农民不具有政治意识与能力，普通的农民往往被看成乡下人，农民对政治漠不关心，没有基本的政治观念与意识，只是政治的局外人。而村民自治的追随者则认为，农民在政治意识、政治态度以及政治表达等层面取得了显著的进步。不管是前者还是后者，都没有真正从农民的日常生活实践中来了解中国普通农民政治思维与逻辑。张静曾经提出，中国农民具有政治意识，但不具有政治表达的能力。① 刘义强认为，中国农民政治的基本逻辑在于农民聪明地认识到自身在政治参与和表达之中的不利地位，以及这种参与和表达并不会影响现有政治的结果，农民只能选择一种逃避方式或者消极参与方式来参与政治。② 言下之意在于，中国农民具有政治意识，却缺少政治利益实现的制度保障。那么，在陈村，日常生活中的农民的政治思维是怎样的呢？

2013年作者带队四个研究生第一次进入陈村调查，带领他们在陈村给农民做农村政治方面的调查。当时的场景是陈怀久、陈敬兴的女婿张向明、陈敬富的妻子康氏、陈凤根的妻子王氏以及我们的调查人员坐在村庄的一片树荫下。

> 调查人员：您是否知道村干部有贪污的行为？
> 陈怀久：不知道，我们这里的村干部还是不错的。
> 调查人员：村里选举有没有贿选或者拉票的现象？
> 陈怀久：没有。我们这投票简单得很，给你几张票，到时候写上勾上要选的人的名字就行了。
> 接着调查人员问康氏：奶奶，你知不知道村里的情况？
> 康氏：我一个妇女家，什么都不知道，问陈怀久就行了。他

---

① 张静：《基层政权：乡村制度诸问题》，上海世纪出版集团、上海人民出版社2007年版，第236—242页。

② 此观点是作者同刘义强教授交流过程中，他所表达出来的。

知道。

王氏：对，问陈怀久就行了。老头子经历的多，知道的也多。

陈怀久：我知道啥，我天天忙着干活，啥也不知道。

调查人员：那您对村里的干部工作满意吗。

陈怀久：满意。村里的干部都干得不错。

调查人员问张向明：叔叔，您对村里选举情况了解吗？

陈怀久：他啥都不知道，他不是俺这个村的。

张向明：对，我啥都不知道。

调查人员：那你们村村干部怎么样？

张向明：不知道。我这常年在外面打工，对家里的情况不熟悉。

那么陈怀久是不是真的不知道村干部有贪污行为？是否真的不知道村庄有贿选的情况？而王氏和康氏是不是真的什么都不知道呢？其实并不是，在后来的多次接触与深入访谈中，陈怀久认为村干部贿选是很普遍的现象，每次到选举的时候，天黑之后几个候选人就开始到各个小队拉票。还专门请小队长和村民代表吃饭，有的还发钱。陈怀久说："村干部哪有不贪污，个个都想往自己腰包里装钱。你找他办个事，还得送礼。关系好的一包烟，没有关系的一条烟都不一定能办好。现在办事就得送礼、请客。关键是事办成了还好，有时候拿了吃了事办不成，那是最气人的。"他对村干部也并不满意，他认为书记于士文，没啥本事，就知道收钱收礼，不会办事。康氏和王氏，是不是不知道呢？也不是。康氏和王氏对于村里干部的关系网络、办事规则以及选举情况也都清楚于心。而外村的张向明，后来更是向作者气愤地倾诉他们的书记是如何贪污修路款，又是如何逃跑的。

那为什么农民在面对我们调查人员的提问会回答说不知道，或者回答对村干部满意呢？其实这种现象在我们调研的过程中会经常遇见，农民在面对涉及政府、政策以及干部相关信息方面的问题时，在特定的情境下总会有所保留，或者故意隐瞒。正如前文的研究所指出的，农民对政府时刻保持着警惕，也对与政府相关的评价与态度中保持时刻的警惕。这种警惕的发生是针对"外人"在场的情境下。农民这样做的目的其实是为了保证自己及其所在家户不会因为自己的"多嘴"而受到牵连。农民在"外人"在场的情况下,不会轻易暴露出自己的政治态度。只有当他觉得这种信息的提供能够避免相应的政治风险的情况下,这种信息的真实交换才能够发生。在陈怀久看来,调查人员就是外人,是无法确定的风险。他无法确定调查人员的真实目的和动机是什么?一旦这种信息交换的隔阂被打开,农民就会提供调查人员所要信息。与他们先前的顾虑是基于家户承担政治风险的考虑一样,他们所提供的信息同样基本上是基于自身所在家户的经验及其遭遇。他们往往通过对自身家户的遭遇及其目前的家户境况,来表明自身对于现有农村政治状态的不满、愤怒以及失望。尤其是关于农村低保、农村医疗、村干部腐败、农业保险等等。因为此政治过程中,这些农民往往会被排除在利益分享主体之外。在他们看来这样是不公平的。而公平与不公平的标准就在于家户利益的实现上。正如陈凤章对调查人员所说的"在农村,谁家得到利益,谁家就认为是公平的,谁家得不到利益,谁家就认为不是公平的"。农民心里世界政治公平衡量的标尺不在于公利,而在于家户利益。

  在陈村,并不是我们理论上所设想的那样,农民生活于自己的世界,而没有政治意识与能力。如果我们调查人员仅仅从对上述陈怀久等人的回答中就得出农民不具有政治意识和能力的结论,那我们就真的被农民的掩饰行为所欺骗了。事实上,陈村每一位中年人和老人,都能够如数家珍似的,把村庄政治的基本情况给你说一说,而且中间还穿插着各种生动的故事。如陈怀久就能够将行政村几届村干部的名字、职务、村干部彼此之间的关系,村干部彼此之间的矛盾,村干部日常的工作,谁家找村干部办事花了多少钱,村干部是如何贪污的等一一地陈述出来。农民不参与政治,对政治保持警惕,但并不意味着农民不关心政治,不了解政治,没有政治意识和能力。正相反,农民的政治活动能力非常强,他们清楚知道当家户面对困境,需要寻求政治上的庇护时,如何采取行动。也清楚明白,如何更好地避免政治权力对于家户利益的伤害,更知道如何利用自身的弱者身份来同政府展开对抗。如上文中提到的陈凤根因为女儿户口的问题而采取的行动,他的选择是通过侄子陈迎的关系来避开村干部的刁难和威胁,而在具体的活动过程中又考虑到对方办事过程中可能的顾虑,如办事过程中的花费、可能承担的风险等,并主动消除这种顾虑。一旦事情办妥之后,陈凤根一家就选择对此事保密,防止因为自己的"多言"而对自家以及对方可能产生的风险。从这一方面来看，农民具有很强的政治活动能力，这种政治活动发生的方式与状态，源于农民对于自身家户拥有的政治关系的衡量。而农民政治活动的动力又源于家户利益的需求。一旦家户利益不需要农民涉及政治时，农民就会对正式的政治活动避而远之，如果家户利益需要农民为此而涉险时，农民就会利用相应的家户关系网络展开实际行动。

在日常生活状态中，农民规避政治其实就是规避家户利益可能面临的风险。在基层政治生活中，农民是一个明白的政治人，但不是一个主动的政治利益实践者与追求者。他们的生活目标与全部内容都在于家户利益。因此，中国农民并不是我们所设想的没有政治意识与能力。相反，农民具有自身的政治意识范畴，这种范畴源于对家户利益的保护。同样，农民会基于家户利益而展示其出色的政治活动能力。但是农民不会为了公利而参与政治。表面上，农民对于政治的冷漠，实际上是对于家户利益的保护。这就形成了中国农民在政治生活中的保守主义倾向。农民的政治意识与政治能力都是指向于家户这个基本的利益单位。农民不愿意为了某种价值和理念去承担政治风险，更不愿意因此而让家户利益承担政治风险。因此，中国农民选择的是日常生活中对政治的规避，而在政治实践中又放弃正式的规则与制度，选择非正式的家户关系与资源。因为在农民看来，这种选择更有利于家户利益的实现。中国农民政治的保守主义，同现代公民政治所要求的自由主义和民主主义是完全不同的路径与逻辑。中国农民政治的保守主义是基于家户主义的逻辑，而现代自由主义与民主主义是基于个人主义的逻辑。两种逻辑在中国农村政治研究中的混淆，必然会使得我们在中国农村重大理论与政策的研究上出现缺陷。我们一边选择建构现代公民社会，但却又不愿意去认清中国农民的保守主义。这样一来，我们既没有认清中国农民政治的逻辑，也没有清楚如何在此基础上塑造现代公民社会。我们的研究和理论似乎被这种认知上的缺陷所挟制，无法向前。

同时，农民在政治态度表达上的这种隐蔽性，也使得我们对于农村研究的政策主义思路产生诸多疑问。我们知道现有的政策评估及其需求都是建立在农村问卷调查的基础。而多数的农村问卷调查既缺少深度的田野观察，也缺少同农民的深度接触。短时期的农村问卷调查所获得数据能否代表农民真实的政治态度与认知体系，这是一个大大的疑问。从对陈村农民的问卷调查来看，早期的问卷调查所得的数据，同后期深度访谈所得到的结论之间是差距很大的。农民这种基于家户利益的政治评价与认知模式，极大限制了我们关于农村问卷调查的科学性。尤其是在"外人"在场的情境下，这种数据的质量和准确性确实值得考虑。因此中国农村研究不能仅仅依靠问卷所呈现出来的数据意义。相反，我们还是更应该从对农民的日常生活实践的深度描述与解读中，找到农村政策的真正落脚点。

总的来说，农民日常生活中的政治逻辑是基于家户利益的实现而表现出不同的政治形态。在农村基层政治空间内部，农民具有很强的政治意识和政治活动能力，农民并不是没有政治的怪物。正如亚里士多德而言，人是政治的动物。人之所以是政治的动物，是因为人的生活离不开政治权力的安排。人们必须在一定的政治生活情境中找到维护自身利益的政治艺术。中国农民同样是政治人，只不过中国农民在现有的政治情境中追求的是自身所在家户的利益，家户主义的逻辑同样也是政治的逻辑。这种逻辑既来源于传统的政治制度与文化，也来源于农民的日常生活经验及其知识体系。中国农民政治的逻辑，同我们现在所要求的现代性政治的逻辑之间具有本质上的不同。家户主义同个人主义之间具有行为特质上的本质区别，这样本质区别反映在日常生活实践中就是家户政治同公民政治之间的区别。在中国农村民主政治实践的过程中，农民选择逃避政治参与，并不是因为农民没有政治实践的能力，而是因为农民基于家户主义的行为，使得在家户利益之外无法产生政治上的共同的行为动力。农民不会为了公共利益而选择参与政治，更不会因此而使家户利益暴露在政治强权的风险之下。虽然现有的中国政治不是强权的逻辑，但是以往的祖祖辈辈的经验和知识，让中国农民时刻保持着这种对于政治权力的警惕，这是中国农民家户利益所面临的最大的潜在的风险。正如米格代尔所言，农民把政治看成是他们被迫进入的大的世界的一部分，他们进入政治的目的不是为了改善政府的政策。[①] 在中国农村，农民进入政治的目标不仅很有限，而且十分明确，农民进入政治的目的就是为了实现家户利益的行政性解决。而这种行政性又是依赖于家户利益结构与关系的。

---

① [美] J. 米格代尔：《农民、政治与革命——第三世界政治与社会变革的压力》，李玉琪等译，中央编译出版社1996年版，第13页。

三 好政策与坏政策

在陈村文明创建遭遇的分析中，我们可知农民对于公共政策的评价同农民基于公共政策的行动之间是分开的。农民对一项政策表示认同，并不代表农民在政策执行过程中会给予行动上的支持。我们的政策研究往往将农民的政策评价同农民的政策支持行动等同起来。这种等同要慎之又慎。当然，文明创建只是地方政府的行为过程。面对国家层面的政策，农民区分好政策与坏政策的标准又是什么呢？这种政策评价导向会不会导致政策反馈信息的失真呢？

农民对于国家政策的评价与态度，往往是考察农民政治认同的重要依据与指标。我们关于中国农民的政治认同研究的很多来源都是依据这个层面的数据支撑。进入 21 世纪以来，尤其是农业税废除以后，中国进入了农村政策的高速发展阶段。农村政策，尤其是惠农政策成为新时期中国共产党获得农民政治认同的重要方式之一。相关的研究也一度认为，政策下乡是新时期国家政权建构的重要方式之一。[1] 伴随着中国新一轮农村改革的推进，农村研究中的政策主义也猛然抬头，有取代实证研究成为中国农村研究的主流研究范式的趋势。但是农村政策主义忽视了一个重要的问题，就是基点的问题——农民政策评价的基点是什么。西方政策评价研究是建立在成熟的公民社会的基础之上，而中国好像并不存在这样的社会基础。孙立平的研究曾提出，中国社会是一个断裂与失衡的社会，尤其是农村往往处于多个时代特征的交错之中。[2] 这更加增添了中国政策过程的复杂性。而阎云翔关于中国社会个体化的研究中也提出，中国社会同时展现了前现代、现代以及晚期现代的特征，而中国的个人必须同时面对多个情形。[3] 这从根本上说明中国社会基础的复杂性，也很大程度上表明政策评价的复杂性。这就需要我们找准中国农民政策评价的基点，为政策评价研

---

[1] 徐勇：《"政策下乡"及对乡土社会的政策整合》，《当代世界与社会主义》2008 年第 1 期。

[2] 参阅孙立平《断裂——20 世纪 90 年代以来的中国社会》，社会科学文献出版社 2003 年版。

[3] 阎云翔：《中国社会的个体化》，陆洋等译，上海译文出版社 2012 年版，第 376 页。

究提供相应的修正与参照标准。

在陈村,农民对于国家政策的评价包括形式的层面与实质的层面。形式的层面主要是指农民对于那些没有事关切身家户利益的政策评价上,保持积极评价的态度。在这种情况下,只要是国家的政策,农民都会认为是好政策。为什么呢?有两个根本上的原因:一是出于政治的敏感性,在无关家户利益的政策层面,农民保持积极迎合国家与政府的政治立场。二是有些具体的政策农民个人的家户并没有享受过,同个人所在家户利益没有具体的联系,农民就会在政策评价上,在第一意识的反应上认为政策是好的。

如在作者的访谈中,我们不用具体的政策,而是使用抽象的国家政策或者中央政策的主体概念提问。

作者:你如何评价中央的三农政策?
陈敬和:好。国家政策好,现在都不用交公粮了,国家还给钱。
作者:你觉得国家政策怎么样?
陈怀久:国家政策哪有不好的。
作者:你如何评价国家的农村政策?
陈凤皇:国家政策好啊,以前吃不饱饭,现在饭都没人吃。

当作者以具体的政策做评价调查时,他们的回答如下:

作者:你觉得国家的农机补贴政策好不好?
陈怀久:好。
作者:你享受过这种政策优惠吗?
陈怀久:没有。
作者:那你怎么知道政策好不好?
陈怀久:国家的政策都是好政策。

作者:你如何评价国家的家电下乡政策?
陈凤皇:很好。
作者:你享受过国家的家电下乡补贴政策吗?

陈凤皇：没有。

作者：那你怎么知道政策好呢？

陈凤皇：听大喇叭里喊的。怪好咧。

在这种形式主义的政策评价中，农民所谓的好政策包括两类：一是宏观层面的国家政策，农民都认为是好政策；二是与自身家户利益不相关的具体政策都是好政策。在宏观层面，农民对于国家政策的评价在其心理动机上，是一种政治上的自觉认识。前文也有提到，在农民日常生活观念里，农民的家户生活同国家的政治生活之间存在着明确的界限，只要国家政策不对家户利益产生剥夺性的风险，农民就会对国家政策以及政府行为保持置身事外的政治立场。农民在内心，害怕国家的强势政权对于家户利益的压榨与剥夺。害怕自己的一不小心的否定的政治表态会对自己的家户带来不利的影响与后果。这种心态一定程度上是集体化时期遗留下的政治敏感性所造成的。

实质层面的政策评价则主要是指具体政策涉及自身的家户利益时，农民的政策评价是基于家户利益的损益来评价的。这就是为什么几乎所有农民都会对国家的粮食补贴政策表示满意和非常满意，因为每个家户都能够从这项政策的执行中获得实实在在的物质利益的补贴。这种政策评价完全具有家户利益的导向。

作者：你认为国家的土地政策怎么样？

陈凤皇：国家什么政策都好，就是土地政策不好。以前土地政策是三年一动地，家里有小孩出生，三年之后就能够分到地。现在土地不能动，有的人家以前分的地多，后来死了一些，剩下没几个人，家里地多的都种不过来。有的人家开始分的地少，后来人口多了，家里就几亩地。你像俺家，就我一个人的地，家里却有四口人，粮食都不够口粮。

作者：那你认为土地政策该怎么调整？

陈凤皇：应该根据每家的人口来分。

作者：你觉得国家目前长期不动地的政策好不好？

陈凤章：政策是好，就怕以后会动地。

作者：按照目前的政策形势，土地政策是长期不动的。

陈凤章：前一段时间还听村里有人说，要动地呢。俺家这一动地，地就少了许多。

作者：为什么？

陈凤章：你看原来俺家是五个半人的地。现在呢，大儿子户口迁走，小儿子刚结婚，又没有小孩，闺女嫁人了，一个老人去世。现在算来就只剩下四个人的地。而且现在村里人口多了，有的人家里添了好多小孩。要是动地的话，一平均，四个人的地就更少了。

作者：你觉得国家的低保政策怎么样？

陈怀久：这政策好。

作者：你觉得国家的低保政策怎么样？

陈敬和：低保这个政策在农村真正的穷人享受不到，都被那些有关系的人享受了。你看着我这眼睛都快看不见了，干不了农活，申请好几次。那于士文每次都说往上报了，结果他自己的爸妈吃上了低保，俺们这些人一个也吃不上。

作者：你认为国家的计划生育政策好不好？

陈凤平：这个政策好。我听广播，现有还有独生子女政策。国家这样做是对的。你看现在这么严，还是有很多人家生了三四个的。生这么多弄啥，现在养一个小孩的成本多高。

作者：你认为国家的计划生育政策怎么样？

陈凤根：计划生育政策肯定不好。你国家再计划，该生的不还是生。关键是现在村里的干部利用计划生育罚款，搞贪污。超生罚款都是黑要。

从以上不同农民对于具体政策的好坏评价来看，陈凤皇认为土地政策不好的原因是因为自己家户人口多，土地少，而国家政策有规定不能动地。陈凤章认为土地政策好，是因为一旦现有的土地政策允许动地，他们家的土地拥有量就会比现在减少很多。两者对于土地政策的不同评价在本质都是源于对于自身家户利益的衡量。陈怀久认为低保政策好，是因为陈

第六章 隐藏的农民家户主义政治形态

怀久目前在享受着低保政策。这种享受按照正式的审批程序，他们家是不符合标准的。他们家之所以能够享受低保，主要是因为通过自己儿子在外面的关系而获得的。陈敬和认为低保政策不好，表面上好像是在陈述某种普遍的事实，而本质的动因确是因为自己认为自己家符合低保的条件，但却无法享受低保，从而产生政策负面评价。同样，陈凤平认为计划生育政策好，是因为他们家就一个儿子，能够享受到计划生育的相关政策。而陈凤根认为计划生育不好，其内在原因则是自己家两次超生，村里面在计划生育罚款上一直施加压力。计划生育政策还导致他们家的女儿因为没有户口无法及时上学的问题。从这些情况来看，农民对于政策的评价态度，并不是源于政策本身真正的社会价值以及公共意义，而是源于农民自身的家户利益同政策的关联度。一旦自身家户利益同政策之间没有必然的联系，农民便会基于家户利益保持置身事外的积极的迎合国家的态度取向。一旦自身家户利益同政策之间存在联系，则农民的政策评价态度则源于家户利益的损益同具体政策的关系。如果这一具体政策有助于农民家户利益的增益，那么农民就会保持积极的政策评价。如果这一具体政策阻碍了农民家户利益的实现，那么农民就会出现消极的政策评价。

从整体来看，在中国农民的政治世界里，好政策与坏政策的本质区别不在于政策本身的价值，而在于政策本身是否有利于家户利益的增益或者减少家户利益可能面临的政治剥夺风险。中国农民的政策评价的基点在于家户利益的实现上，而不在于政策本身的公共性价值上。这就同西方政策评价理论体系建构的基点完全不同，西方社会的政策评价体系建构的基点是公民社会。在政策实施的反馈过程中，具有公民精神的个人会根据现有的政策执行情况而做出对政策的一般性评价。这种个人源于西方社会成熟的个人主义背后发育出来的公民精神。而中国农村社会并没有这种公民精神。相反，中国农村社会是成熟的家户主义发育出来的家户精神。这正好印证了阎云翔的观点，中国的个体化不同于西方的个体化，中国个体化面临更多的时代复杂性。不能用西方的个体化思路来研究中国认识中国。中国社会并不存在独立意义上的个人，中国社会在非集体化之后发育出来的是当代家户主义。而国家的农村政策以及基层政权的建构，不但没有遏制这种家户主义的蔓延，相反国家这种给予式的农村政策和农村市场化一道极大地刺激了中国农村家户主义的成长。这一时期的中国家户主义意识，比历史上任何时期的家户主义意识都要强盛和坚固。用费正清的话来转述的话，农民家户成为实实在在的邦国，成为农民生活与政治的堡垒。

政策评价中的基于家户利益的家户主义逻辑，鲜明地呈现出中国农民政治认同中的家户主义。在现有的农村政治结构体系中，由于非集体化之后，尤其是免除农业税以来，国家政权从农村社会，尤其是农民日常生活领域的退出，国家获得农民政治认同的基本路径也主要集中在农村政策层面。与以往通过大张旗鼓的意识形态宣传教育和集权的政治与经济管控不同，在现有的农民日常生活世界中，国家认同似乎只存在于政策层面，因此在当前农村研究中的农村政策主义也是一种趋势。一方面，我们试图通过农村政策的改进与完善，来推动中国农村的发展，进而实现国家与政党在农村社会内部的政治认同的建构。另一方面，农村政策主义也试图通过大规模问卷调查，来获得农民政策需求的基本情况和农民政治认同的基本趋势。但是我们依然不能忽视中国农民政策评价与政治认同的基本基点。如果我们忽视了这个问题，那我们的政策实践就会出现问题。中国农民的这种家户主义的政策评价基点，也应该得到中国农村研究中政策主义者的关注与重视。我们只有知道我们需要的是什么，才能知道我们想要去哪里。但前提是我们得首先知道我们是谁。

从现实主义的视角来看，农民基于家户主义的政治认同建构是非常简单的，国家在政策层面只要不断为农民家户利益提供相应利益供给，那么农民就在政治生活中保持对于国家的认同。国家只要政策层面不侵犯农民的家户利益，农民就不会对现有的政治结构与体制产生冲击与对抗。农民基于家户利益的政治逻辑是简单的，他们追求的就是小而安的家户生活，而不是亨廷顿笔下扩大的政治参与，除非现有的政治体制对于家户利益的剥夺使得农民不得不脱离原有的家户生活而被迫进入政治领域。因此，我们不能用西方的政治发展逻辑来演绎中国农民政治发展的逻辑。在中国农村社会中，农民的政治生活逻辑是简单的，而且是排斥政治的。农民不会为了所谓的政治价值与目标而产生如同台湾等地区那样的政治参与和对抗活动，除非这种政治价值与目标是同农民具体的且攸关的家户利益是一致，如早期中国农村为了土地而参加共产党领导的革命。放下宏大的西方现代化视野，去深度地认识中国农民，这比晦涩的理论假设更具有现实意义和政策意义。

四 "民主化"的贪腐

当代衡量中国农民政治水平的一个重要指标便是农民的政治参与行为。而在日常村庄生活中，农民的政治参与主要是通过村民自治体现出来的。一直以来，村民自治被认为是中国民主进步的重要标志，是中国式民主的重要内容之一。相关的研究也认为，村民自治促进了中国农民政治意识与能力的发育与成长。但是直到现在，中国的村民自治在具体的推行过程中一直没有走出其发展的困境与成长烦恼。而困境与烦恼的根源依然是早期村民自治制度要解决的问题——农民的政治参与问题。那么，农民的政治参与到底出现了什么问题？农民政治参与的逻辑是否真正有利于村民自治的推行？

在陈村，不同的人对于村民自治的了解也不同。陈村妇女对于村民自治的理解只是三年一次的换届选举。选举对于她们来说并不是什么重要的事情，也不是她们操心的事情。相对于投票，她们更关心和乐于听男人们在村庄人场里谈论那些选举背后的故事。以 2014 年的换届选举为例：

慕氏：上一次选举，于力同没选上，不知道这次他还会不会跟于士文他们竞争。

于氏：于力同那时候也是有镇里面撑腰。要不他有啥本事竞选。

康氏：于力同不行，没有基础。村里的人都不认识他。

于氏：以前他没在村里干过，是在镇里给人家开车。不知道为啥就回来了。

慕氏：上次选举没选上他，后来又回镇上了，镇里给他安排一个卫生监督员，负责这一片。

康氏：我经常看见他开着车在官路①上跑。

慕氏：不就是搞那个卫生监督嘛。上回于士文当选，听讲也发了不少钱，跟于同理竞争。于同理差了几票，后来于同理就干村长了。

于氏：不是听讲今年大蒋家有个人竞选吗？

---

① 官路，当地方言，指公家的路，也就是公路。

慕氏：是的，听讲叫什么于勇。

康氏：慕李家①上次那个谁不也参加选举了吗？

慕氏：那是凑热闹的，不知道谁给他投了一票。他自己事后讲都不知道怎么回事。

康氏：不想当的，还真有人选。这也是谁故意捣乱。俺庄子怎么就从来没有人竞选？

于氏：陈洪国（现在的小队长）可以吧。

康氏：可以个啥，不能抗事，养个猪还差不多。

慕氏：听讲陈凤平今年想竞选，最近好像也是在请大队来的干部喝酒吃饭。

于氏：陈凤平也许照，人家毕竟在外面跑过，见得世面多。

康氏：他要是能当上书记村长，他那一家子还不更眼里没人。

这段对话可以反映出，陈村妇女对于村庄的选举情况还是有个基本的了解，但是对于村长的选举和书记的选举程序她们并不是十分清楚。她们只是知道要选举了，这些干部可就忙起来了。她们也清楚村庄政治的基本情况，对每个干部的出身、为人处世和品质德行也非常清楚。但是她们并不会为此而去积极参与村庄的政治。相反，她们的参与就是在日常生活中将选举作为一种逗乐的谈资而已。而对陈村的男人们，一般也只是在人场里聊聊选举的人和事，大家乐一乐。而最了解选举程序的便是村里那些当过村干部和小组长的人，以及村民代表和党员代表。他们才是村庄里政治生活的熟人，他们明白选举的程序以及这些村干部在什么时候开始拉票行动，甚至他们还在等待村干部晚上到他们家拉票，请他们吃饭。在他们眼里，村庄选举就是村里那几个人谁上谁下的问题，选来选去还是那几个人。每个人的水平都差不多，选谁都一样。关键要看哪个候选人同家户利益的关系更紧密一些。对于普通的陈村农民来说，村民自治就是投票选举，选完就该干啥干啥。谁上台也基本上跟自己家没有多少关系。

但是表面上看似很随意的投票，其实农民投票还是有讲究的。通过对陈村农民投票的观察，陈村农民的投票动机主要是基于对家户利益实现的

---

① 村庄名称，位于陈村旁边。

考量。如在熟人和不熟的人之间，农民更愿意选择熟人。在农民看来，熟人上台以后，自家有个什么事需要村里帮忙的，这样也好说话。在本片区和外片区的选择上，农民会选择本片区的人，而非外片区的人。如在于士文和于勇之间，陈村人会选择于士文，而非于勇。因为于士文毕竟属于本片区的，属于广义上的自家人。而于勇就不属于这个范畴。在农民的政治观念里，自家人才能好办事。在人缘好的人和人缘不好的人之间，农民会选择人缘好的人，因为人缘好的人，办起事来就好说话。在贿选的人和不贿选的人之间，农民更倾向于贿选的人，因为农民家户能够通过这个过程从中获得现实的好处。每个农民在投票选举时，都是围绕自身的家户利益来选择将票投给哪一位候选人，这种家户利益可能源自于过往候选人同家户利益的关系，也源于现实中农民家户利益的获取，更源于农民对于未来家户利益实现的衡量。农村选举看起来很复杂，其实很单纯。正如陈凤皇所言"谁能够对我家好，我就选谁"。而对于选上来的村干部是否贪污农民并不关心，农民只关心村干部贪污的是不是自家的东西，关心的是这个村干部同自家的关系好不好。只要满足家户利益实现的条件，村干部即使贪污，农民即使清楚，也不会有人举报，农民也不会因此而全面否定村干部。在陈村农民看来，做官和贪污是可以画上等号的。用陈敬富的话来说，"哪有当官不贪污的，除了包青天"。从农民家户的层面来讲，村民自治确实是农民选择自己的"当家人"，确实很形象。因为农民都是根据自己家户利益的实现来选择自家的"当家人"的。至于这个当家人是不是贪污腐败，农民并不关心。因为在当前，农民家户利益基本上是独立于基层行政管理体制的。农民在日常生活中也很少能够同村干部打交道。农民也不愿意卷入村庄的政治层面。以书记于士文为例，陈村农民都基本知道于士文贪污的事情，但是还是选了他当了村长，后来又当了书记。农民也不会因为一个贪污的人当了村长和书记而感到失落。相反，农民依然过着自己的家户生活。"只要你在我家办事的时候不为难，不贪污我家的东西，我就不会管你贪污与不贪污。"这就是陈村农民对于村干部工作的认同逻辑。

  陈村农民除了投票选举之外，基本上不参加也不愿意参加村里的事情。从仅有的农民政治参与的实践来看，农民政治参与的基本逻辑同样是家户主义的。这种家户主义不仅不能避免村干部的腐败，甚至将村干部的腐败民主化了。本来的民主参与是为了防止和监督村干部腐败的，结果民主参与却成为村干部获取政治利益的一种装饰或者手段。事实上，在陈村，农民家户主义的政治参与逻辑同村民自治的民主政治逻辑之间是存在冲突的。农民不会为了民主理念而进入政治生活领域的。不管是农民的日常生活还是农民的政治生活，农民都是依赖于家户主义的逻辑来展开自己的行动。这也是村民自治制度一直无法有效落地生根的根本原因。因此，村民自治困境不是制度与体制上的原因造成的，而是村民自治的民主政治逻辑同农民的家户主义政治逻辑之间的巨大差异造成的。

在家户主义政治逻辑之下，农民的行动单位是家户，根本的动机是追求家户利益，即使是有限的政治参与，农民的动机也是同家户利益紧密关联的。农民在政治参与中，有没有明确的动机？目前的大部分学者都持肯定态度，认为农民经济主体地位的确立及以此为基础的需求对于自身经济利益的保护机制是农民政治参与的基本动力与动机。[1] 如徐勇教授认为驱动农民政治参与的主要因素就是利益机制。[2] 程同顺教授甚至强调农民经济利益对于农民政治参与的决定性作用。[3] 确实，从陈村农民政治参与的情况来看，农民政治参与的动机非常明确，是为了追求利益，但是这种利益的单位和结构是家户，追求的是家户利益，这其中包括经济利益，也包括非经济利益，才由此形成陈村农民政治参与的家户主义特征。在家户主义逻辑下，陈村农民一方面不会主动参与到村庄政治生活中去；另一方面这种家户主义使得农民追求的都是自身的家户利益，农民无法在政治参与中形成集体的合力，并达成一致的行动。因为每个农民都是追求自身的家户利益的保护与实现，同时又都是在利用自身的家户关系网络来获得这种政治庇护。在家户主义逻辑下，农民的政治参与行动是消极型和分散型

---

[1] 这方面的研究可以参考徐勇《中国农村村民自治》，华中师范大学出版社 1997 年版；程同顺《当代中国农村政治发展研究》，天津人民出版社 2000 年版；何包钢、郎友兴《寻找民主与权威的平衡》，华中师范大学出版社 2002 年版；胡荣《理性选择与制度实施》，上海远东出版社 2001 年版；Oi, Jean C. & Scott Rozelle 2000, "Elections and Power: The Locus of Decision Making in Chinese Village." The China Quarterly Special Issue; Shi, Tianjian 1999, "Economic Development and Village Elections in Rural China." Journal of Contemporary China, August.

[2] 徐勇：《中国农村村民自治》，华中师范大学出版社 1997 年版，第 298—299 页。

[3] 参见程同顺《当代中国农村政治发展研究》，天津人民出版社 2000 年版。

的。因此，作为农民利益均衡机制的村民自治或者基层民主[1]，就无法从农民行动上获得足够的活力与生命力。这样一来，农民政治参与很多时候是基于形式，同时又是分散的，无法形成参与的组织平台。面对中国农民的这种家户主义逻辑，民主在实现农民私利的均衡上似乎也非常乏力，因为农民很难在家户利益之外达成行动上的一致共识。农民基于家户利益的行为模式同基于现代民主的行为模式之间存在巨大的差异。因此，中国村民自治包括基层民主在具体研究和实践中都应该注意，一方面不能直接套用西方民主的基本理论与理念，另一方面要找到应对农民这种家户主义政治逻辑的方式和策略。

五 一个抗争事件

米格代尔在《农民、政治与革命》一书就认为，农民参加政治与革命主要是基于家庭物质利益的动因。[2] 而这种结论的分析的对象同样包括中国农民。裴宜理在研究华北地区农民反叛与革命时，虽然指出农民生存策略包括掠夺型和保护型，但是裴宜理关于农民生存策略的案例指向也都是以"普通农家"为研究对象的。[3] 黄宗智更是从农民家庭经济的角度来分析中国贫农的革命动机。[4] 以这些研究为起点，基于家户我们可以有一个基本的认识，农民政治抗争（包括革命、叛乱以及抗争）同农民家户利益之间确实存在某种关联。当前我们无法从陈村的历史中找出这种关联的证据。但是我们可以从当前陈村农民政治抗争的事件中，找到农民政治抗争的基本逻辑。现有的关于当前农民抗争的研究，如以身抗争、以法抗争、以死抗争、依势抗争、依利抗争、依气抗争等等都从不同侧面提出了农民抗争的基本类型。但是这些关于农民抗争的研究，多属于类型学上的

---

[1] 徐勇：《民主：一种利益均衡机制——深化对民主理念的认识》，《河北学刊》2008年第2期。

[2] J. 米格代尔：《农民、政治与革命——第三世界政治与社会变革的压力》，李玉琪等译，中央编译出版社1996年版，第13页。

[3] 参阅［美］裴宜理《华北的叛乱者与革命者（1845—1945）》，商务印书馆2007年版。

[4] 参阅［美］黄宗智《华北的小农经济与社会变迁》，中华书局2009年版；［美］黄宗智《长江三角洲小农家庭与社会变迁》，中华书局2009年版。

研究，很多并没有从农民政治抗争行为发生的动因的角度进行深度的解读。应星提出了中国农民政治抗争的一个基本分析框架——"气"与抗争政治，属于比较成熟的从行为动机及其过程的角度来展示中国农民抗争政治的基本逻辑。① 但是农民的"气"是基于什么原因而发生的呢？这还需要我们的进一步研究。从上文的研究我们得知，在家户主义逻辑下，农民不会积极进入政治领域，更不会在日常层面同强势的政府行政权力发生对抗。但是，如果这种对抗行为发生了，那么它是如何发生的呢？在陈村就有一个活生生的农民政治抗争的案例。

陈凤兰，63岁，有三个儿子，丈夫在孩子很小的时候因车祸去世，她独自抚养三个儿子长大。对于陈凤兰来讲，如何能够让三个孩子结婚成家并不受人家欺负成为她剩下人生的主要目标。为此，在丈夫去世以后，陈凤兰就开始变得性格强硬起来，对外人来看还有一种得理不饶人的架势。其实陈凤兰这样的性格原因就在于她深深地明白，丈夫去世以后，一个妇女持家必然受到有些人家的欺负。欺负你，是因为你家没有男人。为了不让家里人受到欺负，陈凤兰只能让自己变得更加强横，并学会利用自己的身份。由于她性子烈，又得理不饶人，在陈村，一般人惹不起她。用她自己的话来说就是："谁欺负俺家试试，打不过你骂死你，骂不死你缠死你，缠不死你也得吓死你"② 但是她一般在村里也不惹事。目前大儿子和二儿子已经结婚成家，并有自己的房子。三儿子因为口吃去年才通过大儿媳的介绍结婚，但是没有新房子，所以一直在外面打工没有回家。陈凤兰平时都住在大儿子家，给他看家。家里的老房子没有住人，已经搬空。而问题的起因就在于这所老房子。这所老房子位于省道旁边，在省道修建之前她就已经有了宅基证。因为离省道太近，镇政府依照道路清障的规定一直想说服陈凤兰拆掉，但是都被拒绝。然而2012年7月，镇政府却没有通知她就把她家的老房子拆了，理由是文明建设、危房清除。当她赶过去的时候房子已经被拆，她想挡在推土机的前面，被一

---

① 应星：《"气"与中国乡村集体行动再生产》，《开放时代》2007年第6期。
② 这里的"吓"就是指以死威胁的意思。

第六章 隐藏的农民家户主义政治形态

行的一群乡镇干部拖住。家里的房子被拆，这在她的意料之外。

面对强势的政府，她的第一反应就是求助，她先是给一个以前当过书记的远房亲戚打电话，问问他怎么办。他的意见是"你就安心地闹，镇里是没有道理的，也不合法。不要镇长站在你面前吼两声，你就被吓到了，他吼你也吼。"然后又给侄孙陈迎打电话，请县里的领导一定要帮忙。当天下午陈凤兰就一个人到镇政府找镇长讨说法去了。负责这件事的镇长的回复是："县里现在正在搞文明创建，房子是危房，放在路边影响镇里的形象，镇里是不会赔偿的，怎么说都没有用。"于是，陈凤兰第二天穿着破衣服、带着破被褥骑着三轮车就进入了镇政府，挡在镇政府的大门中间。然后买了一瓶农药揣在手里，镇里的干部谁也不敢赶她。因为她手里拿着药瓶装着喝药自杀的样子，如果真喝了谁也负不起这个责任。她每天早上看到那个镇长来上班，就进到他的办公室，跟他讲道理跟他吵架。

镇长：你天天在这闹，你不觉得丢人吗？

陈凤兰：你也知道丢人，丢人你拆我的房个，丢的不是我的人，是你 Y 镇长的人。

镇长：那你家那房个都是危房，没人住，你不觉得放在路边丢人现眼啊？

陈凤兰：你 Y 镇长有钱有势住大房个，穿名牌皮鞋和衣服。你是不丢人啊，你饱汉不知道饿汉饥。我家穷怎么办，我养活三个儿子成家，我有钱盖新房个吗？有钱我也知道盖新房个，我也知道买新衣服。那不是没钱吗。那你讲路边的乞丐穿更穷更破，你怎么不把人家赶走啊。谁说我那是危房，你说是就是。没人住那是因为我儿个都不在家，我可得给他们看家。你把房子给我拆了。我小儿个回家，我怎么跟他交代。他们都回来，你让我住哪？没有房个，我就跑你家去。

镇长：你这种口才怎么不当干部？

陈凤兰：我不是没文化嘛。我要是有文化当了干部，坐在这里的就不是你了，就是我了，还轮到你现在欺负我啊。

闹了三四天，镇长受不了了。后来镇里书记干预了此事。陈凤兰找到了镇书记，镇书记在态度上很客气。书记问她要赔多少，她说要八万。然后书记说："我们整个镇搞文明创建，县里就给了四万块钱。不能全给你吧。还得赔偿别人家的损失。最多只能赔你两万。"陈凤兰一开始不同意。后来书记又附加了免税的新宅基地、全家人的低保以及取消他们家的计划生育罚款。这样陈凤兰才终止了抗争行为。其实，乡镇书记出面是因为陈凤兰侄孙陈迎认识的县里领导的关系。这个领导同镇里的书记是同学，这才有了书记所给出的优惠交换条件。

从陈凤兰的政治抗争事件中，我们可以发现以法抗争、以身抗争、以死抗争、依利抗争、依势抗争以及依气抗争等多种抗争类型的特征。如陈凤兰认为自己的房子从建造时间和证件层面都是合法的，政府强拆是违法行为。自己原来当过乡镇书记的亲戚也正是基于这种政府违法行为才鼓励陈凤兰到乡镇政府去闹，且不用害怕。到了乡镇政府，陈凤兰同镇长的理论就是利用自己弱者的身份，一旦乡镇干部要将其从政府大门口挪开，她就利用手中的农药，以死相威胁。同时，陈凤兰抗争的目的就是为了获得利益补偿，又具有依利抗争的特征。而依靠当过书记的亲戚的出谋划策，依靠侄孙县里的关系来支持自己的抗争行为，则具有了依势抗争的特征。但是从陈凤兰政治抗争的行为基点来看，陈凤兰并不想卷入到同政府对抗的行动中去，因为毕竟自身是一个弱者，并且可能使得整个家户面临政府的各种打压。如在陈凤兰大闹政府的过程中，乡镇政府就曾以陈凤兰大儿子超生为借口，要求陈凤兰交3万块钱的计划生育罚款。当时陈凤兰的回应是"一码归一码"。但是陈凤兰没有办法，政府的强拆行为使得她所在的家户利益蒙受无端的损失。这个家户利益就指具体的房子。政府对于自己所在家户利益的强势侵犯，才是陈凤兰被迫进入政治领域同政府发生对抗的根本原因。而陈凤兰政治对抗的目的也很明确，就是为获得家户利益的补偿。一旦家户利益得到符合自己权衡的目标，这种政治抗争行为也就会自然结束。陈凤兰并不会因为此而对政府的执政过程产生基于某种政治价值上的反抗。同时在陈凤兰的抗争过程中，她也是利用家户利益的庇护关系，利用家户的弱者身份进行抗争。而陈凤兰在整个抗争过程中，正如应星提出的"气"的解释概念一样，政府的强拆让她有了气的凝聚，并由气而逐渐展开行为。但是，他却忽视了气产生的根源在哪里。陈凤兰的抗争很明确地说明，气的产生源于政府对于自己所在家户利益的侵犯及其处理过程中对于家户利益的不断漠视。

总的来看，农民抗争的逻辑其实很简单，如同米格代尔的分析一样，农民参与外部政治世界是被迫的，是因为家户利益的受损而被迫卷入同政治体制的对抗的。而农民对于家户利益的认定，又不是基于我们一般观念里的是非标准，而是基于日常生活情境中农民自己对于家户利益内容的界定。因此，农民有时候会为了我们认为不正当的理由而产生同政府之间的对抗行为。一旦农民在现有的家户庇护关系网络中或者现有的政治体制中无法找到有效的解决家户利益的途径，农民往往就会选择极端的方式，如自杀、自焚等以死抗争的方式。在日常村庄生活中，农民不会也不愿意参与到政治抗争的事件中，除非是因为政府行为对于农民家户利益的侵犯而导致农民被迫进入政治领域。只要政府同农民具体的家户利益之间保持一定的距离，农民一般不会同政府发生具体的行动上的关系。农民在政治行为上是保守的，但是农民为了保护家户利益又具有政治行为上的激进主义。这从农民为了土地积极参加中国共产党革命，甚至为此而牺牲自己的生命，就可以看出来。中国农民的政治动机是很简单的，因为它是以家户为单位，以家户利益的维护为目的。

六 小 结

本章从农民的政治观念、政治意识与能力、政治认同、政治参与以及政治抗争五个层面具体分析了隐藏在日常生活世界中的农民政治意识形态。从现有的分析来看，农民政治形态同家户主义逻辑之间是密不可分的，农民的各种政治心理与行为都指向家户主义对农民政治形态的影响。作者将农民以家户主义为行为逻辑的政治形态概括为家户主义政治。家户主义政治使得农民进入政治的方式是被迫式的，进入政治以后的行动目标是保护型的，目的是减少家户利益可能遭到的来自外来势力侵犯的风险。农民家户主义政治的特征主要包括以下基本方面：

一是具有隐蔽性。农民的家户主义政治具有一般政治的特征，即基于利益的行动。但是农民这种利益单位不是个人，而是家户。家户的利益动机隐藏在农民个人行动的背后。这种政治的隐蔽性，使得我们在农民政治研究中容易迷失方向，并被个人主义政治逻辑所误导，进而缺少了对农民政治真实形态的把握。

二是被迫式的嵌入型政治。家户主义政治使得农民在日常生活中同正式的政治权力之间保持一定的距离。农民往往是为了保护家户利益而被迫进入政治领域的。这种被迫源于对于家户利益可能遭受到的家户成员无法控制的风险预期。有的学者将类似的农民政治形态称之为"卷入式政治"。[①]

三是以保护家户利益为导向。农民被迫参与政治的目标非常明确，就是保护家户利益。农民政治行为的发生以及展开都是以家户利益及其结构为中心的。在村庄政治参与中，农民不存在独立的个人利益，也不存在为了公共利益而放弃家户利益的情况。农民的每一步行动都伴随着对于家户利益的考量。有些是基于自觉的层面，有些是基于深思熟虑的层面。在日常村庄政治中，农民考虑的是家户利益的实现。但在正式的政治权力与体制层面，作为弱者一方的农民，往往是基于保护家户利益的动机而展开政治行动的。

四是试图规避正式的政治程序与权力。家户主义政治在本质上不是一种主动的政治参与过程，而是一种被迫式的嵌入过程。基于保护家户利益的需求，农民往往会在日常生活中尽力的规避正式的政治程序与权力，防止正式的政治程序与权力对于家户利益的剥夺。只要政治过程不干预农民家户利益，农民不会进入公共的政治生活领域，即使进入也多是形式化的。

五是以家户为单元的政治保守主义。农民家户主义政治在利益单位导向上是以家户为单位，它是一种内向型的力量，而不是一种扩大参与的外向型政治力量。农民可以为了家户利益被迫进入外部的政治世界，但农民不会为了公共的政治利益而选择放弃家户利益。在家户利益之外日常生活中，农民不存在参与政治的动力。农民几乎所有的政治行为都是指向自身所在的家户利益。而对于以公共利益和国家利益为主要目标的公共政治生活来讲，农民的家户政治是一种极度保守的政治。中国农民的这种保守在

---

① 郭正林：《当代中国农民政治参与的程度、动机及社会效应》，《社会学研究》2003年第3期。

第六章 隐藏的农民家户主义政治形态

本质上是对于强大的国家政权机器的自我防御意识的体现。

中国农民保守主义家户政治的背后也反映了中国农民家户政治的现实主义特征。农民参与政治的动机非常简单和现实,就为了获得家户利益的交换。在中国共产党领导的革命时期,包括集体化时期,在强大的国家政权机器的宣传与动员之下,农民或许有着一定的政治理想与抱负。但是在当前,农民都是一个一个的政治现实主义者。从这个层面来看,村庄里的中国农民不会为民主化的政治发展提供足够的动力,我们理论研究中对于农民民主政治参与的表达与预期,也许只是一种一厢情愿。无论在日常生活交往中,还是在村庄公共事务的治理层面以及农民政治行为动机层面,中国农民都不是一个现代民主政治发展的积极推动者与参与者。相反,只要政府不强势地介入或者剥夺农民的家户利益,农民便不会对现有的政治秩序产生冲击。农民是生活在家户秩序中的人,不是生活在公共政治生活中的人。

但是同传统家户主义不同,当代家户主义本身就发生在一个公共性不断成长的时代。传统家户主义主要是存在于一个封闭、静止以及缺少流动的村庄空间内部。农民的家户利益在村庄内部就能够得到维护和满足,家户利益之间的纠纷都是通过一种扩大的家户结构(如家族)来得到解决的,且农民的家户利益结构基本上是稳定的。农民不需要面对更多的外部风险和利益诱惑。然而,当前中国农村面对的是一个开放的、流动的以及不确定的社会,家户利益结构的很多要素都同外部市场、制度以及社会机会密切相连。市场化、社会化以及民主化浪潮将使得中国农村家户主义又必须面对公共性的扩张。由此造成了家户主义政治的保守性同现代政治系统的开放性之间的冲突。但是,由于我们在农民家户主义政治和现代民主政治之间没有找到一个均衡的利益节点,才导致我们农村现代公共治理与政治发展的实践困境的出现。

一直以来,作为现代公共治理的重要价值目标的现代民主政治或者公民政治,在中国农村的治理实践中,往往不是基于中国农村自身的本源型制度,相反它的建构与研究多源自于西方治理与政治理论。西方治理与政治发展的逻辑在本质上源于个人主义基础上成熟的公民社会。它是从西方特有的社会制度原型中发育出来的,有着自身成长与运行的社会土壤。而中国农村政治研究以及公共治理实践一直以来都没有重视过这个问题,忽视了中国农村社会特有的、基于历史文化传统的本源型制度形态——家户主义。中国农民的政治意识形态不是个人主义，也不是集体主义，更不是我们一直宣扬的社会主义，而是赤裸裸的家户主义。现代公共治理以及民主政治是世界未来发展的趋势，我们应该努力实现。但是这种努力至少应该尊重中国农村社会的制度底色。我们不能用西方社会的制度实践模式来套用中国本土的制度实践过程，并以此来评价中国农村的现状，甚至贬低中国农村社会。要明白，在村庄政治空间，中国农民是一个聪明的政治人，更是一个政治现实主义者。中国农民不是没有政治意识和智慧，他们只是基于现状的政治逃避者。

第七章　结论与讨论

> 对于学者的挑战是提供一条可能的联系链条，发现作为一种适应性解决途径的集体暴力得以发生的社会机制。
>
> ——裴宜理

本书算得上是有着自己明确的命题——当代中国农民家户主义的行为逻辑及其公共治理。它要求回答的是当代中国农民日常生活行为逻辑是什么，以及这种行为逻辑对公共治理的影响。作者就是围绕这样一个问题逐渐展开分析，并形成此篇论文的基本观点。本书研究的前提是村庄里的农民，并从村庄里农民的日常生活交往行为的动机与逻辑逐渐延伸到对于村庄公共事务治理及农民政治形态的研究。从农民主体的视角来看，村庄生活里的农民日常行为逻辑、治理逻辑以及政治参与逻辑之间是一脉相承的。对于农村治理与政治的研究，尤其是农民治理与政治行为的研究，是绝对不能脱离农民的日常生活实践的。在农民的世界里，一切行动的经验并不是源于对于理念与价值的追求。不管我们标榜政治是多么高尚和农民是多么的土气，但终究一点，农民的政治逻辑就是源于"土气"的日常生活中对于生活实践经验的积累和总结。我们只有在农民的日常生活实践中才有可能发现真实的农民治理逻辑与政治形态。而在陈村，农民日常生活实践的基本利益单位就是家户，农民一切行为发生的基点就是基于家户利益的考量。这种基点就是农民行为发生的门槛。格兰诺维特在分析人的行为模式时，曾经提出在公共生活中，人行为的发生往往都是具有一定的门槛的，这种门槛是基于他人参与此项事件的人数规模，当参与人数的规模达到自己的行为发生的心理门槛预期时，人基于此事件的行为就会发生。① 在中国农村社会，农民的行为发生源于对家户利益的衡量，遵循家户理性，奉行家户主义。行为发生的状态具有瞬间性，而不是格兰诺维特笔下那种基于他人行为发生的规模。同时，作者在此书中表达的观点以及形成的结论并不是故意否定其他研究者的观点与结论，如同裴宜理在《华北农民的叛乱者与革命者》一书的结尾所提出的，本书只是作者试图提供一条农民家户主义同村庄治理与政治的可能的联系，试图去说明这一联系背后存在的社会机制。②

一　农民行动单位与家户主义特征

关于中国农民行动单位的研究主要包括家族、村庄共同体、宗族、农村基层市场共同体、社区、文化网络单位、个体等，并分别形成家户主义（西方又称之为家庭主义）、村落主义、基层市场结构、共同体主义、文化网络主义、个人主义等不同的研究范式和思路。还有学者从抽象或者规范的层面研究中国农民的行动模式，如以人情与面子交换为基础的情理主义、本土特质的"气"、身体主义、身份主义等等。这些研究都在试图解释农民行动的基本逻辑。本书主要是以家户为视角，以农民的日常生活世界为起点，站在农民主体的立场来试图分析农民家户利益同农民日常生活的关系，家户利益同村庄公共治理的关系以及家户利益同农民政治形态的关系。

本书的研究认为，当代中国农民的行动单位是家户，农民的行为逻辑是家户主义。在中国村庄生活中，农民从来就不是独立的行动个体，农民不具有独立的实体意义，农民的一切追求与目标都是围绕家户而展开的。农民生于家户，并最终追求死于家户，也就是我们常说的"落叶归根"，根是什么，根就是自己的家。中国农民是镶嵌于中国农村家户内部的，我们无法脱离家户而谈论农民，谈论农村。从日常生活中的农民家户行为，我们进而可以认识和理解农民在村庄治理与政治参与中的行为表现。农民

---

① ［美］马克·格兰诺维特：《镶嵌——社会网与经济行动》，罗家德译，社会科学文献出版社2007年版，第38—48页。

② ［美］裴宜理：《华北的叛乱者与革命者（1845—1945）》，池子华等译，商务印书馆2007年版，第271页。

这种遵循家户理性，奉行家户利益至上的行为与观念方式，便是家户主义。这种家户主义不仅仅存在于农民的日常生活之中，更直接影响了村庄的公共治理，形塑了农民的日常政治形态。

在陈村研究的基础上，作者得出以下三个主要观点：

一是日常中国农民行为遵循家户理性，其动机来源于对家户利益损益的衡量，追求家户利益的增益。中国农民日常行为中的家户利益动机，形成了同生存小农、理性小农、商品小农以及社会化小农的对话。以陈村农民行为动机来看，我们可以将中国农民概括为家户小农，小农遵循的是家户理性，追求的是家户利益。中国农民为了生存而参加革命或者叛乱，甚至为了生存而忍辱偷生，但是这个生存在村庄空间内是为了家户的生存，为了家户的延续。如裴宜理所指出的华北农民参加盗匪的原因是为接济家用一样。个人活着的意义是为了家户生存与延续，一旦家户不存在了，个人生活的意义也就不存在了。同样，中国农民是理性的，这种理性不是个人理性，也不是集体理性，而是家户理性。同样，农民行为的商品性、货币性以及消费性都是农民追求家户利益的表现。这是中国农民本质的根本的价值追求。

二是中国农村公共治理实践具有家户主义逻辑的特征。一直以来，我们在学术层面都没有解决一个重大治理实践问题——如何才能让中国农民积极参与到村庄公共事务治理的行动中去？其实解决这个问题的前提是回答为什么中国农民无法在村庄公共事务治理层面达成一致行动。奥尔森认为这是普遍存在的集体行动的困境，并认为便于监督的小集团可以有效消除这种困境。奥斯特罗姆为了解决个人在公共事务治理中的集体行动困境，提出了自组织建设、排斥性的制度设计以及惩罚监督等自主治理策略。但是，这些措施似乎在中国农村社会也解决不了具体的问题。而监督性的惩罚机制往往又会演变为集权式的行政治理模式，而不是自主治理的模式。事实上，中国农村治理困境的本源并不在制度与机制上，而是在于中国农村社会的家户主义逻辑上。在家户主义逻辑下，中国农民不会为了集体利益与公共利益而牺牲家户利益，更不会积极主动参与到村庄公共事务的治理上来。从这个层面来看，农民不会在家户利益之外而达成一致的集体行动。基于家户利益至上的农民家户主义，才是中国农村公共事务治理失败的根本原因。治理的家户主义逻辑能够很好地解释当前农民治理面临的各种困境与问题。在家户主义逻辑中,农民不愿意参与村庄公共事务的治理,但是家户主义逻辑在公共层面的结果,又使得农民希望村庄公共治理境况得以改善。而谁来承担这个治理的责任呢?在农民观念里,这个治理的责任主体就是国家。在公共事务治理层面,农民治理需求与治理行为之间是断裂的。我们在研究中,尤其是数据分析中不能简单认为农民有公共治理方面的需求,就认为农民能够为此达成一种治理行动。

三是中国农民的基本政治形态是家户主义政治。中国农民的家户主义行为逻辑不仅仅从日常生活实践嵌入到村庄治理层面,更嵌入到农民政治生活层面,进而形塑了中国农民的基本政治形态——家户主义政治。家户主义政治强调农民政治行动的基本单位是家户。基于对家户利益保护的需要,农民家户主义政治是一种规避风险的政治。在日常生活状态下,农民不会主动和积极参与基层政治生活。在农民观念里,参与政治,就意味着给家户利益带来更多的不可预计的利益风险。为了防止这种政治体制带来的利益风险,农民往往希望自己的家户成员能够进入政治体制内部,并从中获取非正式的政治庇护,而庇护的对象便是家户利益。而在非常态的政治事件中,农民同样是为了家户利益而敢于承受巨大的政治风险。在既有的农民与国家政权的关系中,农民有着本身固有的弱者身份,也有着对于国家政权的深层恐惧。农民的政治观念、政治意识与能力、政治认同、政治参与和政治抗争等都是基于家户利益的保护理念而展开的。从动机的层面以及实践状态的层面来看,中国农民的政治形态便是家户主义政治。家户主义政治在行动本质上同公民政治、民主政治等存在巨大的区别。家户政治遵循的是家户主义逻辑,而现代公民政治与民主政治遵循的是个人主义逻辑。中国农民重视的是家户生活,而不是公共生活。

总的来说,本文以家户为视角,从农民的日常生活琐事谈起,逐渐扩展到对公共治理的讨论。在这一过程中,作者找到的那种具有解释性的"可能性联系",便是家户主义。不论是日常纠纷,还是村庄公共治理困境以及农民政治理念,家户主义都能够提供一个合理的源于农民日常生活实践的解释。基于全书的研究内容,作者将当代中国农村的家户主义基本特征总结如下:

1. 家户主义将家户利益作为理性考量的标准,遵循家户理性,强调一切以家户利益为重，个人价值通过家户这一单位来实现。

2. 在家户主义盛行的村庄中，家户是最基本的也是最小的农民利益单位。

3. 在家户主义盛行的村庄中，没有农民会在对自己家户利益没有增益的情况下促进群体或公共的利益。

4. 在家户主义盛行的村庄中，有效的社会组织是难以形成和保持的，除了那些从家户主义秩序中延伸出来的组织，如类家族组织或小亲族组织。

5. 在家户主义盛行的村庄中，农民认为抽象的政治与治理理念同他的日常生活没有什么直接的关系。

6. 在家户主义盛行的村庄中，不会出现基于公共利益的意见领袖，因为除非满足农民所在家户的利益需求。在农民的观念里，每个人都是基于家户利益的自私者，而不是公共利益的追求者。

7. 在家户主义盛行的村庄中，任何声称为了公共利益而非个人利益而努力的个人或组织，都将被农民认为是骗人的。对于家户利益的追求，已经成为农民评判一项行动的前提。

8. 在家户主义盛行的村庄中，农民对那些促进公共利益行为的评判标准仅限于是否牵涉其家户利益。如果一项政策促进集体利益却对自身家户利益没有增益，农民则会不支持，甚至反对。

9. 在家户主义盛行的村庄中，农民参加选举，投票的依据源于家户利益以及家户关系网络，而不会太在意竞选者的能力、承诺以及品德。

10. 在家户主义盛行的村庄中，农民会自觉地认为公共事务的治理是政府或政党的事情，并将其作为政治认同的重要标准。农民的公共治理需求与公共治理行为之间是分离的。

11. 在家户主义盛行的村庄中，农民对政府与政治保持一定的距离，以防止行政权力对于家户利益的侵犯。同时，农民又希望自己家户成员能够进入特权阶层，为家户利益可能遭致的风险提供庇护。

12. 在家户主义盛行的村庄中，农民的政治态度与行为是基于家户利益保护的保守主义。农民既是政治保守主义，也是政治现实主义，更是一个充满智慧的"政治家"。

13. 在家户主义盛行的村庄中，公职人员认为只要不碰触农民的家户利益，农民就不会因此而揭露其腐败。同样，只要不损害自身的家户利益，农民对于公职人员的腐败也是睁一只眼闭一眼。因此，农村基层政治腐败是一种常态。

以上①是作者结合陈村农民的家户主义观念与行为逻辑所总结出来的在家户主义盛行的村庄中所具有的一些基本特征。希望这些农村社会特征能够有助于读者理解作者所论证的农村家户主义逻辑。

二 家户主义同家庭主义、新家庭主义的辨别

要全面地完整地理解家户主义，就必须厘清家户主义同家庭主义以及新家庭主义的区别。只有在此基础上，我们才有理由相信家户主义是一个真实存在的而不是一个生造的标新立异的概念。在本书绪论部分，作者已经具体论证了中国农村研究中家户与家庭的区别。由于绪论部分并没有对家户主义进行界定和讨论，所以并没有对家户主义同家庭主义的区别进行辨识。在关于中国社会的研究中，家庭主义最早源于国外学者对中国传统社会家庭制度特殊性的研究。这里家庭主义内涵包括扩大式的家庭结构——家族、宗族等等，主要指中国基层社会的结构。在后期的研究中，家庭主义逐渐同家族主义区分出来，成为特定的指代中国农村家庭类型、结构以及行为模式的名词，其中的代表人物包括盛洪、张静等学者。盛洪在其《论家庭主义》一文中对家庭成员的利益追求、家庭边界、家庭秩序、家庭制度、以家庭为基础的政治与宪政结构等等进行了讨论，他提出了区别西方社会理论研究中个人主义方法论的家庭主义方法论。他指出，在中国社会中家庭成员对于家庭利益最大化的追求，区别西方社会中个人对于个人利益最大化的需求。同时，他也指出家庭的界限，一般是五服之内。②这样看来，他的家庭又类似于一种大家庭或者家族的概念。实际

---

① 作者这种概括方式参阅了陈奕伦《无道德社会的启示》一文中关于爱德华·班菲尔德关于"无道德家庭主义"社会形态的特征概括，这里予以说明。参阅陈奕伦《无道德社会的启示》，共识网，2011年8月8日。

② 盛洪：《论家庭主义》，爱思想网，2008年1月9日。

上，中国农民的"家庭"（这里是仅作为一种代称）边界是很清晰的，是以户为单位，并伴随着分家析产而进行边界的界定。而类似于五服之内同为一家的说法，主要是指农民的家或者家族在观念世界里的界限。具体的农民"家庭"边界与实体就是家户。而"家庭"成员的行为动机也不是追求家庭利益的最大化。正如杨懋春的研究所指出的，中国的家庭，尤其是中国的农村家庭，不完全是指生活在一起的一群人，而是家庭成员、家庭财产、家庭牲畜、家庭声誉、家庭传统和家庭神祗构成的复杂组织。[①]因此，农民针对不同的"家庭"利益内容会产生不同的利益需求结构，如农民基于村庄规范并不会选择追求"家庭"利益的最大化，而是相对的"家庭"利益的增益，这种增益在特定情况下包括"家庭"利益的最大化。陈辉的研究也表明，中国农民日常生活中的家庭主义，主要是以家庭利益为本位和皈依，而不是一味追求家庭利益的最大化。[②] 在中国农村研究中，以农民日常生活为考察，家庭主义的准确概括和表述应该是家户主义，这样中国农民的"家庭"界限才是一个利益边界明确的实体，农民追求的是家户利益，而不是指代模糊的家庭利益。

中国农村研究中对家庭主义的强调和重视，主要是为了突出中国农村家庭的特殊性，以区别于西方社会的个人主义和东方社会的集体主义的研究范式。但是家庭主义概念本身并不是一种特定指代中国农村家庭制度特质的名词，在欧美社会的研究中也存在家庭主义，它并不是中国农村社会的特指。虽然西方社会以个人主义著称，但是在个人主义出现以前，西方社会也是家庭主义，尤其是在基督教出现以前，家庭是西方社会重要的生产与交换单位。[③] 基督教出现以后，教会取代了部分家庭功能，并形成"教会—家庭主义"。伴随着民族国家对教会的取代，"教会—家庭主义"演变为"国家—家庭主义"。[④] 工业化，尤其是二次世界大战以后，西方

---

① 杨懋春：《一个中国村庄——山东台头》，张雄等译，江苏人民出版社2012年版，第45—46页。

② 陈辉：《"过日子"：农民的生活哲学——关于黄炎村日常生活中的家庭主义》，博士学位论文，华东理工大学，2013年。

③ 陈志武：《关于盛洪"论家庭主义"的评论》，《新政治经济学评论》2008年第2期。

④ R. Lenoir, Généalogiedela Morale Familiale, Paris: Seuil/Liber, 2003, pp.232—261. 援引于韩央迪：《家庭主义、去家庭化和再家庭化：福利国家家庭政策的发展脉络与政策意涵》，《南京师大学报（社会科学版）》2014年第6期。

社会开始出现大规模"去家庭主义"倾向。[1] 西方社会中的这种家庭主义的研究和讨论主要是同西方社会福利国家的政策与实践密切结合在一起的。正如陈志武的研究所暗示的,西方"家庭主义"主要是指福利供给过程中家庭作为主要责任者为其成员提供福利的价值观与实践原则。[2] 这里的家庭主义突出的是家庭福利功能、宗教福利功能以及国家福利功能之间的转换。它并不是指代一种稳定的并扩展到基层治理秩序的家庭制度,只是从家庭的福利供给功能来演变出西方社会福利供给模式的变迁。因此,这里的家庭主义同中国的"家庭主义"之间存在明显的区别和不同,中国的"家庭主义"是一种稳定的、长期存在的制度结构与秩序。所以,家庭主义并不能成为中国农村社会的特殊性概括,这样容易引发歧义。家户主义才是中国农村社会的本质概括。

在欧美,关于家庭主义研究的另一个代表性人物是美国政治学家爱德华·班菲尔德。他通过对意大利南部村落的社会调查,出版了《落后社会的道德依据》一书,并提出了"无道德家庭主义"的社会形态,即在这种形态下,人们都只是关注自己的小家庭利益而完全忽视其他社会成员或团体的利益。[3] 在这本著作里,班菲尔德列出了无道德家庭主义的种种社会现象,包括个人层面的、社会层面、政治层面以及体制层面等。[4] 陈奕伦的研究认为,当前中国农村社会所经历的社会事实同班菲尔德的无道德家庭主义具有很大的相似性。作者的研究也发现陈村的家户主义同班菲尔德的无道德家庭主义在某些方面具有相似性,但是两者存在本质的区别。班菲尔德的家庭主义是基于意大利南部村落的一种社会现象的概括,这种现象并不是意大利一直以来都存在的家庭制度模式的反映。它是意大利统一后,南方形成的地主阶级和自耕农都缺乏管理土地的兴趣,进而导致土地分割以后没有一个农场可以养活一个家庭的现状。在这种现状下,每个农民都关注本家庭的生存与现实利益,而缺少对社区与政治的兴趣。

---

[1] 韩央迪:《家庭主义、去家庭化和再家庭化:福利国家家庭政策的发展脉络与政策意涵》,《南京师大学报(社会科学版)》2014年第6期。
[2] 陈志武:《关于盛洪"论家庭主义"的评论》,《新政治经济学评论》2008年第2期。
[3] 陈奕伦:《无道德社会的启示》,共识网,2011年8月8日。
[4] 参阅陈奕伦《无道德社会的启示》一文中关于班菲尔德"无道德家庭主义"社会现象的概括,共识网,2011年8月8日。

中国农民的家户主义，则是在中国过去几千年土地制度、户籍制度以及基层治理制度中发育出来的，它是一种制度的历史惯性[①]，而不是一种阶段性的社会现象。作者提出家户主义并不否认家庭主义在世界各国存在的合理性，更不是突出家庭主义是中国社会的特质，作者强调的是家户主义，这种家户主义同世界其他国家的家庭主义之间存在本质的区别，这就是中国家庭主义的特殊性。

在中国农村研究，与家庭主义相对应，一些学者提出了新家庭主义的概念。新家庭主义者认为，与传统中国多代家庭成员同居不同，当前中国家庭主义主要是核心家庭。[②] 新家庭主义的兴起同中国农村社会的个体化研究密切相关，新家庭主义往往被看成是中国农村社会个体化趋势的表现与象征。[③] 而实际上，当前中国农村的家庭结构并不是以核心家庭为主。黄宗智的研究证实了作者的这种观点，他认为当代中国社会是多种家庭结构的组合，而主体依然是"家庭户"，尤其是当前"家庭户"有增加的趋势。[④] 黄宗智的"家庭户"其本质就是家户，家户可以包含一个核心家庭，也可以包括多个核心家庭，这里的"家庭"主要是指夫妻家庭，是一种生物家庭。从陈村的情况来看，多个家庭组成的家户确实在增加，很多年轻人结婚以后不愿意分家，尤其是独生子女，更是同父母居住在一起。所以，新家庭主义的提法还是值得考虑的。而家户主义则是比较具体的边界清晰的概念，也更适合中国农村社会的分析与研究。

---

① 徐勇：《中国家户制传统与农村发展道路——以俄国、印度的村社传统为参照》，《中国社会科学》2013年第8期。

② 参阅康岚《代差与代同：新家庭主义价值的兴起》，《青年研究》2012年第3期；谭同学《桥村有道——转型乡村的道德权力与社会结构》，生活·读书·新知三联书店2010年版；陈辉《"过日子"：农民的生活哲学——关于黄炎村日常生活中的家庭主义》，博士学位论文，华东理工大学，2013年，等等。

③ 参阅阎云翔《私人生活的变革——一个村庄里的爱情、家庭与亲密关系（1949—1999）》，上海书店出版社2006年版；[挪威]贺美德、鲁纳《"自我"中国——现代中国社会中个体的崛起》，许烨芳等译，上海译文出版社2011年版；沈奕斐《个体化与家庭关系的重构——以上海为例》，博士学位论文，复旦大学，2010年，等等。

④ 黄宗智：《中国的现代家庭：来自经济史和法律史的视角》，《开放时代》2011年第5期。

三 家户主义、公共性与中国农村发展道路

家户主义是中国农村社会的特质,更是中国农民日常生活、治理与政治行为的基本状态。可以说,中国农村社会是一个充斥着家户主义逻辑的社会。这也充分回应"米格代尔命题"在中国现代化进程中留下的疑问。在日常生活情境下,中国农民参与外部制度生活的基本依据是家户利益,并由此形成家户主义的村庄治理逻辑与农民政治形态。仅以中国为对象,"米格代尔命题"的完整答案便是农民参与一切外部治理与政治生活的基本行为逻辑是家户主义。家户主义的存在使得中国农村的现代化具有同欧美国家不同的道路与方式。按照欧美等国家现代化进程的逻辑,在现代化进程中国家政权与市场化会分别从不同的层面促进社会内部个体的崛起,其标志是个体不断地脱离家庭、家族等依附性的团体,成为一个独立、自由与拥有自我权利主张的个体。然而中国农村社会的现代化进程,却不是个体主义的兴起,而是家户主义的兴起。

一方面,19 世纪末期以来,国家政权对于农村治理与政治结构的建构一直没有成功。直到现在我们依然没有走出杜赞奇曾经指出的——清末民初,国家政权强行渗透到中国农村社会之后而导致农村秩序的崩溃,即当国家摧毁传统的一套农村秩序体系之后,并没有建立一套新的能够替代传统秩序体系的有效方式。[①] 这就说明中国的国家政权建设从那时起,就没有真正实现对农村秩序与价值的重新整合。任何基于国家政权建构的治理体制与组织结构的功能都慢慢被村庄内部的家户主义逻辑所蚕食。相反,国家政权对原有基于家户主义逻辑建构起来的农村治理与政治秩序的否定和打击,却进一步将传统家户主义暴露在日常生活之中。家户主义如同被释放的关在笼子里的猛兽,我们一时间无法控制。也就是从那时起,现代化进程中的民族国家的建构意志似乎已经超越了村庄意志。配合现代化进程,我们的视角都被卷入了国家政权建设的这样的建构农村的偏执,甚至带有一些不尊重中国农村传统与特质的现代性傲慢。我们忽视中国农

---

① [美]杜赞奇:《文化、权力与国家——1900—1942 年的华北农村》,王福明译,凤凰出版传媒集团、江苏人民出版社 2010 年版,第 23 页。

村的制度原型，于是我们好像在这里迷了路。改革以后，国家政权从农村社会的逐渐退出，以及对于农民家庭经济制度的承认和对农民经济、文化、社会等权利的政策赋予，又反过来进一步强化了传统家户主义在当代的兴起。在传统中国社会，家户主义秩序依赖的是家长权威。现代民族国家建构，意图用国家权威来取代家长权威，但却没有尊重中国农村的本原型制度，并没有成功。之后，国家政权又试图尊重中国农村自治的传统，但却是在基于西方民主理念的基础上建构这种自治体系与秩序。伴随着国家政权从农民生活领域的退出，这种自治体系与秩序不但没有解决原有的问题，反而进一步强化了农民的家户主义。所以，无论是改革之前的国家政权对农村社会的渗透，还是改革之后国家政权从农村社会的退出，由于没有尊重中国农村的本源性制度，中国现代化民族与民主国家的建构[①]都在事实上促进了农村家户主义赤裸裸的成长与兴起。

另一方面，现代化的重要力量——市场化也并没有如同我们期望的那样将农民从家户中解脱出来，成为一个具有独立主体意义上的现代公民。按照西方社会的现代化，市场化的过程必然会促进个体的觉醒，这种个体能够为现代公共治理与政治提供新生的主体，并逐渐成长为现代公共性的中间力量。但是，市场化在中国农村却同家户主义结合到一起。从陈村的情况来看，市场化不但没有促进中国农村社会的个体化，反而是强化了农民的家户主义传统。农民不断将自身的行为目标从外部退回到家户内部，进而进一步弱化农村社会的公共性。但是市场化过程又需要农民具有现代公共精神，以此来组织起来应对各种外部的不确定的风险。在家户主义的影响下，市场化进程在中国农村关于公共性的塑造方面出现了悖论。

不论是现代化进程中的国家建构还是市场化，现代化在中国农村社会发育出来的并不是个体主义，而是赤裸裸的家户主义。而家户主义同公共性之间则是冲突的。正如张静的研究所认为的中国的"家庭主义"无法推演出基于个体的公共性规则，在此基础上建构的也并不是公共社会。[②]从陈村的公共治理来看，家户主义确实无法发育出现代性的公共规则。这

---

① 徐勇：《现代国家的建构与村民自治的成长——对中国村民自治发生与发展的一种阐释》，《学习与探索》2006年第6期。

② 张静：《公共性与家庭主义——社会建设的基础性原则辨析》，《北京工业大学学报（社会科学版）》2011年第3期。

样一来，我们就能够很好地解释为什么村民自治制度以及现代农村治理机制无法在农村获得活力，也进一步地厘清中国农村公共治理与政治困境的根本原因在哪里。

家户主义的存在使得我们必须重新认识很多我们已经普遍接受的观念。徐勇教授的研究已经很好地回答了中国传统家户主义同国家政治、村庄治理、农业经济结构等各个方面的关系。那么，我们要如何认识当代农民家户主义同中国农村发展道路之间的关系呢？这是"徐勇命题"留给作者的思考。从本书来看，家户主义同中国农村公共治理的关系，已经很好地呼应了这一命题。

家户主义的存在源于中国几千年的家户制传统，这种本源性的制度具有深厚的历史根基以及观念根基。即使是在中国共产党推行的集体化政治运动，也只是剪掉了家户主义的枝蔓，而家户主义的根与茎依然存在，并在农村市场化快速发展的今天得到了新的发展。那么，我们不得不思考，中国农村发展是不是要遵循中国农村本源性的文化制度呢？如果不遵循这种本源性制度，我们又无法提供新的可供替代的价值与秩序基础，中国农村又谈何发展。村民自治曾经被认为是中国农村政治发展的创新性革命，但是几十年的实践，依然在回应着当初的老问题，问题依然还是问题。表面上，看似具有民主形态的中国农村获得了价值与秩序上的生命力，而实际上的农村日常政治秩序依然死气沉沉，没有活力。问题的关键在于我们一直忽视了对于中国农村家户主义本源性制度的认识与研究，才导致我们如今的农村公共治理与民主政治走了许多的弯路。中国农村发展道路绕不开家户主义，中国农村治理与政治的发展必须一方面正视农民的家户主义逻辑；另一方面又必须找到限制农民家户主义过度膨胀而导致的对于公共性规则的破坏，并找到家户主义同公共现代性公共规则之间的一个利益均衡点。这可能是未来中国农村发展道路要关注的重点。

当然，有人会疑问尊重中国农村传统的本源性制度，是不是又回到了传统呢？这还算是中国农村的发展吗？尊重本源性制度并不是要回到传统，发展也不是要摒弃传统。对传统的过分偏见，那是现代性的人为逻辑。现代性与传统之间的争论其实已经结束，两者之间并不存在必然性的冲突。现代性不是排斥传统，他排斥的是阻碍社会发展的因子。同样，传统并不意味着会阻碍社会的发展，人类的一切经验与知识都是来源于对传统的尊重。尊重农村的本源性制度，就是要尊重中国农村的行动与秩序逻辑，在此逻辑的基础上找到最有利于中国农村政治发展的路径与方式，而不是一味追求西方民主理念。西方民主理念与价值源于西方社会的个人主义的本源性制度，而并不一定适合中国农村与农民。中国农村发展需要什么样的政治体制以及政治文化结构，必须尊重中国农村自己的本源性制度逻辑。我们只有知道自己是谁，自己来自那里，才能知道自己将要去何处。中国农村研究是应该真正进入"认识自己"的时代了。

四 "家户—国家"：一个中国农民政治研究分析框架

本书的研究具有一定的前置条件，它研究的是普通村庄里的农民，不泛指已经离开村庄的农民，也不是指特殊地域里村庄的农民，如城乡结合部的村庄或者城中村。由于陈村属于皖北平原地区，至于山区的农村或者南方的农村是否具有这种普遍的家户主义逻辑，本书的研究目前并不能给出肯定的回答。本书中涉及的关于中国农村的概述，都是泛指同陈村结构及其地域相似的村庄。村庄里的农民在日常生活、村庄治理以及政治层面表现出来的家户主义逻辑，可以为我们开展中国农民政治研究提供一个新的分析框架，在徐勇教授家户主义分析框架的基础上，作者将其完善为"家户—国家"的分析框架，它采用的研究视角与方法是家户主义，区别于目前中国农村研究中流行的制度主义、精英主义、文化主义、家族主义以及个体主义等研究方法。

家户主义认为农民基本行为单位是家户，而不是个人或者是家族。这种家户动机与行为，不仅仅源于日常生活，更加渗透到村庄公共治理与政治层面，进而形塑了底层农民与国家的关系形态。"家户—国家"分析框架不同于"国家—社会"的分析框架。后者源于西方社会科学领域，其关系的本质是国家与市民社会，而市民社会又是建立在个人主义的基础之上。这一分析框架虽然有利于我们将研究的视野转向底层社会，但其内含的逻辑假设则同中国的实际村情不符。因为中国农村社会的单元不是个人，而是家户，社会内部发育出的不是个人主义，而是家户主义。"国家—社会"的分析框架在农村研究中不仅容易陷入个人主义困境，而且容易屏蔽中国传统的制度原型。站在个人主义的视角看中国农村社会和站在家户主义视角看中国农村社会，完全是两个不同的结果。从国家与社会分析框架引入中国本土到如今，虽然它本身经过了一些改进，如国家建构理论、"第三领域"理论以及"过程—事件"方法等，但这一分析框架并没有为解决中国农村实际问题做出太多的贡献。

"家户—国家"的分析框架认为，农民在初级治理中是通过家户利益的损益程度来决定其行为的效度，并决定是否与国家治理发生实质性的互动关系。它强调家户是理解中国农民与农村问题的核心单位，研究的方向是以农民家户视角认识中国农民与村庄的关系、农民与地方治理的关系以及农民与国家的关系。它以家户分析为起点，以国家治理为终点，以农民微观行为为支撑。它研究的重心是以农民为主体、村庄为主位的底层日常生活世界，回应的重点是农民与国家的关系本质以及国家如何面对这种关系。

"家户—国家"分析框架研究的主题是日常生活中的农民治理与政治行为的逻辑及其结构，它将农民的治理与政治行为分为三个层次，即农民与家户、家户与村庄、家户与国家（包括地方政府）。同以往的分析框架不同，"家户—国家"分析框架将分析视角与解释单位集中于具有中国本土制度特色的"家户"层面。这一变革在分析方法上摆脱了西方分析框架与概念中自由主义与个人主义的文化偏见。这并不是否定西方科学理论对中国农村研究的贡献，而是将研究的方法与视角放在本土文化特质的基础上来解释本土行为模式，以尽量避免或纠正我们在中国农民行为研究中的解释偏差。另一方面，它有助于我们从本质上认识中国农民在日常治理中的行为习惯、方式与结构。从中国农村研究兴起到现在，一直忽视中国农民在农村治理中的主体地位。很多研究名为研究农民，实为研究农村政策、研究农村精英、研究农村体制等。而关于小农特质的研究，如理性小农、生存小农、商品小农等，也主要是从外部引用过来的概念，存在很多解释上的局限。正是因为中国农村研究缺少对中国农民主体的实质性关注，缺少对中国农村历史制度原型的实质性研究，才使得中国农村研究出现"无根"状态。

"家户—国家"分析框架的建构并不仅仅是去解释中国农民的基本行为逻辑与结构，它还要求回应中国农民行为的特殊性，这种特殊性包括两个层面：一是回应以往研究方法与解释理论的局限；二是回应中国农民与国外农民在治理底色与制度层面的本质差异。这就赋予了"家户—国家"分析框架的比较视野，它是该分析框架的特色之一。因为它本质上就是一种本土化的解释模型，而本土化的核心就在于比较的国际视野。本土化并不是执拗于地域的小圈子、理论的小圈子、视野的小圈子。正相反，真正的本土化研究要具有宏大的理论比较视野，具有世界不同地区文化与制度的关怀。

从陈村的研究结论来看，"家户—国家"的分析框架具有一定的可行性，它能够为我们重新认识中国农民与中国农村提供新的视角和理论分析工具。这也是本书研究在方法论层面上的一个发现。尤其是非集体化之后，伴随着国家政权从农民生活领域的退出，家户经济的回归以及农村市场化的快速推进，中国农村社会进入一个快速的家户主义时代。与家户主义时代相伴随的便是家户消费的膨胀和由消费膨胀引发的消费社会的到来，反过来又促进了中国农民家户同现代性以及后现代之间的联系。从未来中国农村的发展趋势来看，家户主义将长期存在并会同新的时代要素相结合。这更加说明了"家户—国家"分析框架的重要性与可行性。中国农民政治具有传统家户制文化的特质，但是现代家户主义不是一成不变的，家户主义在中国农村社会如同一个大熔炉，可以将各种各样的制度、文化以及价值体系家户化，并转化为家户发展的动力，成为家户利益的一部分。相反，正是因为农民对于家户利益的重视以及家户主义的长期存在，才使得中国农民不会成为外部文化与意识形态的附属品。中国农村社会的家户是一个独立的实体，这种实体，基于自治的功能，有利于政治的稳定，并不会被外来的意识形态所控制或者同化。但是这种家户主义存在也有其不利的一面，即它不会为现代政治发展提供足够的动力，不会为地方公共治理提供一致的集体行动。当然，这最终要取决于我们如何处理家户主义同现代公共治理与政治的关系。

参考文献

专著类

［美］巴林顿·摩尔：《民主和专制的社会起源》，拓夫、张东东等译，华夏出版社1987年版。

［美］杜赞奇：《文化、权力与国家——1900—1942年的华北农村》，王福明译，凤凰出版传媒集团、江苏人民出版社2010年版。

［美］埃莉诺·奥斯特罗姆：《公共事物的治理之道——集体行动制度的演进》，于逊达等译，上海译文出版社2012年版。

［美］E. A. 罗斯：《变化的中国人》，李上译，电子工业出版社2012年版。

［美］费正清：《美国与中国》，张理京译，世界知识出版社2008年版。

［美］弗兰西斯·福山：《政治秩序的起源——从前人类时代到法国大革命》，毛俊杰译，广西师范大学出版社2012年版。

［美］黄宗智：《华北的小农经济与社会变迁》，中华书局2009年版。

［美］黄宗智：《长江三角洲小农家庭与乡村发展》，中华书局2006年版。

［美］韩书瑞：《千年末世之乱：1813年八卦教起义》，陈仲丹译，凤凰出版传媒集团、江苏人民出版社2010年版。

［美］韩书瑞：《山东叛乱——1774年王伦起义》，唐雁超译，凤凰出版传媒集团、江苏人民出版社2009年版。

［美］韩丁：《翻身——中国一个革命村庄的纪实》，韩倞等译，北京出版社1980年版。

［美］詹姆斯·斯科特：《弱者的武器》，郑广怀等译，凤凰出版传媒

集团、译林出版社 2007 年版。

［美］卡尔·波兰尼：《大转型——我们时代的政治与经济起源》，冯钢等译，浙江人民出版社 2007 年版。

［美］李怀印：《华北村治——晚清与民国时期的国家与乡村》，中华书局 2008 年版。

［美］李丹：《理解农民中国——社会科学哲学的案例研究》，刘东等译，凤凰出版传媒集团、江苏人民出版社 2010 年版。

［美］曼瑟尔·奥尔森：《集体行动的逻辑》，陈郁等译，上海三联书店、上海人民出版社 1995 年版。

［美］明恩傅：《中国的乡村生活》，陈午晴、唐军译，电子工业出版社 2012 年版。

［美］马克·格兰诺维特：《镶嵌——社会网与经济行动》，罗家德译，社会科学文献出版社 2007 年版。

［美］裴宜理：《华北的叛乱者与革命者（1845—1945）》，池子华、刘平译，商务印书馆 2007 年版。

［美］塞缪尔·P. 亨廷顿：《变化社会中的政治秩序》，王冠华等译，上海世纪出版集团 2010 年版。

［英］齐格蒙特·鲍曼：《共同体》，欧阳景根译，凤凰出版传媒集团、江苏人民出版社 2007 年版。

［英］莫里斯·弗里德曼：《中国东南的宗族组织》，刘晓春译，上海人民出版社 2000 年版。

［法］安德烈·比尔基埃等主编：《家庭史》（上册），生活·读书·新知三联书店 1998 年版。

［挪威］贺美德、鲁纳：《"自我"中国——现代社会中个体的崛起》，许烨芳等译，上海译文出版社 2011 年版。

［日］滋贺秀三：《中国家族法原理》，张建国等译，法律出版社 2003 年版。

［日］尾形勇：《中国古代的"家"与国》，张鹤泉译，中华书局 2011 年版。

［日］韩敏：《回应革命与改革——皖北李村的社会变迁与延续》，徐新玉、陆益龙译，凤凰出版传媒集团、江苏人民出版社 2007 年版。

［加］朱爱岚：《中国北方村落的社会性别与权力》，胡玉坤译，凤凰出版传媒集团、江苏人民出版社2010年版。

［加］伊莎白·克鲁克、［英］大卫·克鲁克：《十里店（一）——中国一个村庄的革命》，龚厚军译，上海人民出版社2007年版。

J.米格代尔：《农民、政治与革命——第三世界政治与社会变革的压力》，李玉琪、袁宁译，中央编译出版社1996年版。

丹尼斯·舍曼、A.汤姆·格伦拉尔德、拉杰尔德·马克维茨、戴维·罗斯纳、琳达·海伍德：《世界文明史》，李义天、黄慧、王娜译，中国人民大学出版社2012年版。

凯特·纳什、阿兰·斯科特：《布莱克维尔政治社会学指南》，李雪等译，浙江人民出版社2007年版。

曹锦清：《黄河边的中国——一个学者对乡村社会的观察与思考》，上海文艺出版社1999年版。

程同顺：《当代中国农村政治发展研究》，天津人民出版社2000年版。

陈其南：《家族与社会——台湾与中国社会研究的基础理念》，允晨出版公司1990年版。

邓大才：《小农政治：社会化小农与乡村治理——小农社会化对乡村治理的冲击与治理转型》，中国社会科学出版社2013年版。

丁卫：《复杂社会的简约治理——关中毛王村调查》，山东人民出版社2009年版。

丁文：《家庭学》，山东人民出版社1997年版。

杜正胜主编：《中国式家庭与社会》，黄山书社2012年版。

费孝通：《乡土中国》，上海世纪出版集团2011年版。

费孝通：《江村经济》，上海世纪出版集团2011年版。

冯友兰：《新事论》，（台湾）商务印书馆1967年版。

葛兆光：《古代中国文化讲义》，复旦大学出版社2012年版。

何兹全：《中国古代社会》，北京师范大学出版社2007年版。

韩敏：《回应革命与改革——皖北李村的社会变迁与延续》，凤凰出版传媒集团、江苏人民出版社2007年版。

何包纲、郎友兴：《寻找民主与权威的平衡》，华中师范大学出版社

2002 年版。

贺雪峰：《村治模式——若干案例研究》，山东人民出版社 2009 年版。

胡荣：《理性选择与制度实施》，上海远东出版社 2001 年版。

教育部社会科学委员会秘书处编：《国外高校人文社会科学发展报告 2008》，高等教育出版社 2008 年版。

梁漱溟：《乡村建设理论》，上海世纪出版集团、上海人民出版社 2012 年版。

梁漱溟：《中国文化要义》，上海世纪出版集团 2008 年版。

李景汉：《北平郊外之乡村家庭》，商务印书馆 1929 年版。

李培林：《村落的终结》，商务印书馆 2004 年版。

李银河：《生育与村落文化》，文化艺术出版社 2003 年版。

李亦园、杨国枢主编：《中国人的性格》，江苏教育出版社 2006 年版。

林耀华：《金翼——中国家族制度的社会学研究》，生活·读书·新知三联书店 2008 年版。

林耀华：《义序的宗族研究》，生活·读书·新知三联书店 2000 年版。

雷洁琼：《改革以来中国农村婚姻家庭的新变化》，北京大学出版社 1994 年版。

麻国庆：《家与中国社会结构》，文物出版社 1999 年版。

潘允康：《社会变迁中的家庭》，天津社会科学院出版社 2002 年版。

秦晖：《传统十论——本土社会的制度文化与其变革》，复旦大学出版社 2003 年版。

瞿同祖：《中国法律与中国社会》，中华书局 1981 年版。

孙立平：《断裂——20 世纪 90 年代以来的中国社会》，社会科学文献出版社 2003 年版。

谭同学：《桥村有道》，生活·读书·新知三联书店 2010 年版。

王沪宁：《当代中国村落家族文化：对中国社会现代化的一项探索》，上海人民出版社 1991 年版。

王铭铭：《社区的历程——溪村汉人家族的个案研究》，天津人民出版社 1997 年版。

王玉德、王锐编著：《宅经》，中华书局 2013 年版。

王铭铭：《走在乡土上——历史人类学札记》，中国人民大学出版社 2003 年版。

吴毅：《村治变迁中的权威与秩序——20 世纪川东双村的表达》，中国社会科学出版社 2006 年版。

文军主编：《西方社会学理论：经典传统与当代转向》，上海人民出版社 2007 年版。

徐勇：《包产到户沉浮录》，珠海出版社 1998 年版。

徐勇：《非均衡的中国政治：城市与乡村比较》，中国广播电视出版社 1992 年版。

徐勇、马华：《南农实验：农民的民主能力建设》，中国社会科学出版社 2011 年版。

徐勇：《中国农村村民自治》，华中师范大学出版社 1997 年版。

徐勇主编：《中国农村调查——百村十年观察（2009 年上卷）》，西北大学出版社 2009 年版。

徐扬杰：《中国家族制度史》，武汉大学出版社 2012 年版。

许烺光：《中国人与美国人》，华夏出版社 1989 年版。

肖唐镖：《宗族政治——村治权力网络分析》，商务印书馆 2010 年版。

阎云翔：《礼物的流动——一个中国村庄中的互惠原则与社会网络》，李放春、刘瑜译，上海人民出版社 2003 年版。

阎云翔：《中国社会的个体化》，陆洋等译，上海译文出版社 2012 年版。

阎云翔：《私人生活的变革：一个中国村庄里的爱情、家庭与亲密关系（1949—1999）》，龚小夏译，上海书店出版社 2006 年版。

杨懋春：《一个中国村庄——山东台头》，张雄等译，江苏人民出版社 2012 年版。

杨美惠：《礼物、关系学与国家——中国人际关系与主体性建构》，赵旭东等译，江苏人民出版社 2012 年版。

杨中芳：《如何理解中国人》，重庆大学出版社 2009 年版。

俞可平：《治理与善治》，社会科学文献出版社 2000 年版。

于琨奇：《战国秦汉小农经济研究》，商务印书馆2012年版。

于建嵘：《岳村政治——转型时期中国乡村政治结构的变迁》，商务印书馆2005年版。

庄孔韶：《银翅——中国的地方社会与文化变迁》，生活·读书·新知三联书店2000年版。

赵红军：《小农经济、惯性治理与中国经济的长期变迁》，格致出版社、上海人民出版社2010年版。

张乐天：《告别理想：人民公社制度研究》，上海人民出版社2005年版。

张静：《基层政权：乡村制度诸问题》，上海世纪出版集团、上海人民出版社2007年版。

翟学伟：《中国人的脸面观——形式主义的心理动因与社会表征》，北京大学出版社2011年版。

论文类

陈志武：《关于盛洪"论家庭主义"的评论》，《新政治经济学评论》2008年第2期。

陈辉：《"过日子"：农民的生活哲学——关中黄炎村日常生活中的家庭主义》，华东理工大学博士学位论文，2013年。

陈奕伦：《无道德社会的启示》，共识网，2011年8月8日。

陈明：《圈层社会：村民自治研究一项新的理论尝试——基于"圈层"研究与农村社会研究单位的创新》，《理论与改革》2011年第6期。

陈明：《圈层生活中的民主：农村选举的运行逻辑》，《华南农业大学学报（社会科学版）》2014年第4期。

陈明：《村民自治："单元下沉"抑或"单元上移"》，《探索与争鸣》2014年第12期。

邓大才：《社会化小农：一个尝试的分析框架——兼论中国农村研究的分析框架》，《社会科学研究》2012年第4期。

董海军：《"作为武器的弱者身份"：农民维权抗争的底层政治》，《社会》2008年第4期。

董海军：《依势博弈：基层社会维权行为的新解释框架》，《社会》

2010年第5期。

董磊明：《从覆盖到嵌入：国家与乡村1949—2011》，三农中国网，2012年12月11日。

费孝通：《论中国家庭结构的变动》，《天津社会科学》1982年第3期。

费孝通：《人的研究在中国》，《读书》1990年第10期。

郭正林：《当代中国农民政治参与的程度、动机及社会效应》，《社会学研究》2003年第3期。

郭正林：《当代中国农村政治研究的理论视野》，《中共福建省委党校学报》2003年第7期。

黄宗智：《集权的简约治理——中国以准官员和纠纷解决为主的半正式基层行政》，《开放时代》2008年第2期。

黄宗智：《中国的现代家庭：来自经济史和法律史的视角》，《开放时代》2011年第5期。

黄振华：《中国农户：功能变迁与政府介入——以龙村8户调查为基点》，华中师范大学博士学位论文，2013年。

贺雪峰：《乡村治理研究与村庄治理研究》，《地方财政研究》2007年第3期。

贺雪峰：《论中国农村的区域差异——村庄社会结构的视角》，《开放时代》2012年第10期。

韩央迪：《家庭主义、去家庭化和再家庭化：福利国家家庭政策的发展脉络与政策意涵》，《南京师大学报（社会科学版）》2014年第6期。

郝云宏、杨松：《基于"家族理性"和广义"利他主义"的家族企业内部信任冲突分析》，《福建论坛（人文社会科学版）》2007年第2期。

郝亚光：《回应"徐勇命题"：中国农村"两减一增"的缘由——以农业生产社会化为视角》，《中国农村研究》，2014年上卷。

金太军、董嘉明：《近年来的中国农村政治研究》，《政治学研究》1999年第4期。

焦长权：《政权"悬浮"与市场"困局"：一种农民上访行为的解释框架——基于鄂中G镇农民农田水利上访行为的分析》，《开放时代》2010年第6期。

康岚：《代差与代同：新家庭主义价值的兴起》，《青年研究》2012年第3期。

李国庆：《关于中国村落共同体的论战——以"戒能—平野论战"为核心》，《社会学研究》2005年第6期。

李银河：《个人本位、家本位与生育观念》，《社会学研究》1993年第2期。

李云：《国外中国农民政治行为研究述评》，《学术论坛》2010年第7期。

李东：《家族理性与家族企业》，《政治经济学评论》2004年第7辑。

李东：《经济责任：个人理性与家族理性的不同理解》，《自然辩证法研究》2006年第2期。

罗兴佐：《农民行动单位与村庄类型》，《中国农村观察》2006年第3期。

郎友兴：《改革、市场经济与村庄政治》，《浙江社会科学》2010年第11期。

刘南平：《论文的骨髓与皮囊》，中国好学者网，2015年2月4日。

毛丹：《村落共同体的当代命运：四个观察维度》，《社会学研究》2010年第1期。

毛丹：《村庄的大转型》，《浙江社会科学》2008年第10期。

麻国庆：《拟制的家与社会结合——中国传统社会的宗族、行会与秘密结社》，《广西民族学院学报（哲学社会科学版）》1999年第2期。

彭成兰：《论中国农民政治心态的现代转型》，《学术论坛》2006年第7期。

沈延生：《村政的兴衰与重建》，《战略与管理》1998年第6期。

沈奕斐：《个体化与家庭关系的重构——以上海为例》，复旦大学博士论文，2010年。

盛洪：《论家庭主义》，爱思想网，2008年1月9日。

申端锋：《农民行动单位视域中的小亲族——以鲁西南S村为表述对象的个案呈现与理论阐释》，《江海学刊》2007年第4期。

田先红：《从维权到谋利——农民上访行为逻辑变迁的一个解释框架》，《开放时代》2010年第6期。

吴毅：《"权力—利益的结构之网"与农民群体性利益的表达困境——对一场纠纷案例的分析》，《社会学研究》2007 年第 5 期。

吴春梅、刘晓杰：《小亲族行为与农村矛盾演进的内在逻辑——基于豫西北 L 村群体性事件的启示》，《科学经济社会》2010 年第 2 期。

吴理财：《中国农村研究：主位意识与具体进路》，《开放时代》2005 年第 2 期。

吴理财：《乡村文化"公共性消解"加剧》，《人民论坛》2012 年第 10 期。

王跃生：《制度变革、社会转型与中国家庭变迁——以农村经验为基础的分析》，《开放时代》2009 年第 3 期。

王润平：《当代中国家庭变迁中的文化传承问题》，吉林大学博士学位论文，2004 年。

王洪伟：《当代中国底层社会"以身抗争"的效度和限度分析——一个"艾滋村民"抗争维权的启示》，《社会》2010 年第 2 期。

徐勇：《中国家户制传统与农村发展道路——以俄国、印度的村社传统为参照》，《中国社会科学》2013 年第 8 期。

徐勇：《现代国家的建构与村民自治的成长——对中国村民自治发生与发展的一种阐释》，《学习与探索》2006 年第 6 期。

徐勇：《"回归国家"与现代国家的建构》，《东南学术》2006 年第 4 期。

徐勇：《当前中国农村研究方法论问题的反思》，《河北学刊》2006 年第 2 期。

徐勇：《"政策下乡"及对乡土社会的政策整合》，《当代世界与社会主义》2008 年第 1 期。

徐勇：《家族政治：亚洲政治的魔咒》，《学术月刊》2010 年第 12 期。

徐勇：《东方自由主义的发掘——兼评西方话语体系中的"东方专制主义"》，《学术月刊》2012 年第 4 期。

徐勇：《民主：一种利益均衡机制——深化对民主理念的认识》，《河北学刊》2008 年第 2 期。

徐勇：《当代中国农村研究方法论问题的反思》，《河北学刊》2006

年第 2 期。

徐勇、徐增阳：《中国农村和农民问题研究的百年回顾》，《华中师范大学学报（人文社会科学版）》1999 年第 6 期。

徐勇、慕良泽：《田野与政治：实证方法的引入与研究范式的创新——徐勇教授访谈录》，《学术月刊》2009 年第 5 期。

徐勇、吴毅、贺雪峰等：《村治研究的共识与策略》，《浙江学刊》2002 年第 1 期。

徐勇、邓大才：《社会化小农：解释当今农户的一种视角》，《学术月刊》2006 年第 7 期。

徐勇、邓大才：《政治学研究：从殿堂到田野》，载邓正来、郝雨凡（主编）：《中国人文社会科学三十年：回顾与前瞻》，复旦大学出版社 2008 年版。

徐昕：《为权利而自杀：转型期中国农民工的"以死抗争"》，《乡村中国评论》2008 年第 2 期。

于建嵘：《当前农民维权的一个解释框架》，《社会学研究》2007 年第 2 期。

于建嵘：《当代中国农民的"以法抗争"——关于农民维权活动的一个解释框架》，《文史博览（理论）》2007 年第 12 期。

应星：《评村民自治研究的新取向——以〈选举事件与村庄政治〉为例》，《社会学研究》2005 年第 1 期。

应星：《草根动员与农民群体利益的表达机制——四个个案的比较研究》，《社会学研究》2007 年第 2 期。

应星：《"气"与中国乡村集体行动的再生产》，《开放时代》2007 年第 6 期。

杨善华：《家族政治与农村基层政治精英的选拔、角色定位和精英更替》，《社会学研究》2000 年第 3 期。

杨善华：《中国农村现代化进程中的家庭生产功能的变迁——对中国农村的一个跨（亚）文化比较研究》，《北京大学学报（哲学社会科学版）》1991 年第 3 期。

张国钧：《家族主义：中国传统伦理文化的基本精神》，《中国人民大学学报》1990 年第 3 期。

张静：《国家政权建设与乡村自治单位——问题与回顾》，《开放时代》2001 年第 9 期。

张静：《公共性与家庭主义——社会建设的基础性原则辨析》，《北京工业大学学报（社会科学版）》2011 年第 3 期。

张永健：《"家庭生产方式"与中国传统农业社会研究》，《社会学研究》1992 年第 6 期。

庄孔韶等：《中国乡村研究三十年》，《开放时代》2008 年第 6 期。

翟学伟：《人情、面子与权力的再生产——情理社会中的社会交换方式》，《社会学研究》2004 年第 5 期。

翟学伟：《中国人社会行动的结构——个人主义与集体主义的终结》，《南京大学学报（哲学·人文科学·社会科学版）》1998 年第 1 期。

朱学东：《"泛家族主义"的乡土社会逻辑——〈村庄威权与集体制度的延续——"明星村"个案研究〉读后》，《新城乡》2013 年第 5 期。

外文文献

Watson, Andrew. 1984. "Agriculture Looks for 'Shoes That Fit': The Production Responsibility System and Its Implications." In Neville Marxwell, and Bruce McFarlane, eds. 1984. China's Changed Road to Development. Oxford: Pergamon.

Bourdieu, Pierre. 1977. Outline of a Practice. Cambridge, Eng: Cambridge University Press.

Shanoff Barry. Not In My Backyard: The Sequel. Waste Age, 2000 (8): 25—31.

O'Hare M. Not On My Block You Don't: Facility Siting and the Strategic Importance of Compensation. Public Policy, 1977, 24 (4): 407—458.

Anthony Giddens, 1996. T. H. Marshall, the State and Democracy, Martin Bulmer and Anthony Rees ed. Citizenship Today: The Contemporary Relevance of T. H. Marshall. UCL Press.

Michael Mann, 1996. Ruling Class Strategies and Citizenship. Martin Bulmer and Anthony Ress ed. Citizenship Today: The Contemporary Relevance of T. H. Marshall. UCL Press.

Oi, Jean C. & Scott Rozelle 2000, "Elections and Power: The Locus of Decision Making in Chinese Village." The China Quarterly Special Issue; Shi, Tianjian 1999, "Economic Development and Village Elections in Rural China." Journal of Contemporary China, August.

R. Lenoir, Généalogiedela Morale Familiale, Paris: Seuil/Liber, 2003, pp. 232—261.

附 录

陈村所在地区的农谚、方言与歇后语

（一）农谚

农谚是历代劳动人民对生产经验的总结，语句简单，容易流传，是广大农民在耕种上不可或缺的一种宝贵科学，对于农业生产极为重要。据《楚村区志》记载，该地区的农谚主要包括以下几个方面的内容：

1. 关于气候、自然灾害方面的农谚

清明太阳红，粮食收的没处盛（chéng）。

春东风，雨祖宗。

夏至风打转，鲤鱼草棵窜。

春寒多有雨，夏寒断水流。

早起瓦乌云，晌午晒死人。

月润而风，础润而雨。（础，岗底之石的意思）

三伏之中无酷热，定主三冬多雨雪。

一冬无雪，三春有雨。

早起烧霞，晚上沤麻。

日落云彩长，半午听水响。

（正月）初一宜黑四边天，大雪纷飞是旱年，最好立春晴一日，农人耕田不用力。

一九二九不出手，三九四九凌上走，五九六九中心腊，河里冻死连毛鸭，七九八九杨花看柳，九九八十一猫狗寻阴地。

一个雨点一个泡，不收秫秫就收稻。

雨后西南风，三天不落空。

夏至西南风，老鲤鱼奔深坑。

立夏三尺火，夏至火连天。

四月八雨沙沙，河崖（yé）底下种芝麻。

雪花六出，先兆丰年。

鸡睁眼，下到晚。

河里蛤蟆叫，大雨就来到。

东虹风，西虹雨。

一年两头春，三黄贵似金。

东风不过晌，西风渐渐长。

乌云接驾，不阴就下。

人黄有痹，天黄有雨。

天怕晌午晴，人怕老来穷。

明星照烂泥，撑不到明个集。

立夏不夏，棚犁子各耙。

麦怕苞里捂，人怕老来苦。

有钱难买五月旱，六月连阴吃饱饭。

顶风上云，不要问神。

豆子杨花，墒沟张虾。

东明西暗，撑不到吃饭。

云往西雨凄凄，云往东一阵风。

早看东南，晚看西北。（阴晴预兆）

早起浮云走，晌午晒死狗。

种田不怕九月底，只要别下连阴雨。

春性小麦品种好，立冬种麦还可以。

2. 关于选种的农谚

好种子出好苗，好葫芦开好瓢。

家有好品种，不怕老天哄。

种子不挑选，出苗不保险；好种种下田，穗大粒又圆。

赖种种下地，减产人生气。

3. 整地的农谚

深耕土一寸，抵上一遍粪。

整田犁地不认真,庄稼底荒不得根。

土壤板结如埂,庄稼缺苗断垄。

趁墒犁地土壤松,幼苗出土遍地青。

4. 施肥与积肥的农谚

庄稼一枝花,全靠粪当家。

种地不上粪,等于胡瞎混。

一车肥料一车粮,肥料下地粮上场。

肥料到处有,就怕不动手。

春出千车粪,秋收万石粮。

日常不离拾粪筐,打的粮食入满仓。

养猪不赚钱,回头看看田。

多施肥料多打粮,柴草垛儿堆满场。

别问土地壮不壮,先看肥料上不上。

庄稼多上粪,种地不为笨。

5. 播种农谚

夏至种黄豆,一天一夜扛榔头。

白露早,寒露迟,秋分种麦正当时。

大暑前,小暑后,二暑中间种绿豆。

三伏加一秋,晚了绿豆晚不了寒谷。

头伏萝葡二伏菜,三伏荞麦顶锅盖。

佳节清明三月三,葫芦南瓜都冒尖。

清明前后,种瓜种豆。

饿坏爷娘,留好种粮。

八月麦,草上飞;九月麦,鸡爪堆;十月麦土里堆。

6. 中耕除草农谚

犁地不犁墒,必定二面荒。

三日不锄草,十日锄不了。

锄草如上粪,勤锄庄稼嫩。

清明种,谷雨出,立夏三天耪耪耪。

锄地要锄深,耪草要除根。

人误地一时,地误人一年。

锄地猫盖屎，草歪根不死。

7. 农田水利农谚

庄稼年年收，就怕人懒不开沟。

修渠如修仓，蓄水如蓄粮。

有水不怕干，吃饭不靠天。

不把沟渠修，旱涝不保收。

8. 节约农谚

三年不吸烟，省个大老犍。

一顿省一口，十月省一斗。

应该算了吃，不能吃了算。

好年要当荒年过，免得荒年受饥饿。

一钱逼死英雄汉，得意须防失意时。

只叫吃半顿，不叫吃断顿。

吃不穷喝不穷，打算不到就要穷。

一天省一把，十年买匹马。

只学穷人种田，不学富人过年。

9. 收获

三月大麦黄，四月才能尝。

小满不满，忙种不忙管。

夏至风打转，场按十八遍。

秋分不秋分，分镰割豆根。

立春一百，拿镰收麦。

桑葚红吃毛虫，桑葚黑吃新麦（mēi）。（毛虫指大麦的意思）

路旁柳絮飞，四十天吃新麦。

（二）本地方言

有则儿：做事心中有数。

不大会：时间不太长。

咩呀：唤羊声。

黑来：在时间上指晚上，在行为上指乱来的意思。

天拢亮：天刚亮。

红事：婚嫁生子等喜事。

白事：死人丧事。

大闺女：未婚的少女。

半拉橛子：少年。

二黄老头：四五十岁的男人。

现世：出风头、丢丑。

月姥娘：月亮。

弄啥：干什么。

啥家伙：什么的意思，或表示有意见。

（三）本地歇后语

"歪嘴吹火——有点邪气"：喻指事情不该如此。

"卖棺材的咬牙——恨人不死"：喻指人的心狠，做事不留情谊。

"土地爷掉井里——要淘神"：喻指事情变卦，不好处理。

"爷俩盖一个大褂子——胡扯"：喻指说瞎话。

"卖花生的不拿称——想抓抓"：喻指争论不下，想发火，快要打架的意思。

"疤瘌眼照镜子——自找难看"：喻指自找麻烦。

"瞎子赶集——眼中无人"：喻指看不起别人。

"二十一天没出鸡——坏蛋"：喻指不良之人做坏事。

"打绳的摆手——到劲了"：喻指坚持不了了，不行了。

"老牛掉进枯井里——有劲使不上"：指办法有，用不上。

"屋倒砸死个牛——有吃有烧的"：喻指人的日子过好了，生活方面够用的。

"牛笼嘴子打水——漏完了"：喻指讽刺那些出丑相的人。

"脊梁上背鳖子——现鳖像"：喻指人做事没有胆，畏手畏脚。

"鸡窝里插拐杖——捣蛋"：喻指故意破坏。

"稀饭锅里下元子——混蛋"：喻指不懂事，或不会做事。

"小秃头上虱子——明摆着"：喻指问题很明显。

"火车头里的大锅——蒸汽（争气）"

"粪池里冒泡——有沼气（朝气）"

后 记

2008年9月，我求学于中国农村研究的"重镇"——武汉桂子山上的华中师范大学中国农村研究院（原名为"中国农村问题研究中心"）。在这里一待就是七年，这七年赋予了我太多太多的东西——恩情、友情、爱情以及一生将要为此努力的事业。本书的前身是我的博士论文，该书的出版算是对这七年的一个交代，对很多恩师教诲的一个交代，更是对自己求学之路的一个交代。慢慢回忆，从当年初次来到陌生的华师，师从刘义强教授攻读硕士学位，到有幸成为恩师徐勇教授的博士研究生，中间倾注了太多老师们的心血与关怀。只恨自己太过懒散，不够坚持，没有达到各位老师的期盼与要求。

回首在华师的七年求学时光，首先要感谢我的导师徐勇教授。我是一个地地道道的农村娃子，家境贫寒，为了支持我的学习，恩师如父亲般关心我的生活，让我安心做研究。老师的恩情无以为报。听恩师的课，读恩师的文章，都能深切地感受到恩师博闻强识的魅力。恩师往往能用最朴素的语言与最接地气的故事，阐述最晦涩的理论以及表达最具震撼力的观点。恩师更是我人生的导师，记得老师曾经教诲学生，"要将做学问同做事、做人结合起来"、"做学问最关键的是态度，而不仅仅是资质"、"做学问要尊重他人的成果，并以自己扎实的研究来获得同行和后人的尊重"等等。只是自己愚钝，这些教诲还得慢慢体会，努力践行。

本书的研究视角和研究思路都是承袭于恩师。幸得恩师的指点，才得以理清本书的思路、结构以及要解决的问题。记得我最早的博士论文选题是以"消费小农"为主题，试图从农民日常消费行为来揭示农民的治理行为以及政治行为，以此形成消费小农的分析框架。但由于我本人并没有一个完整的思路，且恩师担心我本身的学理基础可能无法支撑目前的研究，之后便放弃了这一选题，并结合自己的调查感想形成了目前的研究主题。其实，我本人在内心并没有放弃"消费小农"这一主题，恩师也鼓励自己以后可以继续思考和研究。在我本人的学术规划中，本书是我关于中国农民研究的三部曲的第一部，三部曲分别是农民政治形态研究——家户政治、农民经济形态研究——消费小农、农民文化形态研究——农民帝国。我将自己的研究对象定位于中国农民，尤其是日常生活中的普通农民。

　　本书的完成，也得益于刘义强老师的具体指导。2008年9月进入华师攻读硕士学位便师从刘义强老师。他极其严格地要求我读书、调查、思考以及写作。没有他一直以来的督促和引导，就没有今天的我，也是在刘义强老师的推荐下考取了徐勇老师的博士研究生。很多的学术思考与灵感都来源于同刘义强老师的交流。更令人难以忘怀的是，刘老师在生活层面无微不至的关怀和帮助。可以说，华师求学期间有三位老师在生活上给予了我亲人般的关怀——徐勇老师、刘义强老师以及刘金海老师。刘义强老师和刘金海老师在我们学生内部被称为"理论二刘"，即在理论研究上有深厚的造诣，为人谦虚，关心学生。刘金海老师是我在硕士期间担任中国农村研究网的主管时深度接触的，当时刘金海老师负责学院的网络管理。由于我家境困难，刘金海老师在生活上给予了很大的帮助。每每想起，都是感恩之情。

　　在华师的七年不仅仅是理论学习和驻村调研，同时还包括研究方法与咨询报告写作的学习。在这方面则感谢邓大才老师给予的指导。在研究生三年级开始有机会跟随邓老师从事农村调查和咨询报告方面的学习。邓老师对学生要求极其严格，强调纪律性、组织性以及团队协作的重要性，尤其是组队调研和咨询报告的写作，都是以团队协作的模式运行的。那段学习的时间是令人难忘的，老师的教诲学生至今尚未遗忘。本书的构思以及关于消费小农的思考也得益于邓老师研究的启发。另外感谢贺东航教授在本书写作方面以及西方政治思想研究方面给予的建议与帮助。感谢黄辉祥老师和感谢潘广炜老师在日常生活中给予的帮助。感谢唐鸣老师、肖友英老师、王长华老师、项继权老师、吴理财老师、李海金老师、郝亚光老师、王静老师、郑新梅老师、邵云华老师、赵琳老师、朱敏杰老师、熊娜老师等多年来给予的指导和帮助。

同时，感谢华中农业大学的吴春梅老师、王洪波老师、李恺老师以及雷玉明老师等给予本书提出的修改建议。感谢中南民族大学吴开松老师在文章结论以及内容方面给予的修改建议。

有缘千里来相会，借此机会向王勇、慕良泽、马华、王义保、黄振华、何得桂、张良、陈祥英、陈浩天、侣传振、夏添、刘宁、马海民、万君、李哲、丁越峰、王明、胡雅琼、侯江华、贺磊、王威、陈自强、沈乾飞、赵德健、屈鑫涛、范国锋、梅记周、刘镭、胡军、李兵园、孙敬良、任路、胡平江、万磊、张茜、吴继峰、祁中山、苏阳、陈燕芽、黄雪丽等表示感谢，同他们的快乐相处与交流中，我的博士生活变得更加丰富和多彩。感谢陈书平、邹学铖、吕昊婧、刘东方、郑蓉、武彤彤等师弟师妹在本书调研方面给予的帮助。感谢甘泉、耿闯、李欢欢、万知、吕鸿强等师妹师弟在博士论文材料整理中给予的帮助。

感谢徐聪博士及其母亲卢桂华女士在村庄调研中给予的帮助，没有你们的帮助，我的调研不会那么顺利。感谢楚村镇党委以及陈村父老乡亲在调研中的积极协助与配合。

亲人的关怀和支持，是我人生前进的动力。感谢我的农民父亲和母亲，是你们在无数个含辛茹苦与省吃俭用的日子里，将我以及妹妹弟弟养大成人。感谢妹妹弟弟在我不在家的时候，照顾父亲母亲。外甥女陈奕萌、外甥陈奕森以及侄子陈禹江的出生给这个家增添了太多的欢乐和喜气。感谢我的妻子杨红女士在繁重的工作之余帮我校对稿件和承担翻译工作。妻子的默默支持和奉献是我学术事业不可或缺的精神力量，也正是在她的监督和督导下，我才能不断地前进。感谢丁丁和兔兔在我博士论文写作期间带给我的欢乐。

衷心感谢所有那些给予过我帮助的长辈们和朋友们，感谢我的母校。

本书的出版得到华中农业大学、华中农业大学马克思主义学院、华中师范大学中国农村研究院的资助，感谢相关领导与老师对于此书出版所给予的帮助。也感谢本书责任编辑冯春凤老师。为了本书的顺利出版，她做了大量工作。

最后，在书中我还引用了很多学者的研究成果，在此一并向你们致敬感谢。

陈明

2016 年 4 月 10 日于华中农业大学